Warren Buffett

PROFIT
editorial

Profit Editorial, sello editorial de referencia en libros de empresa y management. Con más de 400 títulos en catálogo, ofrece respuestas y soluciones en las temáticas:

- Management, liderazgo y emprendeduría.
- Contabilidad, control y finanzas.
- Bolsa y mercados.
- Recursos humanos, formación y coaching.
- Marketing y ventas.
- Comunicación, relaciones públicas y habilidades directivas.
- Producción y operaciones.

E-books:
Todos los títulos disponibles en formato digital están en todas las plataformas del mundo de distribución de e-books.

Manténgase informado:
Únase al grupo de personas interesadas en recibir, de forma totalmente gratuita, información periódica, newsletters de nuestras publicaciones y novedades a través del QR:

Dónde seguirnos:

 | @profiteditorial

   | Profit Editorial

Ejemplares de evaluación:
Nuestros títulos están disponibles para su evaluación por parte de docentes. Aceptamos solicitudes de evaluación de cualquier docente, siempre que esté registrado en nuestra base de datos como tal y con actividad docente regular. Usted puede registrarse como docente a través del QR:

Nuestro servicio de atención al cliente:
Teléfono: **+34 934 109 793**
E-mail: **info@profiteditorial.com**

James O'Loughlin

Warren Buffett

Cómo invertir
para generar riqueza

PROFIT
editorial

Todas las publicaciones de Profit están disponibles para realizar ediciones personalizadas por parte de empresas e instituciones en condiciones especiales.

Para más información, por favor, contactar con: info@profiteditorial.com

La edición original de esta obra ha sido publicada en lengua inglesa por Nicholas Brealey Publishing, Londres, con el título *The Real Warren Buffett*.

Autor: James O'Loughlin
Traducción: Emili Atmetlla

© James O'Loughlin, 2002, 2004. Esta edición de «THE REAL WARREN BUFFETT: Managing Capital, Leading People» originalmente publicada por Nicholas Brealey Publishing, en el Reino Unido en 2002 y en Estados Unidos en 2003, y actualizada en 2004. Esta traducción se publica con autorización de Nicholas Brealey Publishing.
© para la edición en lengua castellana, Profit Editorial, 2009 (www.profiteditorial.com)
Bresca Editorial, S.L., Barcelona, 2009

1.ª edición: marzo, 2017
2.ª edición: septiembre, 2018
3.ª edición: febrero, 2025

ISBN: 978-84-10235-76-2
Depósito legal: B 36-2025

Diseño cubierta: XicArt
Maquetación: Eximpre S.L.

Impreso por: Gráficas Rey
Impreso en España - *Printed in Spain*

*A Sarah, mi fuerza en la enfermedad y en la salud,
y a Harry y Niamh, mi esperanza y mi alegría.*

Índice

Prólogo

En el momento que terminé de escribir este libro entregué el manuscrito a un buen amigo mío para que hiciera un último chequeo. David Crowther, el hombre con la mente más rápida que conozco, asimiló rápidamente el trabajo y me transmitió sus observaciones, una de las cuales fue darse cuenta de lo siguiente: «Por Dios, Jim. Buffett lo sabe todo».

Pues precisamente por dicha razón escribí este libro.

A lo largo de mi carrera como gestor de fondos y estratega de patrimonios, cuanto más leía sobre la teoría de la inversión y más avanzaba en el aprendizaje de los retos a los que se enfrentaban los gestores de la creación de valor —en teoría organizacional, teoría de la complejidad, psicología conductista, etcétera—, tanto más saltaban a mi vista los conocimientos de Buffett en estas disciplinas a partir de las cartas que dirigía a los accionistas de Berkshire Hathaway.

Cualquier cosa que aprendía, él ya la sabía. Cualquier cosa que yo me esforzara por sintetizar en un marco conceptual, él ya la había integrado en un modelo. Lo que yo estaba empezando a comprender, él ya lo había resuelto.

Me di cuenta de que, en este sentido, Buffett lo sabía todo —aunque no siempre lo captaba correctamente—. Con el objetivo de entender esta realidad, todo lo que tenía que hacer era saber dónde tenía que mirar, y entonces fui capaz de leer sus cartas de forma diferente.

Está en el espíritu de mi descubrimiento presentar esta aclaración del modelo de Buffett para la gestión de capital y el liderazgo de personas. Mi propósito es compartir mi experiencia con una audiencia más amplia. Buffett tiene este modelo porque ha experimentado lo que yo sostengo que es una explosión de conocimiento adquirido. Escribir sobre ello me ha enriquecido de un modo similar. Yo he experimentado mi propia explosión y ahora contemplo el mundo a través de unas lentes distintas. Si yo he hecho mi trabajo, usted también lo hará cuando haya terminado de leer este libro.

James O'Loughlin

Agradecimientos

Son tantas las personas que han contribuido en la redacción de ese libro, que se me hace difícil saber por dónde tengo que empezar.

Mis agradecimientos tienen que ir dirigidos primeramente al propio Warren Buffett por su amable autorización a citar sus cartas dirigidas a los accionistas de Berkshire Hathaway, por sus halagos con respecto a la obra y por sus buenos deseos.

La utilización de más citas procedentes del *Outstanding Investor Digest (OID)*, que ofrece, entre otras cosas, un reportaje de la reunión anual de Berkshire Hathaway, ha mejorado también el libro de forma sustancial.[1] Mis más expresivas gracias a Henry Emerson por haberme permitido citar los contenidos de esta publicación, y a Clara Cabrera, que facilitó el proceso. Duncan Clark, ex director gerente de Brown Brothers Harriman, de Londres, fue quien primero me puso sobre aviso de los textos de Charlie Munger y, por consiguiente, del servicio ofrecido por OID. Ambos han sido de una gran utilidad. No es extraño que Buffett recomiende la publicación de Henry a todo tipo de inversores. Lo único que espero es extender esta lectura a más directivos.

Este libro no habría sido posible sin los esfuerzos de todos aquellos que me han precedido escribiendo sobre Warren Buffett. En este sentido, en-

---

1. Las citas empleadas en este texto del *Outsanding Investor Digest* no podrán reproducirse sin autorización de Outstanding Investor Digest Inc., 295 Greenwich Street, Box 282, Nueva York, NY 1007, tel. 212 025 3885, www.OID.com

contré especialmente valiosas las obras de Andrew Kilpatrick y Roger Lowenstein, y recomiendo su lectura a todos los interesados en este tema. *Of Permanent Value*, de Andrew Kilpatrick, es un inmenso tesoro de información sobre Buffett, y *Buffett: The Making of an American Capitalist*, de Roger Lowenstein, es de lectura obligada para cualquiera que estudie a Buffett con rigor. Las obras de Robert Langstrom, en especial *The Warren Buffett Portfolio* y *Latticework*, también han resultado esclarecedoras.

Fue Mike Mauboussin, director gerente y responsable de la estrategia de inversiones en Estados Unidos de Credit Suisse First Boston y coautor con Alfred Rappaport de *Expectations Investing*, quien encendió la mecha que provocó este fuego. En una reunión que tuve con él en Londres, Mike tuvo la amabilidad de garabatear en el dorso de una tarjeta profesional los títulos de unos cuantos libros que debía leer. Cuando salí de la reunión me dirigí directamente a la librería más próxima y allí me tropecé con el libro de Stephen Pinker *How The Mind Works*, que no estaba en la lista de Mike, pero que sé que es una obra que él habría recomendado. Todos los demás vinieron a continuación. Gracias, Michael.

Mis colegas del CIS[2] me han respaldado, aconsejado y enseñado. Mi gratitud, por ello, para Linda Desforges y Mark McBride, del despacho de Estados Unidos, así como para Neal Foundly, director de fondos de pensiones, Chris Hirt, director de inversiones, y John Franks, subdirector de inversiones, por el tiempo dedicado a leer, revisar y mejorar el manuscrito. Las aportaciones de Neal Foundly han sido tremendamente alentadoras, el respaldo de Chris, extraordinario, y la revisión editorial de John Franks, muy útil.

Estoy también agradecido a todos los que han tomado parte en el proceso de *feedback*, que tanto ha contribuido a dar forma prácticamente definitiva al libro. Duncan Clark, James Becker, de Pereire Todd en Londres, Frank McCann, también del CIS, Rupert Carnegie, director de investigación y estrategia a nivel mundial en Henderson, Mark Thomas, de PA Consulting, que dirige las tareas de valor para los accionistas en PA's Management Group, Chris Mack, director ejecutivo de Goldman Sachs International, y el doctor Gulnur Muradoglu, de la Cass Business School de Londres. Todos ellos contribuyeron a esta tarea de forma significativa.

---

2. Los puntos de vista expresados en este libro son exclusivamente míos, y no se debería interpretar que representen los del CIS o los de mis colegas.

Un agradecimiento especial por el *feedback* recibido es para Hersh Sefrin, Arnold Wood, Bob Olsen y Nick Chatter, cuyos detalles aparecen en los elogios del libro al principio del mismo. Aparte de Nick, con quien he tenido una relación profesional reciente, los otros no me conocían antes de dirigirme a ellos para pedirles que echaran un vistazo a mi manuscrito. Todos ellos ofrecieron desinteresadamente su tiempo, y su respaldo al proyecto fue muy alentador, así como su buena disposición a avalarlo públicamente.

Gracias también a Edgar Peters, autor de varios libros extraordinariamente amenos y máximo responsable de estrategia de inversiones de Patagonia Asset Management, por su apoyo inicial al proyecto y sus consejos a un autor novel, a Alice Schroeder, de Morgan Stanley, por sus observaciones del sector de los seguros, a Dennis Hilton, profesor de psicología social de la Universidad de Toulouse, por enviarme sus apuntes de clase, y a Dave Crowther por sus opiniones y apoyo y por todos aquellos diálogos iniciales que sostuvimos como colegas.

Este libro es irreconocible si lo comparamos con la versión original que envié a mi editor, Nick Brealey. Le estoy eternamente agradecido. Su contribución editorial ha sido muy importante para que surgiera un libro a partir de un manuscrito. Ahora, cuando doy los toques finales a la creación en la que tanta influencia él ha tenido, por fin soy capaz de perdonarle las «torturas» que me infringió. Sólo espero que él también sea capaz de obrar a la recíproca.

También me descubro ante Sally Lansdell, mi editora, por la enorme comprensión mostrada en la fase de revisión final. Ha sido un placer trabajar con ella, que ha mejorado extraordinariamente la legibilidad del libro y ha quitado todos los puntos allí donde era necesario. Todos los errores residuales y descuidos son exclusivamente míos. Absuelvo a todos los que han intervenido en este libro de toda responsabilidad por cualquiera de sus defectos.

Por último, mi esposa Sarah se ha esforzado incansablemente en dejarme tiempo libre para que pudiera dedicarlo a este libro, especialmente los fines de semana. Sarah ha sido mi mayor admiradora y una lectora siempre dispuesta a leer todas y cada una de las palabras que he escrito. Su apoyo de principio a fin ha sido inmenso, igualado tan sólo por la paciencia de Harry y Niamh, mis hijos, que, como mínimo, han tecleado cada uno una palabra de este libro. No podría haber llevado a cabo este proyecto sin su comprensión. Los quiero de verdad.

1

El verdadero Warren Buffett

Sólo somos responsables de dos cosas… En primer lugar, es tarea nuestra mantener al personal capaz que ya está muy motivado a que siga haciendo su trabajo —no tiene que hacerlo por razones económicas—. Es así de sencillo. En segundo lugar, tenemos que hacer inversiones.

Warren Buffett

A lo largo de sus treinta y siete años como presidente y director general de Berkshire Hathaway, Warren Buffett ha hecho crecer el valor de mercado de esta compañía a una tasa *anual* acumulada del veinticinco por ciento.

Es posible que las consecuencias de un crecimiento acumulado de tan larga duración sean difíciles de imaginar. Por tanto, pongamos el récord de Buffett en una perspectiva que pueda visualizarse de una forma más fácil. Al nacer, mi hijo medía sesenta centímetros; si crece al mismo ritmo que Buffett ha conseguido para el valor de Berkshire Hathaway, cuando tenga treinta y siete años será más alto que el Empire State Building.

Así pues, todo el que hubiera tenido la precaución de invertir diez mil dólares en Bershire Hathaway cuando Buffett se hizo cargo de la empresa, en 1965, habría visto crecer el valor de su participación hasta más de cuarenta millones de dólares en la actualidad. De hecho, todo el que hubiera invertido la misma suma cuando empezó su carrera inversora en Buffett Partnership, nueve años antes, y la hubiera reinvertido en el

capital social de Berkshire Hathaway cuando Buffett Partnership fue li-
quidada, la habría aumentado hasta la asombrosa cifra de doscientos setenta millones de dólares.

Comparativamente, diez mil dólares invertidos en 1965 en el S&P
500, una cesta de acciones ampliamente representativa de las corporaciones más grandes de Estados Unidos, valdrían hoy tan sólo 144.000 dólares —un pigmeo de nueve metros al lado del altísimo coloso de Buffett.

Buffett no ha ofrecido este rendimiento por ser un seleccionador de
acciones, sino por ser un director general que ha liderado personas y ha
gestionado capital.

Tampoco era innato su sentido de la excelencia, sino que tuvo que apren-
derlo. En sus primeros tiempos cometió errores, y no precisamente pocos.
Aún comete errores en la actualidad. En las décadas de 1970 y 1980, sin embargo, Buffett experimentó una explosión de conocimiento adquirido, fruto
de la cual surgió su modelo de liderazgo y de gestión de capital.

Éste es el modelo que ha mantenido el rendimiento de Berkshire
Hathaway como compañía operativa, a diferencia del vehículo de inversión que fue en una época. Éste es el modelo que ha puesto a Buffett por
encima de los demás. Es también el modelo que se expone en este libro.

Los mercados de capital ofrecen un campo de juego sofisticado en el
que emular a Warren Buffett, quien, con una fortuna personal de 37.000
millones de dólares, es en la actualidad el segundo hombre más rico de
Estados Unidos, superado sólo por Bill Gates. Ofrecen también miles de
oportunidades para cometer los errores que limitarán su crecimiento.
Buffett fue y es capaz de identificar oportunidades; ha sido y es capaz de
evitar la mayoría de los errores de decisión y de aprender de los que comete. Todo ello lo ha combinado en un tipo de liderazgo que le permite
manifestar libremente su talento. Asimismo, ha formado a una serie de
directivos en Berkshire Hathaway que también son capaces de invertir
de forma similar.

Buffett valora los desafíos que conlleva el intento de actuar como
propietario de una organización cuando se es su director. Ha descubierto
las dificultades de lograr que los directivos de Berkshire actúen también
como propietarios. Ha aprendido que es necesario trabajar con personas
que tengan la mentalidad adecuada; ha descubierto en qué consiste y en
cómo detectarla. Ha aprendido también hasta qué punto es difícil cambiar la conducta de las personas que no tienen el perfil adecuado. Lo más
importante es que ha averiguado cómo atraer a unos para que se incor-

poren a Berkshire y cómo desanimar a los demás. Ha descubierto cómo fomentar una fidelidad permanente entre los que trabajan para él, cómo alentar el cumplimiento de los objetivos que establece para Berkshire Hathaway, y cómo obtener de sus directivos compromisos duraderos con los principios que él adopta como líder.

Buffett ha encontrado el instrumento del liderazgo en su propia personalidad: en su sistema de creencias, en su actitud hacia aquellos que le confían sus ahorros, en su honradez, en sus ideales superiores y en su sentido de justicia. Todo ello se ha convertido en una manifestación de los ideales corporativos de Berkshire Hathaway. Por encima de todo, Buffett ha aprendido que la gestión de personas se convierte en motivación personal cuando las reglas de conducta que se han implantado desde dentro y no desde arriba sean cumplidas por la gente. Al mismo tiempo que la formalidad y la diligencia sean de un máximo nivel y estén en concordancia con esa pequeña voz que existe dentro de todos nosotros y que nos dice cómo debemos comportarnos.

Buffett ha descubierto que el control gerencial procede de la liberación de la necesidad de controlarlo todo —y él se adhiere a la misma filosofía para gestionar su capital.

Buffett no cree que el mundo en el que actúa se deje manipular por su voluntad. Sólo cede ante aquellos que están preparados y se han adelantado a los demás para aprovechar la oportunidad que siempre surge y que, sin embargo, no puede predecirse con seguridad.

Buffett quiere reducir al mínimo la subjetividad en las decisiones relativas a la gestión de capital. Por consiguiente, desea maximizar la objetividad que pone en práctica. Enfrentado a una extraña mezcla de información que podría agobiarle, Buffett filtra el universo en el que gestiona capital y lo reduce a lo importante y conocible. Quiere tomar la mayoría de sus decisiones de gestión del capital en este ámbito y quiere tomar todas sus decisiones de gestión del capital basándose en la información que le transmite lo que él llama el Círculo de Competencia.

A menudo esto es indicativo de un comportamiento nada convencional. Las consecuencias emocionales de ello amenazan con distorsionar el proceso de toma de decisiones de Buffett y deshacer su racionalidad. Por tanto, al poner las bases de forma anticipada, Buffett garantiza que toda decisión relativa a la gestión de capital de Berkshire se toma desde una posición de máxima seguridad psicológica.

La construcción del círculo de competencia de Buffett y la naturaleza de este trabajo preliminar se explican detalladamente en este libro. El producto final permite a Buffett asignar allí *donde*, *cuando* y el *ritmo* que considera adecuado. Actúa de ese modo en las oportunidades que puede calificar de tales y que es capaz de evaluar. La precisión de su cognición mejora, su gestión de capital es racional y está bien documentada, y Buffett transporta su marco conceptual al arte de actuar como propietario.

Los principios de valoración de acciones que la mayoría de los lectores de Warren Buffett reclaman se encuentran en este libro. Pero, además, se han situado dentro de un marco conceptual que les confiere sentido para el experto. A pesar de que soy un inversor profesional con veinte años de experiencia, sólo he sido capaz de descubrir esta estructura al escribir este libro. Antes de ello, también investigué el abordaje de Buffett con respecto a la inversión con la esperanza de encontrar el Santo Grial. Sin embargo, observaba en el lugar incorrecto.

La institución financiera para la que trabajo ha descubierto que puede hacer lo mismo. Con el objetivo de cumplir con la obligación de diligencia debida en la gestión del dinero de otras personas, está adoptando el marco conceptual que he descrito para ampliar su filosofía de inversión y mejorar su proceso inversor. Este libro ofrecerá lecciones similares a una audiencia más amplia, en especial a los directivos con respecto a *su* obligación de diligencia debida hacia sus accionistas. Explicará también lo que Warren Buffett quiere decir por ahorrar en nombre de aquellos que colocan sus ahorros junto a un directivo y aclarará los ideales de buen gobierno corporativo de Buffett.

Este libro arrojará luz sobre lo que significa ser propietario; sobre el modo de utilizar este ideal como instrumento de liderazgo que *lidera*, en lugar de los enchufes, patadas, empujones y cotos cerrados; sobre cómo atraer a la organización al tipo de personal adecuado; sobre cómo contratar a este tipo de personal y no fallar, y sobre cómo elaborar normas de comportamiento que extiendan estos principios a través de la organización. Aclarará cuál es el papel que desempeña la estrategia corporativa y describirá cómo Buffett impide que los compromisos previos se conviertan en objetivos a ciegas.

El libro no describirá a Buffett como un semidiós libre de errores, sino como un mortal con defectos propios de un ser humano. Sin embargo, informará también a los directivos de que los errores no tienen por qué ser lápidas, sino que pueden ser trampolines para tomar mejores decisiones en el futuro. Ilustrará la psicología y la emoción de la toma de decisiones con el objetivo de mejorar dicha actividad.

Este libro prescribirá un conjunto de normas que una empresa que cotiza en el mercado de valores puede adoptar para conducirse de acuerdo con el credo de Buffett. Proporcionará una guía a los directivos que quieran contravenir los convencionalismos *actuales* y gestionar de acuerdo con la realidad en lugar de resistirse a ella. Explicará cómo Buffett atrae a los accionistas que piensan como propietarios y cómo disuade a los que no piensan así; por qué es capaz de aceptar la volatilidad en los resultados operativos y cómo gestiona las consecuencias psicológicas y emocionales de ello; cómo cultiva el vínculo de confianza que existe entre él y sus accionistas y cómo lo recolecta para proporcionarles rendimientos sin precedentes.

Lo más importante, tanto si se gestionan personas como si se gestiona capital, es que este libro mostrará a los directivos el modo de *actuar* como propietarios. Se trata de una descripción, pero también es un manual de buen gobierno corporativo de nivel superior.

El propio Buffett aconseja a la gente a «escoger unos pocos héroes». «No hay nada como los héroes adecuados», afirma. Bajo el espíritu de este consejo, yo le ofrezco al verdadero Warren Buffett. Un gestor de capital. Y un líder de personas.

UNA ORGANIZACIÓN INTEGRADA DE ACUMULACIÓN DE VALOR

Somos como el erizo que sólo sabe una cosa pero importante. Si usted genera una reserva de liquidez a un coste del tres por ciento al año y adquiere empresas que producen el trece por ciento con esta recaudación, creemos que usted se encuentra en una posición muy interesante.

Charlie Munger

En 1965, cuando Warren Buffett se hizo cargo oficialmente de Berkshire Hathaway, esta compañía operaba en una sola línea de negocio —la fabricación de productos textiles— y generaba ingresos del orden de seiscientos millones de dólares.

Hoy en día la actividad de Berkshire está extraordinariamente diversificada, con intereses que se extienden desde los seguros a la fabricación de calzados, desde la producción de simuladores de vuelo a aspiradores, y muchas otras cosas más en el intermedio —incluyendo inversiones en acciones cotizadas en bolsa—. De acuerdo con su valor contable de sesenta mil millones de dólares, es la segunda corporación más grande de Estados Unidos, tras Exxon Mobil; de acuerdo con su valor de capitalización de mercado de 109.000 millones de dólares, es la decimonovena de Estados Unidos y la vigésimo sexta del mundo. Sus ingresos ascienden actualmente a treinta mil millones de dólares y emplea aproximadamente a 112.000 personas.

Se trata de un complejo empresarial verdaderamente gigantesco, que Buffett dirige desde una pequeña oficina sin pretensiones en Omaha, Nebraska, con la colaboración de tan sólo otras «13,8» personas.

Si Buffett mantiene el ritmo que ha marcado en Berkshire Hathaway, su empresa absorberá la totalidad de la economía de Estados Unidos dentro de los próximos 34 años. Un concepto interesante, entre otras cosas porque Warren Buffett, con 72 años, afirma que piensa retirarse unos diez años *después* de morir.

Desde luego, Berkshire Hathaway es una organización integrada de acumulación de valor. ¿Cómo está construida?

El objetivo que Buffett ha manifestado desde siempre es aumentar el valor de Berkshire a una tasa anual del quince por ciento. Puesto que Buffett atestigua que «lo máximo que los propietarios de un negocio pueden sacar del mismo a nivel acumulado y al final —el plazo que media entre el día de hoy el día del Juicio Final— es lo que se gana a lo largo del tiempo», sabe que sólo puede hacer crecer el valor de Berkshire en la medida en que la liquidez que pueda sacar fuera de la compañía sobrepase la cantidad colocada en la misma. Por tanto, para construir una organización integrada de acumulación de valor debe hacer dos cosas: en primer lugar, debe poseer y operar en negocios que ofrezcan altos rendimientos, es decir, aquellos que generen una liquidez sustancialmente mayor de la que necesitan para mantener sus respectivas posiciones competitivas. En segundo lugar, debe encontrar oportunidades de reinvertir a altas tasas de rendimiento el exceso de liquidez generada. De ese modo podrá mantener en funcionamiento la organización generadora de liquidez. Tal y como dice Buffett:

Cuando los rendimientos del capital son normales, ganar más a través de poner más no es un gran logro de gestión. Usted puede conseguir el mismo resultado a nivel personal operando desde su mecedora. Simplemente, cuadruplique el capital depositado en un cuenta de ahorro, y cuadruplicará sus ganancias.

Admite que «si los beneficios retenidos se emplean de modo improductivo, la situación económica de Berkshire se deteriorará muy rápidamente».

Por tanto, su focalización en la asignación de capital gira alrededor de esta realidad. Idealmente, él preferiría descubrir oportunidades de reinvertir el capital sobrante de Berkshire en empresas existentes —por tanto, quiere poseer empresas que dispongan de amplias oportunidades de crecimiento—, pero si ello no es posible debe descubrir otros negocios que posean las características deseadas.

La clave de la capacidad de acumular valor de Buffett es su competencia para recolectar el dinero procedente de empresas generadoras de liquidez y reinvertirlo en otras. Buffett tiene que ser competente en gestión de capital para reinvertir esta liquidez, pero es igualmente crucial que se ocupe de que esta liquidez siga generándose muy a largo plazo, lo cual es más bien un reto del liderazgo. Si la recolecta de liquidez fallase en alguna ocasión, Berkshire Hathaway dejaría de acumular valor. Su valor no aumentaría a un ritmo del veinticinco por ciento anual, ni tampoco al quince por ciento, sino al nivel promedio.

El banco de Buffett

Las actividades de Berkshire Hathaway en el sector asegurador son componentes cruciales de la organización integrada de acumulación de valor de Buffett. Son ideales como piezas básicas de un modelo generador de liquidez, ya que las compañías de seguros ingresan el dinero *antes* de que surja la obligación de pagar a los asegurados. Además, el sector está fragmentado y ofrece múltiples oportunidades de crecimiento a los que compiten en este mercado.

Si una compañía de seguros puede fijar el precio de sus pólizas de forma que retenga más dinero del que paga por reclamaciones de siniestro, entonces el coste de su reserva de liquidez es cero. En esencia, es un préstamo sin intereses. Si puede actuar así de forma sistemática, el acceso a este préstamo gratuito se convierte en permanente. Éste es el banco de Warren Buffett.

A lo largo de los treinta y tres años en que ha estado presente en el sector asegurador, Buffett ha hecho crecer las reservas de Berkshire a una tasa anual acumulativa del orden del veinticinco por ciento. Se ha concedido a sí mismo la opción de reinvertirlas en el sector asegurador para generar unas reservas aún mayores o en otras organizaciones que produzcan rendimientos significativamente más elevados que su coste. Y es vital en este aspecto que el coste medio de las reservas de Berkshire a lo largo de este período haya estado muy próximo a cero, contrariamente a la impresión ofrecida por Munger más arriba.

Esto es digno de destacar y explica por qué las reservas de Berkshire son la carga explosiva propulsora de la organización integrada de acumulación de valor de Buffett. Sin embargo, para que dichas reservas sigan teniendo estas características tienen que ser gratuitas o, por lo menos, generadas a bajo coste. Si las actividades aseguradoras de Buffett no fueran rentables, la reserva de liquidez de Berkshire pasaría de ser carga explosiva propulsora a cargamento costoso de baja rentabilidad.

A menudo las condiciones que se dan en el sector asegurador no permiten a Buffett reinvertir en el mismo con la perspectiva de generar unas reservas de liquidez poco costosas. Sin embargo, él acepta la volatilidad de los resultados de sus actividades aseguradoras y se siente satisfecho de invertir estas reservas en otros negocios, ya sea en la adquisición de una *participación mayoritaria* en otras empresas, o en la adquisición de *acciones* de compañías que cotizan en bolsa.

Cuando escoge esta segunda opción, Buffett busca compañías que sean también generadoras de liquidez y que presenten oportunidades de reinvertir a altas tasas de rendimiento, aunque por ello tenga que adquirirlas a precios que le permitan obtener, en proporción, una elevada tasa de rendimiento sobre la cantidad invertida.

A pesar del hecho de que es más famoso por este tipo de actividad —la inversión, a menudo de cantidades *enormes*, en una cartera de valores muy escogida, es decir, no diversificada—, tiene preferencia, sin embargo, por la adquisición de compañías en su totalidad. Esto suele obligarle a pagar una prima por el privilegio de tener el control absoluto, pero con la propiedad de la empresa llega también la propiedad de su *cash flow* (flujo de caja).

Lo importante es que si Buffett posee el *cash flow*, lo podrá cosechar y sembrarlo en cualquier otro sitio, si así lo desea. De hecho, la única condición que pone a los directivos de las empresas que adquiere es que le envíen a Omaha el exceso de liquidez —o el dinero que queda después de haber atendido al mantenimiento y crecimiento de sus empresas—. Aparte de esto, se les deja actuar como deseen. Buffett incluso les permite que sean ellas las que definan lo que entienden por «exceso de liquidez».

Por supuesto, para acumular el valor de sus inversiones en las empresas que adquiere en su totalidad, Buffett tiene también que fijar de forma consecuente el precio de adquisición. Además, para garantizar que siguen produciendo una abundante liquidez, también tiene que asegurarse de que sigan rindiendo adecuadamente a largo plazo. Se trata de un reto extraordinario para los diversos intereses que Buffett ha ensamblado bajo Berkshire Hathaway.

El ritmo al que Buffett reinvierte la liquidez que le proporcionan sus compañías de seguros y otras filiales puede variar desde el frenesí, cuando los precios son adecuados, a la pereza, cuando no lo son. Es capaz de invertir poco a poco. A menudo comprometerá una cantidad importante —generalmente en un objetivo único—. En los períodos intermedios, tal vez no haga nada, simplemente mantener la liquidez o invertirla en activos de bajo rendimiento. La variabilidad que este planteamiento provoca en los resultados operativos de Berkshire no preocupa a Buffett, y también es cierto que no tiene una idea predeterminada acerca de dónde invertirá el exceso de liquidez de Berkshire. Simplemente acepta la ecuación precio/valor en aquellos sectores de actividad que crea saber que harán esto por él.

La naturaleza de la organización integrada de acumulación de valor de Buffett es tal que, aparte de un dividendo del diez por ciento pagado a los accionistas en 1969 (tuvo que ir al baño durante la reunión del consejo, según me indica), desde entonces no se ha devuelto a los accionistas ni un solo centavo de los beneficios que Berkshire ha generado, ya sea en forma de dividendos o recompras de acciones. En cambio, ha reinvertido gradualmente el cien por cien del beneficio generado.

UNA RECETA PARA EL FRACASO

*Una de las grandes tragedias de la vida es el asesinato de una hermosa
teoría por una pandilla de hechos crueles.*

Benjamin Franklin

Las leyes de la física determinan que los abejorros no deberían ser
capaces de volar. El área de sus alas es demasiado pequeña en proporción
a su masa corporal, y las baten con demasiada rapidez para que puedan
generar el suficiente empuje que los haga ascender a la altura deseada. Por
tanto y en teoría, los abejorros deberían agitar sus alas pero no volar.

Lo mismo puede decirse de la organización de Warren Buffett. Según
las probabilidades manifestadas en el mercado, las leyes financieras dictami-
nan que Berkshire Hathaway debería sufrir de bajo rendimiento crónico.

Tomadas individualmente, las probabilidades de fracaso en las empresas en que se ha involucrado están en su contra. *Acumuladas* como lo están
en la forma corporativa escogida por Buffett, las probabilidades de fracaso están extraordinariamente aumentadas. Como entidad corporativa
que cotiza en bolsa, con todo lo que ello implica respecto al modo en que
ha llegado a practicarse la dirección de este tipo de empresas, Berkshire
Hathaway nunca debería haber despegado.

Evidentemente, al igual que el abejorro, vuela. ¡Y su rendimiento
lleva aguijón! *Éste es el enigma de Warren Buffett.*

Veamos las evidencias empíricas:

- El sector asegurador es atractivo, *sólo en teoría.* En la práctica y por
  regla general, las compañías de seguros no poseen la disciplina
  aseguradora necesaria para generar reservas de liquidez a bajo coste. Tal es la naturaleza *commodity* de este tipo de sector que las reducciones de precios suelen estropear la rentabilidad de todos los
  competidores del mercado, impidiendo incluso que los aseguradores disciplinados inviertan en el negocio sobre una base lógica.
- Las empresas muy diversificadas son notoriamente ineficientes.
  Son difíciles de dirigir y gestionar a nivel humano y no es evidente con facilidad qué divisiones merecen ser financiadas y cuáles
  no —un proceso en el cual se derrocha capital.
- Ensamblar una empresa de estas características mediante adquisiciones es pura locura. La mayoría de las fusiones y adquisiciones

no llegan a cumplir las expectativas de quienes las diseñaron. Los precios que se pagan suelen ser demasiado elevados, la integración de las entidades involucradas generalmente fracasa, y el valor del capital se va destruyendo a lo largo del proceso.

- Reinvertir el cien por cien de la liquidez de una compañía en la organización es un ejercicio de mucho riesgo. En un entorno competitivo las direcciones de las empresas se enfrentan a enormes dificultades para añadir a *toda* la liquidez que generan sus negocios más valor del que sus accionistas podrían obtener en cualquier otra parte. De hecho, en el límite, las direcciones de las empresas suelen obtener el máximo rendimiento de la liquidez generada devolviéndola a sus accionistas.
- Dejar que los directivos hagan lo que les parezca puede ser peligroso. En general, suelen prestar atención a sus propios intereses egoístas en lugar de cumplir los objetivos establecidos por los propietarios que los emplean.
- Mantener liquidez y otros activos de bajo rendimiento actúa como un peso muerto cuando los rendimientos de una firma que se han establecido como objetivo son sustancialmente más elevados.

La realidad es que Warren Buffett ha escogido como componente clave de su organización un tipo de negocio con una pésima situación económica. Sin embargo, confía en sus compañías de seguros —que operan en un sector típicamente despilfarrador y destructor de rentabilidad y, por tanto, propenso a la generación de reservas de alto coste— para que actúen como banqueros de su organización. Confía, además, en este sector para el grueso de sus oportunidades de reinversión, incluso cuando el destino del mismo es rehén de las actuaciones de los competidores más estúpidos.

Alrededor de dichas compañías ha situado una mezcla ecléctica de empresas filiales que tienen muy poco en común, creando un imperio cuyo rendimiento operativo es vital para los beneficios que obtiene de sus inversiones en el mismo y en el que la correcta definición del exceso de capital es de suma importancia cuando «conglomerado» sigue siendo una palabra sucia en finanzas.

La supervisión de entidades tan dispares corre a cargo de un cuadro de lugartenientes cuyos esfuerzos Buffett debe orientar hacia la consecución de un objetivo único definido por él, y no por el interés propio de ellos. Sin embargo, permite a estos directivos que actúen en gran parte según les parezca, dejando expuestos los intereses de Berkshire Hathaway a las debilidades de la naturaleza humana.

Alarmantemente, Buffett hace crecer su imperio mediante adquisiciones cuando las adquisiciones fracasan. No debería ser posible para él conseguirlas a precios que produzcan un rendimiento apropiado, y no debería ser capaz de poner en línea los intereses de sus nuevos empleados con los objetivos de su nueva compañía madre.

En otras circunstancias, selecciona acciones, apostando grandes cantidades en un juego que generalmente condena a la mediocridad a quienes participan en el mismo.

En las épocas intermedias mantiene la liquidez o recurre a activos de bajo rendimiento hasta que la oportunidad apropiada se presenta, lo cual puede tardar años. Esta forma de actuación pondría a prueba la disciplina de cualquier mortal y deterioraría seriamente su capacidad de crecer a una tasa anual acumulada del veinticinco por ciento.

Buffett renuncia a la «mejor» utilización del capital y reinvierte en la organización el cien por cien de la liquidez a su disposición.

En el proceso rechaza adoptar uno, como mínimo, de los principios de la gestión moderna: incentivar al personal directivo clave con opciones sobre acciones. Sin embargo, no por ello ha experimentado una motivación insuficiente entre sus directivos.

Buffett ha ignorado también tres de las leyes no escritas de Wall Street acerca del buen gobierno corporativo: ha rehusado hacer previsiones del crecimiento de ganancias de Berkshire; no ha proporcionado a sus inversores el plan de juego que podría conseguir dicha previsión, y ha rechazado comunicar la corriente lineal de resultados que podría echar luz sobre los dos aspectos anteriores y de los cuales dependen la mayoría de los directores generales para conducir su relación con el mercado de valores. En teoría, la derogación por parte de Buffett de las normas relativas a «relaciones con los inversores» debería restringir la valoración que se hace de las acciones de Berkshire Hathaway. En la práctica, su precio está fijado más eficientemente que el de cualquier otro valor importante que cotice en el mercado de valores de Estados Unidos. La negativa de Buffett a gobernar Berkshire de acuerdo con las exigencias de Wall Street no ha conseguido hacer mella en los excepcionales rendimientos globales que ha proporcionado a los accionistas a lo largo del tiempo.

Y él lleva a cabo todo esto prácticamente sin ayuda, bastante alejado geográficamente de los centros neurálgicos del mundo de los negocios de Estados Unidos.

LA EVOLUCIÓN DE WARREN BUFFETT

A Warren E. Buffett le ha fascinado invertir desde su más tierna infancia. Adquirió sus primeras acciones cuando tenía once años. Sin embargo, no fue hasta que descubrió las enseñanzas de Benjamin Graham que dio el primer paso hacia la conversión del Warren Buffett que conocemos actualmente.

Buffett tenía tan sólo diecinueve años cuando leyó por primera vez *The Intelligent Investor*, la obra de Graham sobre la valoración de acciones (donde exponía el concepto revolucionario de recurrir a las matemáticas para la tasación del valor bursátil de una empresa). El libro tuvo una gran influencia en Buffett. Hasta entonces, había prestado escasa o nula atención a los fundamentos que sustentaban el valor de las acciones que negociaba. En cambio, estudiaba los gráficos de las cotizaciones, leía bibliografía técnica y estaba atento a los consejos. Los resultados obtenidos de esta actuación se situaban claramente a nivel promedio. «Antes de leer a Graham, invertía según lo que me dictaba mi instinto en lugar de hacer caso a mi cerebro», comentaba posteriormente.

Más adelante, Buffett se puso a estudiar análisis de inversiones bajo la tutela de Graham en la Universidad de Columbia. Después de licenciarse, en 1951, volvió a Omaha, donde rápidamente se ganó una reputación de astuto selector de valores trabajando para la firma de agentes de bolsa de su padre, Buffett-Falk and Co., y de allí otra vez a Nueva York para trabajar para Graham en su sociedad de inversión, Graham-Newman.

Para aquellos que estén en sintonía con los principios de Graham, esta fue la época dorada de la inversión. La «ciencia» enseñada por Graham era nueva, y el mercado altamente ineficiente. Había gangas por doquier. El joven Warren Buffett lo hizo.

A partir de 1951 mi rendimiento mejoró. No, no cambié mi dieta ni me dediqué a hacer ejercicio físico. El único elemento nuevo eran las ideas de Ben. Lisa y llanamente, unas pocas horas pasadas a los pies del maestro demostraron ser más útiles que diez años de forma de pensar presuntamente original.

La fortuna personal de Buffett creció rápidamente a lo largo de los cinco años siguientes. Gracias a una parte de ella —que utilizó como aportación inicial— y a su capacidad para atraer a otros inversores basándose en su sólida reputación, pudo fundar el vehículo de inversión conocido como Buffett Partnership Ltd.

Una metamorfosis

Bajo la protección de Buffett Partnership (BP), que controlaba en exclusividad, Buffett empezó a ampliar sus dominios. En 1961 se hizo con el control de una empresa fabricante de instrumental agrícola llamada Dempsey Mills Manufacturing, de la que se nombró presidente. Dos años después vendió la compañía, pero mientras estuvo en ella extrajo liquidez para financiar otras inversiones para BP. Un modelo incipiente empezaba a dar sus primeros y vacilantes pasos —vacilantes porque Buffett descubría que dirigir y gestionar era bastante más difícil que invertir.

Después estableció el mismo tipo de relación con Berkshire Hathaway, una empresa fabricante de productos textiles con sede central en Nueva Inglaterra. Sólo que esta vez sería bastante más duradera: Buffett el inversor se metamorfoseó en Buffett el gerente e inversor.

A la vez que intentaba consolidar el negocio, Buffett racionaba la utilización de capital de Berkshire y canalizaba el exceso en inversiones más tradicionales en el mercado de valores y en adquisiciones de compañías en su totalidad. Una de ellas fue una compañía de seguros generadora de gran liquidez, National Indemnity, que Buffett utilizó también como fuente de financiación de inversiones diversas. Había empezado su relación a fondo y a largo plazo con el sector asegurador.

Por entonces, sin embargo, ya había captado para sus actividades a un confidente y consejero. Se trataba de Charlie Munger, un amigo abogado de la Costa Oeste. Munger tenía poco tiempo para dedicarlo a las conservadoras técnicas de valoración de Graham y en cambio predicaba que el valor podía encontrarse en el potencial de ganancias a largo plazo de una empresa. Lógicamente, esto significaba evaluar su capacidad para crear valor duradero. Así pues, Buffett se encontró haciendo las mismas preguntas con respecto a futuras inversiones que las que se hacía a sí mismo como director de Berkshire Hathaway.

El consejo de Munger se demostraría oportuno. Inexorablemente, a medida que el sector asegurador se fue haciendo más profesional —entre otras cosas porque las enseñanzas de Graham estaban llegando a una audiencia más amplia— el tipo de acciones estadísticamente baratas que Graham aconsejaba adquirir escaseaban cada vez más. Buffett sabía que tenía que dejar de lado a Graham para conservar su ventaja competitiva sobre el mercado.

Sin embargo, fue crucial que antes de que fuera capaz de actuar así, Buffett aprendiera unas cuantas lecciones dolorosas, en especial a través de sus adquisiciones de empresas en su totalidad. Estas dificultades puntuales se vieron también agravadas por otros acontecimientos. Aunque los rendimientos globales de sus inversiones seguían siendo sustanciosos, la configuración del mercado bursátil estaba cambiando. La inversión en acciones con perspectivas de revalorización se había puesto de moda y Buffett vio como su estilo de inversión quedaba fuera de lugar. Además, otros gestores de inversiones empezaron a mostrar resultados espectaculares. Por primera vez en su vida, Buffett no estaba superando a los índices ni a la competencia.

Empezó a sentirse presionado. No nos referimos a la presión para rendir como siempre, sino a la presión de sus socios, que le instaban a *cambiar* su planteamiento inversor, a gestionar BP de forma que satisfaciera sus necesidades y complaciera sus deseos. Fue una época de emociones para Buffett, y llegó a sentirse tan incómodo que en 1969 liquidó Buffett Partnership Ltd.

Lecciones seminales para Buffett

Buffett se protegió deshaciéndose de los activos de BP pero reuniendo la participación y la presidencia de Berkshire Hathaway, amplió sus intereses en el sector asegurador a través de adquisiciones, asumió más responsabilidades de dirección propias de un directivo operativo y luchó con la definición de valor de Munger contra la de Ben Graham. Fue aquí donde se forjó el producto acabado. Evidentemente, Buffett tenía que descubrir un nuevo modo de mantener su rendimiento relativo, y lo encontró reflexionando sobre las lecciones de la experiencia

Lo encontró en el reto de dirigir y gestionar personas y empresas; lo encontró en el ejercicio de analizar empresas capaces de generar riqueza a largo plazo que incorporaban los mismos retos de dirección y gestión; lo encontró en sus propios errores en el mundo de los negocios y, por tanto, en el descubrimiento de por qué las inversiones futuras podían fracasar, y lo encontró en el circuito de *feedback* creado entre el modo en que gestionaba el dinero de sus socios y las expectativas de ellos con respecto a su actuación.

En sus propios errores, en la observación de los errores de los demás, en su propia experiencia... había un hilo común que circulaba a través de cada uno de ellos. Y en ellos Buffett descubrió de primera mano las deficiencias de la naturaleza humana: los retos emocionales y psicológicos de la gestión, y de la inversión en dirección.

Sin embargo, ya combinaba las funciones de directivo e inversor en la misma persona. Una vez más se encontraba perfectamente posicionado para aprovecharse de las enseñanzas recibidas. Había llegado el momento: Warren Buffett estaba preparado para modelar Berkshire Hathaway a su imagen y semejanza.

Entonces emergió en su estado adulto el modelo poco probable de crecimiento acumulado de valor que es Berkshire Hathaway, y surgió Warren Buffett como gestor de capital y líder de personas.

BERKSHIRE HATHAWAY: LA VISIÓN

El patrón oro actual de la gestión corporativa es Jack Welch, que se retiró en 2001, después de diecisiete años de éxitos al mando de General Electric, una de las compañías más admiradas de Estados Unidos.

Welch fue un directivo de operaciones que ascendió a la cima de GE a través de superar una serie de tareas cada vez más importantes. En su rol de director general —como corresponde a su legado— Welch fue, en el fondo, un hombre de procedimientos cuya excelencia gerencial podía describirse a través de su extraordinaria capacidad para conseguir que los equipos que organizó bajo sus órdenes tuvieran espíritu de equipo y rindieran. Su estilo de dirección se definía, por tanto, a través de dos instrumentos. Uno era las personas —sólo se rodeaba y contrataba a aquellas que estaban «llenas de pasión y del deseo de que las cosas se llevaran a cabo». El otro era los conceptos a transmitir, ideas originadas desde las alturas que Welch se arreglaba para propagar como un virus en las mentes de dichas personas.

Para poder difundir estos conceptos o virus de la mente con mayor facilidad, Welch creó lo que el denominaba una organización «sin fronteras» que atravesaba divisiones y departamentos. Decía:

> Yo era un defensor exagerado de todo lo que hacíamos... Siempre que tenía una idea o mensaje que quería que calara en la organización, nunca lo repetía bastantes veces.

Sin embargo, no existen fronteras entre una empresa y sus accionistas. Los conceptos que se difunden dentro de las organizaciones no pueden limitarse sólo a ellas. «En gran parte», afirma Buffett, «las empresas consiguen el tipo de accionista que buscan y merecen».

Ésta es la razón de que el objetivo primordial de Welch en GE (ser la empresa número uno o número dos en cada sector de actividad en que estuviera presente) se plasmara en la siguiente declaración: «Lo que tenemos que vender como proyecto al accionista es un crecimiento sistemático de beneficios por encima de la media a lo largo del ciclo económico».

La generación de conceptos a transmitir por Welch dentro de GE avivó su visión para hacer realidad este propósito. En lugar de ser reactivo al cambio, Welch se anticipó al mismo y luego se comprometió en una cruzada personal para adaptar la empresa a su visión.

Esto significó la reinvención a cada paso del mayor conglomerado de Estados Unidos, descubriendo y haciendo llegar un nuevo concepto con cada una de las cuatro iniciativas principales que definían el propósito estratégico de GE: globalización, servicios, seis sigma y *e-business*, que sucesivamente fueron las designadas para transmitir la exigencia de rendimientos constantes por encima de la media. Para poder hacerlo, Welch, como director general, *tenía* que seguir siendo el hombre de los procedimientos/detalles que había sido como directivo de operaciones. «Me vi involucrado en todo lo que mi olfato pudo lograr involucrarme», manifestaba, «desde la calidad de nuestros tubos de rayos X hasta la introducción de diamantes de gran pureza».

Es digno de elogio que Welch ejecutara con éxito esta estrategia. Muchos que comparten el mismo objetivo han fracasado. Reinventar una organización a cada paso, con anticipación a cada paso, y procurar obtener rendimientos constantes por encima de la media es una estrategia arriesgada que Buffett rechaza.

Las similitudes entre el estilo de dirección de Jack Welch y el de Warren Buffett son evidentes. Al reunir la mezcla ecléctica de compañías que comprende Berkshire Hathaway, Buffett ha sido extremadamente cauteloso en cuanto a seleccionar con quién asociarse, buscando aquellos directivos que «disfrutan con la emoción de un rendimiento excepcional» y «que encuentran apasionantes todos y cada uno de los aspectos del negocio».

Sin embargo, hay dos modelos distintos para liderar personas, y distintos modos de gestionar el capital, lo que Buffett dice que es su otra función.

Con respecto a la motivación, Buffett escoge la ruta de no intervención y deja en libertad a los directivos. En el caso de Buffett, esto quiere decir que se establecen unas normas de conducta mínimas, que aprovechan una forma de motivación que viene de dentro. El principio del liderazgo está fundamentado en su confianza en este principio inmutable del comportamiento humano que le informa de que la confianza será recompensada con profesionalidad y esfuerzo. «Dirigiendo empresas he descubierto que los mejores resultados tienen su origen en dejar que personas altamente cualificadas trabajen sin trabas», afirma. Es también una forma de liderazgo que admite que, si la correspondencia a la confianza no forma parte de la personalidad del directivo, por mucha dirección que se aplique a dicho individuo, no se engendrará la conducta deseada.

O se podría adoptar el estilo de Welch de mando y control, «a través de dar una fría y otra caliente, de fijar objetivos ambiciosos y de controlar constantemente a la gente para asegurarse de que las cosas se llevan a término», lo cual revela la existencia de una cierta desconfianza de esa parte de la naturaleza humana que es egoísta y que se ocupará de sus propios intereses si se dejan desatendidos.

Asimismo, se puede escoger un solo concepto a transmitir que contenga ideas generales y elevadas para dirigir la empresa según el estilo de Buffett. Su liderazgo de Berkshire Hathaway está basado en la adopción de una única idea que fertiliza las entidades independientes que componen su empresa y que llena el vacío existente entre ellas, su director general y los accionistas. En la cima de la pirámide del buen gobierno corporativo y de la asignación de capital, el concepto dice lo siguiente: «Actúa como si fueras el propietario».

O se puede optar también por numerosos y oportunos conceptos a transmitir que den resonancia a las estrategias que deben reinventarse a cada paso, según el estilo de Jack Welch.

Ninguna solución está libre de errores. La falta de atención por parte de Buffett de los detalles y de la gestión de personal es costosa a veces —como descubrió en los estándares aseguradores en su filial más importante, General Re—. La preocupación contraria por los detalles que tenía Jack Welch podía ser igualmente costosa, y provocar que pasara por alto las señales de aviso del comportamiento anormal de Kidder Peabody, que ocasionó considerables pérdidas a GE y vergüenza personal a Welch (no podía estar en todos los sitios a la vez).

De las dos, sin embargo, la solución de Buffett es la más sólida. Cuando la filosofía de soltar las riendas en el ámbito del liderazgo se incorpora a la función de la gestión de capital, es esta forma de pensar la que ofrece los rendimientos que los accionistas de Buffett esperan conseguir con mayor seguridad que con su alternativa, la cual consiste en imponer la clarividencia propia del líder sobre el entorno y gestionar los resultados.

EL CÍRCULO DE COMPETENCIA DE WARREN BUFFETT

El riesgo tiene su origen en no saber lo que se está haciendo.

Warren Buffett

Según la forma de pensar de Buffett, los accionistas de una empresa deberían esperar, *como propietarios que son*, que se generaran unos rendimientos de sus activos a lo largo de su vida y de la vida de los activos. No padecen miopía. Están dispuestos a dejar pasar todas las oportunidades menos satisfactorias que generan rendimientos *normales* a favor de aquellas más excepcionales que garantizan unos rendimientos por *encima de la media*; el buen gobierno corporativo de Buffett en Berkshire Hathaway refleja esta mentalidad.

Cuando esta escala de valores se manifiesta en la gestión de capital de Buffett, él se percibe a sí mismo como un fragmento de un mercado de capitales que funciona como un conducto a través del cual los ahorros de la sociedad se transforman en los productos y servicios que la gente desea y necesita. Para poder desempeñar este rol, Buffett tiene que garantizar que solamente conseguirán capital aquellos negocios de Berkshire Hathaway que lo merezcan, mientras que los demás no retendrán innecesariamente un capital que pueda emplearse mejor en otro lugar. Al manifestar esta opinión, tiene que garantizar también que contrapone su utilización de capital a otros posibles usos —en otras empresas y sectores de actividad en los que pueda adquirir o invertir, y también en sus accionistas, quienes también pueden tener un mejor uso para dicho capital.

Para Buffett se trata de un concepto sencillo, que se resume en la simplicidad de la propia descripción de su puesto de trabajo. Sin embargo, no todo el mundo está de acuerdo en que esto sea así. Por ejemplo, ese augusto cuerpo de trabajo académico que es *The Theory of Finance* sostiene que Warren Buffett es un individuo equivocado. Afirma que los millones de ojos del propio mercado de capitales son más apropiados para decidir qué negocios merecen fondos que los ojos de un solo hombre, y que dichos ojos son más apropiados para controlar el uso que hacen los directivos del capital a través del establecimiento de las cotizaciones de las acciones de las compañías en el mercado bursátil. Y afirma que estas funciones son tan importantes que *deben* dejarse en manos del mercado que todo lo ve.

Después de todo, como atestigua la evidencia empírica, es *eficiente*.

Tal vez, y como era de esperar, dada la naturaleza perversa de un modelo en el que Buffett se ha erigido como mercado de capital de un solo hombre con dos ojos (tres ojos si se incluye a Charlie Munger, que sólo tiene visión en un ojo), Warren Buffett tiene sus propias ideas:

> *Al observar correctamente que el mercado era eficiente con frecuencia, ellos (los defensores de la teoría financiera) llegaron a la conclusión incorrecta de que siempre era eficiente. La diferencia entre esas dos proposiciones es como la que existe entre la noche y el día.*

En su propia evolución como directivo y como inversor, Buffett tuvo problemas y presenció demasiados errores básicos en la asignación de capital para creer que el mercado era el eficiente mecanismo descrito por los académicos. Aunque tenían razón en teoría, estaban totalmente equivocados en la práctica. Y nada nuevo ha observado Buffett desde que cambió esta opinión.

Así pues, Warren Buffett difiere de Welch en la gestión de personal, y también lo hace en lo relativo a la gestión de capital. Del mismo modo que Buffett no interviene y acepta de forma informada y pragmática los hechos de la vida en la primera y suelta las riendas, también hace lo mismo en la segunda: «Sencillamente esperamos que surja alguna cosa lógica, y cuando esto ocurre, actuamos».

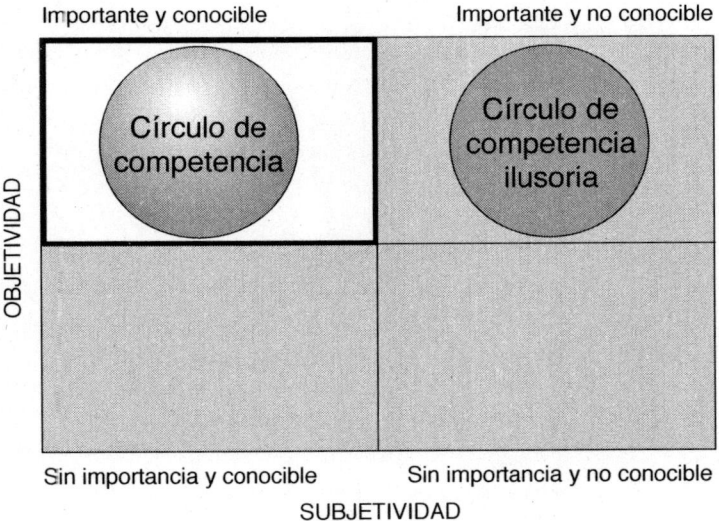

Figura 1. El círculo de competencia

Allí donde Buffett se *inclina* ante las leyes inmutables de la naturaleza por lo que respecta a su liderazgo sobre los directivos de Berkshire, también lo hace frente a la realidad de tomar estas decisiones ante la incertidumbre, que son un prerrequisito de la gestión de capital. Y allí donde trabaja con la naturaleza humana inmutable como líder cuando puede encontrarla orientada hacia los objetivos que ha establecido para Berkshire, trabaja con la complejidad del entorno operativo de Berkshire como gestor de capital. Allí donde Welch buscaba coherencia y todos sus accionistas apoyaban a fondo este principio —de hecho, dependientes del mismo en su evaluación de GE—, Buffett adopta la incertidumbre y persigue resultados por encima de la media a largo plazo.

Buffett no sabe cuando, dónde o cómo se presentará la oportunidad en este sentido. Pero sí sabe que surgirá, cómo detectarla cuando surja, lo cual requiere poseer la capacidad de evaluar oportunidades, y cómo posicionarse él mismo para sacar provecho de ella. Él sabe todo eso porque gestiona el capital de Berkshire dentro de su círculo de competencia.

Al limitar su gestión de capital al campo de lo importante y conocible, Warren Buffett se coloca a sí mismo en posición de control. Buffett ha identificado las leyes económicas y conductuales inmutables que se aplican en este ámbito. Está profundamente familiarizado con las normas a través de las cuales los seres humanos toman decisiones bajo condiciones de incertidumbre. Ha definido su círculo de competencia con rigor y sinceridad. Ha establecido dónde están sus límites. Es capaz de detectar el origen de sus errores y, por tanto, de corregir sus normas de decisión después de que se hayan producido las consecuencias. Su proceso de toma de decisiones está bien informado.

El círculo de competencia de Buffett le transmite objetividad, le concede la capacidad de hacer previsiones con un grado de precisión que le permite calcular el resultado de la razón precio/valor. A lo largo del proceso, le confiere el lujo de poder escoger una oportunidad de entre un menú muy variado, la comodidad de esperar a la hora propicia en que se presente la oportunidad, y la disciplina necesaria para no despilfarrar su capital entretanto. Al mismo tiempo, se siente con completa libertad para gestionar el capital de este modo.

El círculo de competencia de Buffett crea el vínculo de confianza que existe entre él y sus accionistas. Le libera para desafiar los convencionalismos. El control que le transmite también comunica la *sensación* de control. Cuando las emociones deben mantenerse en equilibrio, esto es importante. Además, Buffett ha apoyado este punto con una serie de incorporaciones estructurales al círculo que aseguran su seguridad psicológica y emocional. Esta forma de hacer le permite actuar como propietario.

Buffett se atiene con celo religioso a las normas de toma de decisiones que respaldan su círculo. Su marco conceptual contiene los ingredientes de una gestión de capital eficiente; son la destilación de la lógica. Ningún directivo estaría en desacuerdo en que esto es así.

Sin embargo, hay pocos que sean capaces de emularle en este aspecto. No se debe a que no quieran; idealmente querrían. No se debe a que sean ignorantes, porque es evidente que no lo son. Más bien se debe a la insidiosa naturaleza de la toma de decisiones bajo condiciones de incertidumbre.

Mientras que el modelo se pone a disposición de todos, su opuesto —el círculo de competencia— debe ser evitado. En esta prolongación de la representación del universo de Buffett, el capital se gestionará con un estilo opuesto al que él se adhiere. La subjetividad se impondrá. Las emociones estarán en vanguardia. Y aquellos que ocupen dicho círculo de competencia ilusoria llegarán a «conocer» lo importante pero *no conocible*.

Las consecuencias de operar bajo dicha ilusión son fáciles de adivinar pero no de evitar. A causa del modo en que nuestras mentes funcionan cuando trabajamos dentro de un círculo de competencia ilusoria, es difícil aprender de las decepciones.

En el proceso de su desarrollo personal como directivo e inversor, Warren Buffett experimentó una explosión de conocimiento adquirido —a través del razonamiento, la intuición y la percepción— en el que la distinción entre estos dos círculos se hizo evidente. Su círculo de competencia está infundido de un nuevo conocimiento de los errores más frecuentes que pueden cometerse cuando se toman decisiones bajo condiciones de incertidumbre. Warren Buffett está familiarizado con ellos porque él mismo ha cometido muchos, y los errores que no ha cometido personalmente los ha observado en los demás.

En presencia del fallo humano, Buffett rehízo su propia estructura mental, desactivando la psicología de la competencia ilusoria y cimentando la de la auténtica competencia. A partir de entonces, diseñó un modelo para la asignación de capital que le permitiría adherirse a sus principios.

Éste es el secreto «oculto» de Buffett.

EL VERDADERO WARREN BUFFETT

Es en Berkshire Hathaway donde encontramos al verdadero Warren Buffett.

Sin embargo, he aquí lo curioso. Cuando se piensa en Buffett, la mayoría de la gente lo ve como un simple inversor.

El aumento ininterrumpido del valor intrínseco de las compañías filiales de Berkshire que no cotizan es bastante menos destacado que la visibilidad de los éxitos de Buffett en el mercado de valores y el buen juicio que exhibe en la selección de acciones.

Por tanto, no debe sorprender que los libros que se han escrito acerca de Warren Buffett hasta hoy se hayan restringido en gran parte a desentrañar el secreto de su genialidad en el mercado de valores. El resultado es que, de uno u otro modo, han expresado con otras palabras lo que él nos ha enseñado sobre este tema y han explicado con claridad los principios que aplica.

No obstante, la insuficiencia de este enfoque presta un mal servicio a Buffett y a los que quieren aprender de él. Estos libros no han captado la idea. El verdadero Warren Buffett es bastante más que sólo un inversor. Y el éxito de Berkshire está basado en bastantes más cosas que en su habilidad para seleccionar acciones.

La pregunta que exige respuesta no es: «¿Cuál es el secreto del éxito de Warren Buffett en el campo de la inversión?», sino una mucho más amplia.

La pregunta es: «¿Cómo transforma Warren Buffett un modelo que debería fracasar en uno que sobresale claramente?».

A pesar de los principios de la teoría financiera, no es el consejo de administración de Berkshire el que regula el modelo y gobierna su éxito. Es una suerte que esto sea así. Como institución, el consejo de administración ha evolucionado para poder representar los intereses de inversores dispares, pero ha demostrado su inefectividad en este aspecto, incluso cuando está a la altura de los requisitos que debe tener un organismo de deliberación racional que son: tamaño reducido, diversidad en cuanto a antecedes y experiencia, e independencia. «El jefe de un director general es un consejo de administración que raras veces se evalúa a sí mismo», observa Buffett. Tampoco es el mercado de valores el que desempeña la función de buen gobierno corporativo, lo cual es igualmente una suerte, puesto que falla regularmente el test de meter en cintura el procedimiento de asignación de capital. Al consejo «pocas veces se le obliga a rendir cuentas de un rendimiento corporativo deficiente», observa Buffett, quien indica también que «el simpático pero alelado miembro del consejo nunca tiene que preocuparse por la seguridad de su puesto». Warren Buffett es quien asume toda la responsabilidad por la transformación y gestión de un modelo insólito en una historia de éxito incomparable.

En lugar de centrarse en el ideal obligado de dirigir una corporación, Buffett ha elegido la solución práctica. Adelantándose a la declaración de Alan Greenspan de que «el estado de buen gobierno corporativo suele ser en muy gran medida el reflejo de la personalidad del director general», Buffett ha optado por la integridad. «Los directores generales deben ser respetados y creídos», afirma. «Lo serán —y deberían serlo— sólo cuando lo merezcan. No necesitan "directores independientes", comités de supervisión ni auditores totalmente libres de conflictos de intereses. Sencillamente tienen que hacer lo que es correcto.»

El esquema de este libro es el siguiente.

Parte I: *Líder de personas*, empieza en el capítulo 2 con una descripción de la lucha inicial de Buffett con los desafíos de dirección y gestión, las lecciones aprendidas y la explosión de conocimiento adquirido que iluminará tanto su modelo de liderazgo de personal como su modelo de gestión de capital: su visión de actuar como propietario en el buen gobierno corporativo de Berkshire Hathaway. El capítulo 3 expone cómo Buffett pone en práctica su visión allí donde es útil: en la motivación de aquellos que la cumplan. Se describirán los fundamentos del estilo de gestión descentralizada de Buffett, así como el énfasis que pone en una cuidadosa selección de directivos. El capítulo 4 pasa a comentar el modo en que Buffett realiza brillantes adquisiciones y promueve la «compra» del espíritu de propietario entre los nuevos directivos de la firma. A continuación, en el capítulo 5 se exponen los principios de Buffett vigentes en el sector asegurador, y se aclaran los desafíos humanos de utilizar capital al nivel operacional y el liderazgo que sustenta la capacidad de Buffett para superarlos.

Parte II: *Gestor de capital* reflexiona sobre la aureola que ha venido rodeando a Warren Buffett. En el capítulo 6 se describe la imagen de un hombre que no es inmune al fracaso, como algunos podrían pensar —un hombre que comete errores, que gestiona el cambio de forma reactiva y que efectúa cambios de personal proactivamente—. En el capítulo 7 se pasa a explicar por qué los errores de Buffett no han hecho mella en el éxito de Berkshire y la razón de que sea capaz de aprender de ellos. Detalla el círculo de competencia de Buffett y conduce al lector a través de los aspectos básicos de su construcción. Muestra también cómo Buffett combina esto con otras características estructurales de su enfoque para garantizar que disfruta de la seguridad psicológica y emocional que se precisa para tomar las decisiones que son adecuadas para mantener el rendimiento de Berkshire Hathaway.

Parte III: *Actuar como propietario* expone a los lectores un manual del usuario para traducir el modelo de gestión de capital de Buffett en un marco conceptual para actuar como propietario. El capítulo 8, donde se listan las características claves del modelo, sirve de guía de dirección y gestión a los directivos de empresas que cotizan en el mercado de valores. En el capítulo 9 se explica por qué Buffett ha adoptado el círculo de competencia. Al ilustrar el círculo de competencia ilusoria, se aclara el planteamiento inverso al de Buffett. Sirve de guía a los directivos de las compañías que cotizan en bolsa respecto a dónde se encuentran los peligros y dificultades en la gestión de las relaciones con los accionistas y el mercado de valores en general.

El capítulo 10 concluye con unas reflexiones sobre el futuro de Berkshire Hathaway y los retos a los que se enfrentará la compañía, con o sin Warren Buffett al mando.

PARTE I

Líder de personas

2

Berkshire Hathaway
y el imperativo institucional

De los directores de sociedades anónimas, sin embargo, al ser gestores del dinero ajeno y no del propio, no puede esperarse razonablemente que velen por el mismo con la misma vigilancia inquieta que sus propietarios... Por tanto, cuando se gestionan los asuntos de una empresa de este tipo siempre prevalecerá, más o menos, la negligencia.

Adam Smith

No estoy preparado para jugar al fútbol, no estoy preparado para tocar el violín. Da la casualidad de que trabajo en algo que se paga extraordinariamente bien en la sociedad actual... Si hubiera nacido en una época anterior habría acabado devorado por algún animal.

Warren Buffett

A principios de la década de 1960, después de haber dedicado con éxito la mejor parte de veinte años de su vida a seleccionar acciones, Warren Buffett concibió una visión de su futuro rol —como director y gestor de un proyecto— que fue única entonces y lo sigue siendo hoy en día.

La visión era la siguiente: actuar como propietario en la dirección y gestión de esta empresa.

Para poder hacerlo, Buffett definiría su rol como el de alguien que escogería, de entre el universo de oportunidades que se presentaban dentro del ámbito de su competencia esencial, la aplicación de capital que obtuviera el máximo rendimiento y que al mismo tiempo conllevara el mínimo riesgo, al igual que sin duda harían sus inversores si el dinero estuviera en sus manos. Si no era posible, es decir, si no podía lograr un rendimiento superior al que los accionistas podían obtener en otra parte, les devolvería el dinero.

Eso quería decir que no podía calificarse a sí mismo, como hacen la mayoría de directores generales, de fabricante de productos textiles, caramelos, pólizas de seguro, artefactos o lo que fuera. De ahí en adelante, *sería responsable de asignar capital.*

No podía ser de otra manera. A partir de entonces, también tendría que garantizar que los ejecutivos que trabajaban para él en las compañías filiales de Berkshire Hathaway aceptaban esta filosofía.

Parece sencillo, pero no lo es.

Es sencillo, porque en Berkshire Hathaway es a la vez propietario y ejecutivo, lo cual significa que sus intereses en uno de los roles están perfectamente en línea con los del otro.

No es sencillo, sin embargo, en el sentido de que Buffett trata a todos los accionistas de Berkshire, incluso al menos importante, como socios iguales de la empresa. Por tanto, gestiona la compañía tanto en nombre de ellos como en el suyo propio.

Tampoco es tan sencillo porque, aunque Buffett posee las empresas filiales de Berkshire, concede a sus directivos una enorme autonomía. Por tanto, se encuentra con relación a ellos al igual que lo están sus accionistas con respecto a él —gestionan las empresas en nombre de Buffett.

Sin embargo, y en primer lugar, no es tan sencillo porque desde la Revolución Industrial, cuando se separó la propiedad que tenían de las empresas accionistas dispares del control de las mismas por parte de sus directivos, una pregunta se ha quedado sin respuesta: ¿cómo se puede lograr que los directivos actúen *como* propietarios?

Adam Smith ya resumió la cuestión en 1776. Dadas las deficiencias de la naturaleza humana, era fatalista en cuanto a creer que alguna vez podría resolverse el problema de alineación de los intereses de las dos partes y estaba firmemente convencido de que los directivos atenderían sus intereses con mayor diligencia que los de los propietarios en cuyo nombre trabajaban.

Tenía razón.

Nada indica que el problema se haya resuelto en la era moderna del buen gobierno corporativo. Al menos, no se ha resuelto en la mayoría de las empresas. Ni tampoco lo resolvió Warren Buffett hasta que aprendió unas cuantas lecciones acerca de la naturaleza humana. La determinación de Buffett de actuar como propietario se quebró en cuanto se puso el manto de directivo. De esa guisa se tropezó con lo que él denomina su «descubrimiento más sorprendente», una fuerza que hasta entonces había sido invisible para él y que calificó como «el imperativo institucional».

EL IMPERATIVO INSTITUCIONAL

Churchill dijo una vez: «Ustedes dan forma a sus hogares y luego éstos los moldean a ustedes».

Warren Buffett

A modo de ejemplo, Buffett describía el funcionamiento del imperativo institucional de la siguiente forma:

1) Al igual que si estuviera gobernada por el Principio de Inercia o Primera Ley de Newton, una institución se opondrá a cualquier cambio en su dirección actual. 2) Del mismo modo que el trabajo se amplía hasta ocupar todo el tiempo disponible, los proyectos o adquisiciones corporativos se llevarán a cabo para absorber los fondos adicionales disponibles. 3) Cualquier antojo del líder, por estúpido que sea, será rápidamente apoyado por una tasa de rendimiento pormenorizada y por unos estudios estratégicos preparados por sus subordinados. 4) Se imitará absurdamente el comportamiento de empresas similares, tanto si se amplían, efectúan adquisiciones, establecen retribuciones especiales para sus ejecutivos o cualquier otra cosa.

Y añade:

En la escuela de negocios donde estudié no se me dio idea alguna de la existencia del imperativo, ni yo tampoco lo capté intuitivamente cuando hice mi entrada en el mundo de los negocios. Yo creía entonces que los ejecutivos respetables, inteligentes y con experiencia tomaban decisiones racionales de forma automática. Pero con el paso del tiempo fui aprendiendo que esto no es así. En cambio, la racionalidad se debilita con frecuencia cuando el imperativo institucional entra en juego.

Buffett llegó a una conclusión tan trascendental para su dirección futura de Berkshire Hathaway como lo fue el objetivo de Jack Welch en GE, que consistía en hacer llegar la empresa al puesto primero o segundo en cada uno de los sectores en que participaba activamente. «La dinámica institucional», decía Buffett, «y no la estupidez, llevan a las empresas por estos rumbos, que con excesiva frecuencia son equivocados».

Que el imperativo institucional sorprendiera a Buffett puede explicarse por el hecho de que, aunque había sido un seleccionador de acciones con gran éxito, durante este período había prestado escasa atención a los fundamentos del negocio en los que podría haberse esperado que se manifestase el imperativo. Llevaba muy poco tiempo en su rol de ejecutivo de empresa.

Buffett se dio cuenta de que tenía que cambiar su planteamiento si quería retener su ventaja competitiva y seguir superando a sus competidores. Pero esto no sería tan sencillo como decidir la dominación de los sectores en los que Berkshire participaba. El imperativo no respetaba el tamaño ni la posición en el mercado.

Para conquistar una ventaja sostenible, tendría que reconocer el imperativo en sí mismo. Tendría que darse cuenta de que el arrendamiento de valores (frente a la adquisición de empresas) únicamente agravaba el problema del imperativo. Tendría que abrir los ojos al concepto de creación de valor sobre una base permanente y darse cuenta de que el imperativo era un problema para ello: en la empresa que dirigía, en las que adquiría y en aquellas en las que invertía. Y tendría que tener esto en cuenta en todas esas actividades.

Buffett gozó de una ventaja en sus primeros años antes de llegar a ser directivo, pero teniendo en cuenta lo que había aprendido, no era una ventaja sostenible. Tenía que descubrir algo más duradero.

Y lo consiguió. Reconoció el imperativo. Especificó su mecanismo como un problema de la naturaleza humana. Y al final se colocó en una posición donde pudo tender un puente sobre el vacío existente entre el directivo de una empresa y su propietario y actuar como el profesional responsable de la asignación de capital que todos los propietarios quieren ver en sus directivos.

UNA VENTAJA PARA WARREN BUFFETT

En su juventud, Buffett fue atraído por el mundo de la inversión en una época en que el mercado de valores era el hábitat de los especialistas. Los movimientos de las cotizaciones se manipulaban a menudo.

Sin embargo, cuando Benjamin Graham empezó a exponer la teoría de la valoración y selección de valores a finales de la década de 1920 y principios de la de 1930 —estableciendo sólidamente el concepto matemático de valor—, esto empezó a cambiar.

En 1950 se matriculó en un curso en la Universidad de Columbia en el que Graham enseñaba análisis fundamental del mercado de valores. Buffett adoptó rápidamente a Graham como su héroe y, tras ser contratado por la propia firma de inversiones de Graham, también como su mentor. Años más tarde comentaba: «Ben ha influido en mí más que cualquier otra persona, con la excepción de mi padre».

En una época donde pocos se interesaban por el análisis de valoración, ésta fue una era dorada para los que sí lo hicieron. Entrenado en los principios que Graham le había enseñado, Buffett escudriñaba con voracidad los datos disponibles de las compañías.

Su peculiar capacidad numérica le hacía destacar en este aspecto. Sus amigos de la infancia Bob Russell y Don Danley recuerdan cómo le disparaban series de cifras de dos dígitos para que las multiplicase y listas de ciudades para las que tenía que dar la cifra de su población. Buffett devolvía las respuestas casi con la misma rapidez que le preguntaban. En Graham-Newman, donde el propio Ben Graham era legendario por su capacidad mental para procesar datos, Buffett asombró a sus colegas por ser aún mejor y más rápido.

Su increíble memoria de hechos y cifras le permitía memorizar el perfil estadístico de toda compañía que analizaba. La velocidad de su cerebro le capacitaba para analizarlas *todas*. Una tarea imposible para cualquier otro, que le permitía seguir diligentemente los valores, rastrear sus valoraciones apropiadas y abalanzarse sobre ellas cuando se abarataban —*mientras aún eran baratas*.

La formación recibida por Buffett con Graham como mentor sacó provecho de esta ventaja natural, y pronto obtuvo recompensa. Entre 1951, cuando se graduó en el curso de Graham, y 1956, cuando volvió a su casa de Omaha después de haber trabajado en la sociedad de Graham, la fortuna personal de Graham pasó de 9.800 dólares a 140.000 dólares, una tasa de crecimiento anual acumulativo de alrededor del setenta por ciento.

Lo consiguió mediante la compra de valores que la mayoría de la gente consideraba difíciles. De hecho, durante una breve estancia en la sociedad de bolsa de su padre, Buffett-Falk and Co., el joven Buffett se encontró con una enorme resistencia a sus ideas.

A menudo estas acciones eran tan tremendamente baratas que la gente creía que debía de haber algo en ellas que no estaba bien. Incluso Buffett pensó a veces que las valoraciones eran demasiado buenas para ser ciertas. Y sin embargo, continuó adelante a pesar de todo.

La combinación de la resuelta confianza de Buffett en sí mismo y su cerebro calculador era irresistible. Antes de leer a Graham y estudiar bajo su magisterio, el historial de Buffett, tal como él mismo admite, era normal y corriente. Sin embargo, ahora parecía que había nacido para las inversiones. «Pienso que estaba en sus genes», comentaba su hermana menor, Roberta.

Había nacido un profesional de la inversión

A partir de entonces, con la atracción de inversores, consecuencia de su creciente reputación, y la utilización del dinero que había acumulado, Buffett creó los tres fondos que más adelante se fusionarían en Buffett Partnership (BP). Era director único, con plena libertad de decisión. Era el año 1956 y Buffett tenía tan sólo veintiséis años. Ése fue el primer paso que dio en el camino que iba a transformarle.

En 1961 Buffett adquirió una participación mayoritaria en Dempster Millls Manufacturing para BP. Desde el punto de vista estadístico era un valor barato, coherente con el manual de Graham. Fue también una compañía de la que finalmente Buffett se nombró presidente. Aunque Ben Graham no había estado en contra de tener un papel influyente en las compañías que adquiría, éste era un paso revolucionario para el gestor de un fondo de inversión. Excepto en que Warren Buffett no se concebía a sí mismo como gerente de un fondo. En Dempsey vio una empresa que estaba invirtiendo demasiado en negocios de bajo rendimiento. Si él era capaz de remediar esto como presidente, podría liberar parte del dinero destinado a la fabricación de herramientas y bienes de equipo agrícolas. Luego podría canalizar estos fondos hacia inversiones alternativas que produjeran unos rendimientos más elevados, activos que los propietarios de la empresa habrían seleccionado si hubieran conseguido que sus directivos les retornasen su capital.

Había nacido un profesional de la inversión; el modo en que Buffett se tropezó con esta nueva perspectiva se trata en el capítulo siguiente. Pero esta extraña e híbrida criatura nació prácticamente estrangulada. La incursión inicial de Buffett en el nuevo rol no funcionó como esperaba.

Enfrentamiento con el imperativo

Buffett obtuvo un espléndido rendimiento de su inversión, pero sólo después de haber contratado un nuevo director para que lidiara con problemas que eran «demasiado difíciles» de solucionar para Buffett, es decir, apretar las tuercas al personal para que cumpliera los objetivos establecidos por él, su propietario y presidente, en lugar de perseguir su propio bienestar como directivo de la empresa. Los intentos de hacerlo él mismo durante sus visitas periódicas a la empresa no lograron la necesaria reducción de gastos generales y existencias en una empresa cuya línea de fabricación no tenía en cuenta los costes innecesarios.

Éste fue el primer y breve roce (vendió su participación en 1963) que Buffett tuvo con el imperativo institucional, y lo que descubrió fue que tener la visión es una cosa, pero que había una enorme diferencia entre ser un inversor a largo plazo y un directivo cuyo propósito es actuar como lo haría un propietario. Buffett descubrió que el tendido de un puente sobre el abismo que hay entre la propiedad y la gestión —motivar a los directivos para que actúen como propietarios— era un elemento esencial en su nueva situación. Alinear los intereses de los ejecutivos con el suyo no fue tarea fácil, de ahí la venta de su participación en la compañía.

Un año antes había empezado a comprar acciones de otra compañía para Buffett Partnership: Berkshire Hathaway, una empresa fabricante de productos textiles con sede en Nueva Inglaterra. Hacia 1965 la había hecho crecer a un tamaño suficiente que justificó que se hiciera cargo de sus operaciones (más adelante llegó a ser presidente de la compañía).

Había similitudes alarmantes entre Berkshire y Dempster. La inversión inicial de Buffett se basó en su bajo coste. Además, ambas tenían dificultades en sectores de bajo rendimiento. A partir de entonces su estatus de inversor interesado evolucionó al de propietario activo (el primer indicio de la caída en la trampa que el imperativo institucional tenía en reserva). No obstante, había una diferencia de peso entre ambas.

En Berkshire, Buffett tuvo mucho cuidado en conservar un director general de operaciones que estaba hecho de la pasta adecuada, es decir, que poseía las cualidades personales para poder colaborar con Buffett y no era un individuo al que tuviera que dirigir. Ese hombre era Ken Chace. Buffett admiraba a Chance. Confiaba en la motivación esencial de Chace: el cumplimiento de los objetivos establecidos para la organización. La asociación con este hombre íntegro fue la precursora del diseño motivacional para todas las asociaciones posteriores con los gerentes de sus múltiples compañías filiales. Al timón, sin embargo, de otra compañía cuya dirección había actuado previamente por propio interés en detrimento del de sus accionistas. Buffett decidió no agravar el problema de operar en un sector difícil a través de entrar más a fondo en el mismo. En lugar de reinvertir en sus actividades textiles, solamente hizo lo suficiente para que fueran tirando —a una tasa de rendimiento que le permitiera cosechar una liquidez que luego invertiría en otras actividades que le produjeran rendimientos más elevados—. Ahora, con el diligente Chace a su lado, el modelo de actuación como propietario elaborado por Buffett se encontraba en una posición mucho mejor. Una vez más, estaba asignando capital.

En su papel de gerente de empresa, determinaba la suma de capital a retener para la fabricación de artículos textiles. En su rol de propietario, manejaba la relación de la gerencia con Chace a través de la dirección de sus actividades. Y en su papel de inversor, utilizaba la liquidez extraída de la compañía para obtener rendimientos más altos allí donde fuera posible. «Es realmente la interacción del capital empleado, el rendimiento obtenido de este capital y el futuro capital generado», afirma Buffett. Sin embargo, a pesar de lo sencillo que parece este concepto, las cosas no salieron totalmente de acuerdo con el plan.

Parecía que Buffett había solucionado el problema del hombre que dirigía la empresa. Ken Chace se ocupaba de atender sus deseos en la dirección de las operaciones. Como propietario, por tanto, era capaz de dejar hacer y, sin embargo, seguir controlando la compañía, pero lo verdaderamente crucial fue que en los otros aspectos de asignación de capital como gerente e inversor aún cometía errores.

ENREDADO EN EL SECTOR TEXTIL

Sabía que era un negocio difícil… Entonces era más arrogante o más inocente. Aprendimos un montón de lecciones, pero desearía que las hubiéramos aprendido en otra parte.

Warren Buffett

Desde el momento en que se hizo cargo de Berkshire Hathaway, Buffett tuvo problemas en el ámbito operacional. Simplemente no había tregua en las presiones que habían bombardeado la compañía bajo su propietario original, Seabury Stanton, quien se había aferrado tercamente al sector textil a través de la adversidad.

Buffett iba a aprender de primera mano por qué Stanton había actuado de esta manera. A pesar de su propósito, y sin tomar en consideración el rendimiento del capital invertido en la empresa, su compromiso con Berkshire Hathaway parecía crecer por voluntad propia.

Compró acciones de la compañía simplemente porque eran una ganga y estuvo a punto de venderlas en 1964, después de que Stanton le hiciera repetidas ofertas de recomprar su participación —si las rechazó fue porque pensaba que el viejo le estaba engañando en el precio—. Según Munger, «Estaban separados por tres octavos de punto» para cerrar el acuerdo, y fue totalmente casual que Berkshire se convirtiera en su instrumento de actuación». Sin embargo, veinte años más tarde, después de considerar por primera vez el cierre del negocio textil a mediados de la década de 1970 —precisamente a causa de su escaso rendimiento— Buffett estaba todavía enredado en él.

En el ínterin era evidente la amenaza a su ambición de hacer aumentar el valor de la que se convirtió en su empresa mayor. A menos que Buffett pudiera mantener la actividad textil de Berkshire en condiciones de generar, como mínimo, la tasa de rendimiento establecido o, más en serio, si ésta empezaba a *consumir* capital, ello obstaculizaría su ambición de acumulación de rendimientos. Si esto ocurría, estaría mucho mejor atendido por la inversión *inmediata* en un negocio que produjera un rendimiento más elevado y seguro.

De hecho, el problema ya era obvio en 1969, cuando advirtió a sus socios acerca de sus escasas expectativas en la empresa. Pero reaccionó con terrible lentitud para hacer algo sobre ello, y el coste de oportunidad de no hacer nada fue sustancial, tanto para Buffett como para los otros propietarios de la compañía.

En el ínterin, Buffett se disciplinó en gran medida para reducir el negocio textil. Sin embargo, aún se encontró, a pesar suyo, realizando inversiones que nunca obtuvieron la tasa de rendimiento establecida.

En 1978, por ejemplo, Buffett comunicó a sus accionistas: «Vuestro presidente tomó hace unos años la decisión de adquirir Waumbec Mills, de Manchester, New Hampshire, ampliando así nuestro compromiso con el sector textil». Aunque «según cualquier test estadístico, el precio de adquisición era una ganga extraordinaria, la compra fue un error. Aunque trabajamos a fondo, fueron surgiendo nuevos problemas con la misma rapidez con que controlábamos los viejos».

No obstante, Buffett buscó razones a su alrededor que apoyasen esta decisión. Una de dichas razones era la expectativa de sinergias. «Aunque fue un error, la adquisición de Waumbec no ha sido un desastre. Ciertas partes de la operación están demostrando que son una incorporación valiosa a nuestra línea de textiles para el hogar.»

La realidad es que fue un desastre. Las sinergias existentes no fueron suficientes.

La maldición del imperativo: caída en la trampa

El problema de Buffett es que ya se había *comprometido* con el negocio. Fue esta conclusión previa la que le hizo caer en la trampa.

Buffett descubrió que no podía mantener su punto de vista, por más que lo intentó: sembrar y cosechar en otra parte sin reinvertir en absoluto en el negocio textil. Una vez comenzado, su compromiso con el negocio se mantuvo vigente. Tal como le había sucedido a Stanton anteriormente, aunque de un modo ligeramente distinto, Warren Buffett se había convertido también en una víctima del imperativo institucional. La dinámica del imperativo le había atrapado, y había aumentado inexorablemente su compromiso con el sector textil y colocado obstáculos a su retirada cuando intentaba emprenderla.

Mientras que el compromiso de Stanton con Berkshire Hathaway estaba enraizado en el concepto que tenía de sí mismo como «hombre del textil» cuya tarea consistía en hacer crecer el negocio —no es una definición inusual de uno mismo para un gerente—, Buffett se veía a sí mismo como un *hombre de negocios compasivo* que se preocupaba profundamente y valoraba extraordinariamente las relaciones personales que este estatus conllevaba. Era el tipo de persona que deseaba corresponder al esfuerzo y fidelidad que le mostraban sus gerentes y otros empleados, quienes satisfacían sus deseos como propietario de la firma de la que se encargaban. Una vez en el negocio, sin embargo, el camino de menor resistencia era permanecer y tener éxito en ello.

No obstante, en 1985, cuando los resultados acumulados fueron tan malos y el panorama tan claro que ya no pudo seguir engañándose por más tiempo de lo contrario, Buffett se vio obligado a explicar a sus accionistas el motivo de haber tomado la dolorosa decisión de echar el cierre a sus operaciones textiles. Por entonces había pasado alrededor de un tercio de su vida en el negocio. Escribió lo siguiente:

> *Debo hacer hincapié en que Ken y Gary [el equipo de dirección] han aportado iniciativa, energía e imaginación a sus esfuerzos para lograr que nuestras actividades textiles tuvieran éxito. Reestructuraron las líneas de productos, la configuración del equipo y la organización de la distribución en sus intentos de lograr una rentabilidad sostenible.*

Reconocía que, en efecto, había estado engañándose a sí mismo:

> *Al final nada funcionaba y yo debería haber sido culpado de no haber abandonado antes. Doscientas cincuenta fábricas textiles han cerrado desde 1980. Sus propietarios tenían la misma información que yo tenía; simplemente la procesaron más objetivamente. No hice caso del consejo de Comte: «El intelecto debería ser el siervo del corazón, pero no su esclavo», y creí lo que quería creer* [énfasis añadido].

En el proceso de asignación de capital, cuando los compromisos adquiridos con las empresas van por mal camino, surge un peligro especial. Aquellos que cargan con un elevado grado de responsabilidad por haberlos introducido tienen tendencia a destinar más fondos a estos proyectos en las sucesivas rondas presupuestarias que aquellos que no tienen que cargar con la responsabilidad del error y que no forman parte de la dinámica negativa.

Mientras las escobas nuevas barren y limpian, los que están dentro se meten más a fondo. Deciden intensificar su compromiso con un juego que aún podría ofrecer una posibilidad de mantener su error, un indulto del castigo de mentirse a sí mismos. Afirma Charlie Munger:

*Usted se ha comprometido con algo a fondo; ha invertido esfuerzo y dine-
ro en ello.Y cuanto más invierte, más le hace pensar el principio de uniformidad o coherencia: «Ahora tiene que funcionar. Si tan sólo invirtiera
un poco más, entonces funcionaría». La gente se arruina de esta forma
porque no puede permitirse parar, reconsiderar ni decir:* «No tengo que
perseguir esto como una obsesión».

En el caso de Stanton, el principio de uniformidad o coherencia le
instaba a obtener un rendimiento de sus inversiones. En el caso de Buffett, se trataba de preservar la percepción de sí mismo. A esto se le llama
caer en la trampa.

Ambas reacciones son instintivas cuando se dirige y gestiona a nivel
empresarial. Son también lo que distingue a la gestión empresarial de la
asignación de capital. Utilizando el caso de Burlington Industries como
ejemplo, Buffett presentó en 1985 (la fecha no es casual, puesto que fue
el año en que cerró el negocio textil) un excelente análisis de las consecuencias:

*En 1964 Burlington obtuvo unas ventas de 1.200 millones de dólares
[…] tomó la decisión de seguir fiel al negocio textil. A lo largo del período
1964-1985 realizó inversiones de capital por unos tres mil millones de
dólares, más de doscientos dólares por acción sobre este valor de sesenta
dólares. Una parte muy importante de estos desembolsos, estoy seguro de
que se dedicó a reducir costes y a la expansión. Teniendo en cuenta el
compromiso básico de Burlington de permanecer en el sector textil, yo
también diría que las decisiones de la empresa en este aspecto fueron bastante racionales.*

*No obstante, Burlington ha disminuido su cifra de ventas en dólares
reales y su rendimiento sobre ventas y patrimonio neto ha sido bastante
más bajo ahora que hace veinte años. La acción se vende ahora por un poco
más de los sesenta dólares a que cotizaba en 1964. Mientras tanto el IPC
se ha más que triplicado. Por tanto, cada acción tiene un tercio de la capacidad de compra que tenía a finales de 1964. Estas desastrosas consecuencias para los accionistas indican lo que puede ocurrir cuando se aplica
mucho esfuerzo mental y muchas energías a una hipótesis incorrecta.*

Warren Buffett fue capaz de identificar con tanta claridad dónde se
había equivocado la dirección de Burlington porque, para entonces, fi-

nalmente había llegado a reconocer dónde se había equivocado con Berkshire Hathaway. Él había estado actuando del mismo modo, aunque en un grado bastante menor. Se vio obligado a hacerlo, pues la dinámica de la situación le había sobrepasado.

Evidentemente, desde el punto de vista de sus propietarios, el compromiso de Burlington con el sector textil fue un error. Igualmente evidente, ese compromiso ponía de manifiesto la dinámica del imperativo institucional. Lo hacía del mismo modo en que había atrapado a Warren Buffett. Aunque la lógica indicaba lo contrario, Buffett tuvo miedo de reconocer el fallo de su estrategia, tuvo miedo de no ser coherente con un compromiso previo (que llegó a formar parte de la definición de sí mismo) y tuvo miedo de enfrentarse al engaño a sí mismo.

Para Buffett la señal de alerta fue ésta: una fuerza oculta, el imperativo institucional absorbía energías de aquellos que se encontraban a su alrededor, aprovechándose de la naturaleza humana básica para actuar así.

LAS INVERSIONES EN COLILLAS DE CIGARROS PUROS

> *Una colilla de cigarro puro encontrada en la calle a la que sólo le queda una última pipada es posible que no ofrezca mucho humo, pero la ganga que ha representado su compra hará que toda la pipada sean ganancias.*
>
> Warren Buffett

Buffett señala que fue la arrogancia o la inocencia lo que no le dejó ver la existencia del imperativo. Para un observador externo, parece que la causa más probable fue esta última. Antes de adquirir Berkshire Hathaway, en lugar de de comprar y mantener valores para el largo plazo, Buffett los había *alquilado*. Y si el problema con las actividades textiles fue que, en lugar de enfrentarse a su miedo decidió huir del mismo —pasando sin miramientos por encima de la lógica—, este problema se agravó por el hecho de que había seguido siendo fiel a las enseñanzas de Ben Graham durante demasiado tiempo.

Aunque Graham respetaba el papel desempeñado en su evaluación bursátil por la capacidad de una empresa de generar ganancias en el futuro, valoraba bastante más las compañías con relación a la evaluación de los activos de su balance que por su capacidad para crear valor sobre una base permanente. La carrera profesional de Buffett se basó al principio en esta técnica: identificación de empresas que fueran baratas con relación al valor de sus activos tangibles y cuyas cotizaciones aumentarían, en cuanto otros inversores cayeran en la cuenta de esta discrepancia. Él lo llamaba «la inversión en colillas de cigarros puros».

Sin embargo, el problema con este tipo de inversión es que era prácticamente intrascendente para el juego en que Buffett estaba involucrado que los directores de las empresas subyacentes que alquilaba actuasen o no como responsables de asignar capital. Él compraba valores cuando estaban infravalorados y se habían abaratado en exceso. Entonces esperaba simplemente a que los demás se dieran cuenta de ello. Cuando esto ocurría y los precios aumentaban hasta alcanzar su valor justo, se despedía de ellos sin prestar la más mínima atención a cualquier dinámica que pudiera tener lugar en el interior de dichos valores.

La inversión en colillas de cigarro puro dependía de la capacidad de Warren Buffett para analizar una foto fija de la valoración. A diferencia de ello, la gestión empresarial precisa de la capacidad de producir, dirigir y actuar ante una película en movimiento, una cuyo guión es interpretado por otros, actores *humanos* que desempeñan roles animados en escenas de tomas de decisiones estratégicas, enfrentándose a los retos de comportamiento que éstas presentaban y a las que Buffett se estaba enfrentando y se había enfrentado en Dempster Mills.

Evidentemente, la inversión en colillas de cigarro puro no preparó a Buffett para la tarea de prever el imperativo y/o gestionarlo. Le predispuso a intensificar su compromiso a través de la decisión de poseer y dirigir estas empresas en lugar de simplemente alquilar sus acciones. Ésta es una descripción típica de caída en la trampa.

Años más tarde, en 1977, Buffett ejemplificaba las desventajas de su enfoque incompleto del análisis de inversiones:

> *Berkshire Fine Spinning Associates y Hathaway Manufacturing se fusionaron en 1955 para constituir Berkshire Hathaway Inc. En 1948 obtuvieron unas ganancias después de impuestos del orden de dieciocho millones de dólares y emplearon a diez mil personas. En el mundo de los negocios de aquella época eran una potencia económica [...]. Pero en la década que se inició en 1955 las ventas acumuladas de la compañía fusionada de 595 millones de dólares ocasionaron unas pérdidas acumuladas para Berkshire Hathaway de diez millones de dólares. En 1964 la acti-*

viaad se había reducido a dos fábricas, y su patrimonio neto se había encogido hasta los veintidós millones de dólares desde los cincuenta y tres millones de dólares en el momento de la fusión. Y ya es suficiente esta sola instantánea como representación apropiada de la marcha de un negocio.

Con el tiempo llegó a reconocer ante sus accionistas el error de su forma de actuar:

Debe señalarse que a vuestro presidente, una persona que siempre ha aprendido con rapidez, sólo le hicieron falta veinte años para reconocer lo importante que era adquirir buenos negocios. En el ínterin, busqué «gangas» —y tuve la desgracia de encontrarme con algunas—. Mi castigo fue la formación adquirida en la economía de los fabricantes de maquinaria agrícola, grandes almacenes de tercer orden y empresas textiles de Nueva Inglaterra.

Siguió diciendo:

Keynes detectó cuál era mi problema: «La dificultad no reside en las nuevas ideas sino en escapar de las viejas ideas de siempre». La huida se pospuso durante mucho tiempo, debido en parte a que la mayoría de las cosas que me había enseñado el mismo maestro habían sido (y siguen siendo) extraordinariamente valiosas.

Habría sido enorme el fastidio de tener que admitir la disonancia en el hecho de que las enseñanzas de su héroe no eran completas y que tanto Graham como él habían sido en todo caso ingenuos en su evaluación del valor: lo suficiente para distraer a Buffett del reconocimiento de que la creación de valor puede ser un proceso continuo y duradero que podía encontrarse en empresas que no eran necesariamente baratas.

Evidentemente, cuando en 1977 explicó la historia de la foto fija, Buffett estaba todavía aprendiendo. Pero aún no había aprendido bastante. El imperativo institucional que sin darse cuenta había descrito con precisión era aún invisible para él, y su mecanismo —de preferir lo que él prefería creer y ser incapaz de huir de esto— no estaba dentro de su ámbito de comprensión. No era el resultado de la «estupidez», como él lo denominaría, sino de la falta de conocimiento de la naturaleza humana y de tener conciencia de ello.

Ahora que era un director de empresa, Buffett tendría que reconocer la existencia de estos defectos por lo que representaban y corregirlos, si su propósito era mantener el mismo rendimiento del que disfrutaba como inversor.

Eso no quiere decir que Berkshire Hathaway, la empresa mayor, tuviera problemas; no era así. Los mayores errores cometidos por Buffett durante este período eran los que él denomina errores de omisión: no adquirir ni retener excelentes valores cuando estaban verdaderamente baratos en los grandes mercados bajistas de la década de 1970. Esto habría hecho aumentar el valor de Berkshire a una tasa sustancialmente más elevada. No obstante, él estaba canalizando la liquidez en exceso procedente de otras inversiones —básicamente National Indemnity— hacia otras acciones baratas y, a medida que éstas se iban revalorizando, el valor de Berkshire crecía con ellas. En comparación, considera que sus pecados de omisión fueron «relativamente pocos» en número y que la fidelidad al sector textil fue el principal de ellos.

Es revelador que cuando dejó atrás este período de su vida, ya no invirtió más en el tipo de valores ni poseyó el tipo de empresas por las que se había preocupado hasta entonces. Ni tampoco estaba gestionando Berkshire Hathaway de la misma forma. Algo había ocurrido que le cambió.

Buffett pasó gran parte de la década de 1970 comprando compañías de seguros e invirtiendo la reserva de liquidez en bolsa. Durante esta época ocupa tanto un rol ejecutivo como operacional, dirigiendo Berkshire Hathaway y trabajando como asegurador de sus riesgos. En 1982 traspasó el rol operacional a Mike Goldberg y anuló sus responsabilidades aseguradoras. Ahora era un director general a jornada completa de una compañía de seguros. En las cartas dirigidas a los accionistas apareció un anuncio que buscaba atraer a aquellos que tenían empresas en venta. El año siguiente Buffett publicó un *Manual del Propietario* que marcaba la pauta de las relaciones que deseaba establecer con los accionistas de Berkshire y los objetivos que quería que adoptaran sus gerentes. Berkshire se embarcó en una orgía de adquisiciones, entre las que se incluían sus más famosas filiales, de las que es propietaria única, la mayoría de ellas descubiertas por Buffett fuera del sector asegurador.

El conglomerado emergió. Pero no se trataba de un conglomerado común y corriente y Buffett tampoco era un líder normal y corriente. La evidencia de esta explosión de actividad y de *cambio* de comportamiento, raros para Buffett, es que había adquirido nueva conciencia de cómo funcionaba su cerebro. Fue *capaz* de determinar cuáles habían sido sus errores anteriores y proponer un proyecto original para Berkshire Hathaway, por lo que de alguna manera llegó a adquirir un notable conocimiento de sí mismo.

Tal vez había indicios a lo largo del proceso de que poseía esta capacidad en su interior y que simplemente estaba esperando la presencia de un catalizador. La prueba de ello la encontramos en la liquidación de Buffett Partnership en 1969.

Un triunfo del conocimiento de sí mismo: la liquidación de Buffett Partnership

Entre 1956 y 1969 el valor de los activos de Buffett Partnership había aumentado a una tasa anual acumulada del 29,5% en comparación con el 7,4% del índice Dow Jones. Sin embargo, los últimos años de la década de 1960 fueron una época de grandes especulaciones en el mercado bursátil. Se había descubierto el disparo de las cotizaciones hasta cotas elevadísimas y los gestores de inversiones amarraron sus fortunas a ellas.

Buffett sabía que no podría superar el índice cada año, entre otras razones porque el comportamiento del mismo no siempre es lógico, y ahora este riesgo estaba más presente que nunca. Con ello en mente, redujo su objetivo de batir anualmente el índice Dow Jones de diez puntos porcentuales a cinco puntos (o haciendo crecer el valor de los activos existentes bajo gestión en un nueve por ciento al año; de los dos el que ofreciera el valor más elevado).

A medida que la «locura» avanzaba, Buffett se fue sintiendo cada vez más incómodo, porque la presión de sus socios se estaba haciendo palpable. Estas personas se habían acostumbrado a que Buffett superara cómodamente tanto al índice como a otros gestores de fondos. Aún obtenían buenos resultados en términos absolutos, pero existía la sensación de que estaban perdiendo dinero. Fue esta aversión a las pérdidas lo que les llevó al intento de persuadir a Buffett de que se arrimara a los inversores especulativos. No obstante, recurriendo a la determinación que le había definido como inversor, Buffett les respondió:

No abandonaré un planteamiento previo cuya lógica conozco y entiendo, aunque pueda significar la renuncia a beneficios importantes y aparentemente fáciles, para adoptar un planteamiento que no entiendo del todo, que no he practicado con éxito y que, posiblemente, pueda llevar a una pérdida sustancial y permanente de capital.

Así se liquidó Buffett Partnership —un paso sorprendente para un hombre que dominaba el mercado de valores como un coloso—. Sin embargo, actuar en manada y utilizar una metodología que le era extraña y, lo que es más importante, carente de la lógica en que había confiado, eran demasiadas cosas a considerar. Al enfrentarse a ello —escuchando la voz de la lógica y asumiendo las consecuencias— lo descartó.

Lo que es crucial es que Buffett ya estaba examinando su propio comportamiento, reconociera o no su disonancia interna como un hecho natural que podía distorsionar las lentes a través de las cuales veía la realidad.

Un autoanálisis elemental me indica que haré el máximo esfuerzo para lograr un objetivo públicamente anunciado para las personas que me han confiado su capital.

Hay una insinuación aquí de que Buffett, aunque no pudo mencionarlo explícitamente, era consciente de la fuerza psicológica de los compromisos previos. Él ya había rebajado su meta, reduciendo su compromiso. Pero aún sabía que, para poder seguir siendo fiel a sus socios y a sí mismo, tendría que intentar por todos los medios mantenerse al nivel del mercado y de sus colegas si seguía en el juego. Forzosamente, en un mercado bursátil en el que las valoraciones se habían desanclado de lo que él percibía como valor, esto sería peligroso. Por tanto, abandonó.

EL FACTOR MUNGER

> *Charlie me empujó en la dirección adecuada, es decir, no sólo a comprar*
> *gangas, tal como me había enseñado Graham... Hizo falta una fuerza*
> *poderosa, como lo fue la fuerza mental de Munger, para apartarme de los*
> *puntos de vista limitantes de Graham.*
>
> Warren Buffett

No entraña riesgo afirmar que Warren Buffett tenía una propensión a la introspección que arroja luz sobre el funcionamiento de su mente y los factores que impulsan su comportamiento en ciertos aspectos de su actividad, incluso en esta fase de su carrera. Sin embargo, no aclaraba el todo.

Él podía darse cuenta de los peligros de seguir con Buffett Partnership, pero no podía utilizar esta percepción para que le informara de los escollos, psicológicamente similares, de la fidelidad a Berkshire Hathaway y/o a la inversión en colillas de cigarro puro, o del mecanismo del imperativo institucional. Esto se debe a que a Buffett carecía de un marco conceptual para su introspección —un sistema de análisis que vinculara uno al otro, que diera sentido a la totalidad de su comportamiento.

Introduzcamos al hombre con este marco conceptual: Charles T. Munger.

Ocho años mayor que Warren Buffett, Charlie Munger tiene una personalidad igualmente extraordinaria. Su aportación al éxito de Berkshire Hathaway ha sido inconmensurable. Para algunos, Munger da la impresión de ser un individuo brusco: testarudo, pretencioso y arrogante. De su decisión de trasladarse de Omaha a California, dice que probablemente le habría ido mejor económicamente si se hubiera quedado y conectado antes con lumbreras como Buffett y Peter Kievit, pero añade: «A ellos también les podría haber ido mejor». Su amigo Rick Guerin afirma: «Tiene la costumbre de decir: "Yo tengo razón y tú eres bastante listo para resolverlo más pronto o más tarde"... y la realidad es que casi siempre tiene razón».

Sin embargo, el grado de confianza en sí mismo fue lo que permitió a Munger despegar a Buffett de su compromiso con Graham. Buffett y Munger se encontraron por primera vez en 1959 y poco después entablaron una relación de trabajo informal. Así pues, mientras Buffett forcejeaba con Berkshire Hathaway y trataba de «huir» de Graham, las enseñanzas de su amigo, «el filósofo de la Costa Oeste» trabajaban sin parar.

Actualmente, Buffett ha abandonado por completo el método de valoración de acciones de su mentor, con la excepción del principio de exigir un margen de seguridad en la valoración de una empresa antes de invertir en ella. En su lugar, busca valor en franquicias (empresas generadoras de riqueza de forma segura y creciente) duraderas, por ejemplo, a través de inventiva, servicio, marca, marketing, competencia directiva, rentabilidad intrínseca y capacidad para aprovechar las oportunidades de crecimiento. Sobre todo, busca valor en su capacidad para actuar como propietario, todo lo cual exige la consulta del capital de sus balances, aunque los productos no puedan necesariamente adivinarse a través de ello.

Buffett no cree que fuera Munger quien llevara a cabo esta completa transformación dentro de él. Munger disponía de muy poco tiempo para las ideas de Graham. Quería invertir en buenos negocios, y definía el término «bueno» refiriéndose a la breve lista de características citadas más arriba.

A medida que el mercado bursátil era cada vez más eficiente, las colillas de cigarro puro de Buffett y Graham fueron cada vez más raras. Al aumentar la dimensión de Berkshire, las que fueron lanzadas a la calle no ofrecían suficientes pipadas para marcar la diferencia en el rendimiento global de la compañía. Afortunadamente, Buffett cayó bajo la influencia de Munger en el momento oportuno —dio la casualidad que en más de uno.

Forzosamente, el enfoque de Munger significaba analizar los factores que influían en la futura situación económica de una empresa: la orientación de la dirección con respecto a los accionistas de la compañía, su calidad y cultura corporativa, por ejemplo, y las características competitivas del sector —de hecho, la misma harina del mismo costal al que se enfrentó Buffett como *gerente de empresa*.

Charlie Munger tiene la costumbre de dar la vuelta a los problemas. Suele preguntar qué es lo que podría ir *mal*, en lugar de lo que podría ir *bien*, y concentra sus esfuerzos en determinar dónde se podrían cometer los errores —especialmente a causa de la mala gestión de franquicias que por lo demás son inexpugnables.

Munger contagió a Buffett la misma costumbre, lo cual produjo sus frutos a la larga. Al analizar los errores propios, reconocer los de los demás y ponerlos en relación con el reto que conlleva dirigir Berkshire Hathaway como una película continua, surgiría la explosión de conocimiento adquirido de Buffett.

El ingrediente final fue el marco conceptual de modelos mentales de Munger.

Los modelos mentales de Munger

El neurofisiólogo William Calvin nos dice que «una persona especialmente inteligente suele dar la impresión de ser "rápida" y capaz de dar vueltas a muchas ideas al mismo tiempo». Éste es Charlie Munger. En su primer encuentro, Buffett quedó impresionado por la inteligencia de Munger. De hecho, más tarde iba a comentar: «Aunque no había tenido una formación especial en finanzas, Charlie las entendió instintivamente tan bien como cualquier otra persona que haya conocido».

Munger está enganchado al conocimiento, empujado a su búsqueda. «Cuando aprendo algo nuevo que creo que es importante, y tal vez hasta útil para mí y para los demás, esto es lo que realmente me interesa», afirma. Pero para Munger la *sabiduría* —la aplicación de conocimientos— va más allá de su mera acumulación.

Lee muchísimo de muchas disciplinas, bastante más allá de los dominios de las teorías financieras, buscando el porqué de todo. Sin embargo, no emplea para ello un enfoque tipo escopeta de caza sino que organiza su conocimiento alrededor de una estructura de modelos mentales que definen las disciplinas que estudia. Es a través del uso de estos modelos que destila la sabiduría de sus conocimientos. Afirma lo siguiente sobre el tema de la sabiduría:

> *La primera norma es que no puedes saber nada realmente si tan sólo recuerdas hechos aislados. Si los hechos no tienen coherencia con un enrejado teórico, no dispones de ellos en un formato utilizable.*

Munger construye su enrejado de teoría a partir de modelos extraídos del campo de las matemáticas, la biología, la química, la física, la economía, la teoría de probabilidades, la teoría de la evolución y la psicología conductista, para citar unas cuantas de las principales (en total ascienden a unas cien, aunque un puñado de ellas transporta la mayor parte de la carga). Utiliza estos modelos como *filtro* a través del cual hace pasar sus observaciones del mundo que le rodea, y lo interpreta todo bajo su luz.

Todo problema analítico, hipótesis e información relativa a un tema, cualquier experiencia o dato, *todo* se disecciona para identificar las reglas, leyes, relaciones, aclaraciones o rechazos que puedan residir en uno o más de dichos modelos. Ofrecen una representación de su universo, ordenando, purificando e intensificando su cognición. Para Munger, este filtrado es el proceso que transforma el conocimiento en sabiduría.

Ésta es la razón de que tuviera ese instinto para las inversiones que se puso de manifiesto en el primer encuentro que tuvo con Buffett, aunque se trataba de un tema novedoso para él. Cuando Buffett hablaba, Munger habría estado haciendo comentarios a través de sus modelos. Principios y normas que son claves para el proceso inversor habrían surgido de forma sobresaliente: cualquier cosa en consonancia con su representación del mundo se desgajaba del ruido de la conversación. Aparte de esto, a través de la deducción de normas extraídas de su marco conceptual, Munger habría elaborado de forma improvisada una teoría financiera elemental, suficiente para impresionar a Buffett en el transcurso de una sola conversación, y eso es suficiente para ser muy impresionante.

De ahí que Buffett diga: «Charlie tiene la mejor mente en treinta segundos del mundo».

La psicología conductista del imperativo institucional

De los modelos que utiliza, Munger considera que la psicología es el más valioso. Tiene en su cabeza unos veinte principios psicológicos que cree que son importantes para entender la forma de ser de los seres humanos.

Para Munger la lección que nos enseña la psicología es:

> *A nuestro cerebro le falta un sistema de circuitos, entre otras cosas, y toma toda clase de pequeños atajos automáticos. Así pues, cuando las circunstancias se combinan de cierto modo y provocan una disfunción cognitiva, somos unos tontos.*

En otras palabras, los seres humanos tienen conexiones que incorporan prejuicios, reglas generales y emociones a su toma de decisiones. Éstas no producen siempre buenos resultados, en especial si uno no es consciente de cómo funcionan. Así pues, Charlie Munger describe con precisión la dinámica subyacente del imperativo institucional.

El imperativo institucional surge de la existencia de una disfunción cognitiva en donde los seres humanos se adhieren a una vieja lógica que tiene que ver fundamentalmente con la supervivencia y el interés propio, pero muy poco con una asignación de capital eficiente. En el marco de esta lógica antigua está incluido el temor a ser incoherente con un compromiso previo, el temor a apartarse de una definición previa de uno mismo y la disonancia asociada al reconocimiento del error, porque en la lucha por la supervivencia, un comportamiento de este tipo nos mantiene en juego, todavía con una probabilidad de éxito en última instancia, el cual se media a través de la reproducción exacta de nuestros genes.

Una vez reconoció las limitaciones de su propio sistema cognitivo —pero sobre todo las limitaciones en los demás—, la visión de Warren Buffett de la asignación de capital estaba infundida de nuevos conocimientos. Ya tenía en su mano los hechos:

- Como directivo de empresa no se puede indicar al personal lo que tiene que hacer y esperar que lo haga. Se tiene que encontrar algún otro medio, algún otro tipo de liderazgo. El personal tiene que estar motivado personalmente para hacerlo.
- Los compromisos con las empresas ponen de manifiesto su propia dinámica, divorciados de su concepción original y unidos alrededor del propio interés.
- Las necesidades psicológicas de las personas para quien trabajan los directivos pueden amenazar el cambio de la forma en que se dirigen las empresas en su nombre.
- Las empresas de «película en movimiento» en las que Buffett invertiría en lo sucesivo afrontaban también los mismos problemas que él ya había experimentado en la gestión del responsable de la dirección, en la dinámica del interés propio y del crecimiento frente a los intereses de los propietarios y en el manejo de las expectativas de los accionistas, cuya motivación estaba sujeta a sus propios imperativos.

Sin embargo, estos hechos hablaban ahora a Buffett con una voz única. Al fin, los tenía en un formato utilizable.

Una vez dispuso del marco conceptual, la cognición de Buffett se desbordó. Aquél le transmitió una comprensión arrolladora de la naturaleza de la condición humana en la asignación de capital y arrojó luz sobre la claudicación de la lógica económica enfrentada a la lógica impuesta por dicha condición humana. Se estaba manifestando el mecanismo del imperativo institucional.

Buffett llegó a la conclusión de que no es la inteligencia la que marca la diferencia; tiene que ver con cómo se piensa, cómo se está conectado mentalmente y, por tanto, sobre qué base se está motivado para tomar decisiones en la asignación de capital. Ésta es la razón de que actualmente Buffett esté encantado de reconocer la acusación de que tiene suerte, dirigida hacia él por los defensores de la hipótesis del mercado eficiente.

Basados en el concepto de que no debería estar al alcance de un solo hombre la posibilidad de robar sistemáticamente gangas ante las narices de miles de inversores, los académicos que se fijan en el historial de Buffett llegan a la conclusión de que tiene que ser una anomalía estadística. «La razón de que sea rico», afirma Michael Lewis, autor de *Liar's Poker*, resumiendo claramente el principio sobre el que basa su opinión, «es sencillamente que los juegos de azar producen grandes ganadores».

Con tantos expertos sobre el terreno, actuando durante tan largo período de tiempo, lo más probable es que alguien encadenara una secuencia de años de fábula. Da la casualidad de que esto fue lo que le ocurrió a Warren Buffett. Él tiene suerte. Fin de la historia. Y a pesar del hecho de que los académicos han cometido el mismo error de la mayoría de la gente que analiza el historial de Buffett —confundiendo su éxito como el de un simple inversor—, Warren Buffett está de acuerdo.

Sin embargo, Buffett no está de acuerdo en el mismo sentido que le dan los académicos, cuando afirma:

> *Tengo suerte. No voy muy deprisa, pero estoy conectado mentalmente de una forma especial que me permite prosperar en un gran sistema económico capitalista.*

Buffett examinó su propio sistema cognitivo y le encontró deficiencias. Identificó los errores de sus conexiones. Y cuando investigó su actuación, descubrió los mismos errores repetidos en masa en la asignación de capital. Por tanto, detectó que si éste era el origen de unas decisiones inapropiadas, la única solución sería rehacer el sistema de conexiones de su cerebro, utilizando para ello el marco de los modelos mentales de Charlie Munger.

Este marco o estructura conceptual funciona a través de redirigir toda la información que llega a su cerebro y pasarla a través de un filtro compuesto por unos cien modelos que Buffett emplea actualmente para tener una lógica del mundo *antes de actuar sobre él.* La ruta normal en el interior del cerebro —que desencadena el método abreviado de análisis y adhesión al imperativo— es reprimida. En palabras de Munger, al utilizar este mecanismo de filtrado, «las cosas van encajando gradualmente y se intensifica el conocimiento adquirido». Al gobernar todas sus decisiones permanentemente, estos filtros se han convertido en las nuevas normas generales de Buffett, que le indican a qué tipo de información debe prestar atención y cómo debe procesarla.

A diferencia de la mayoría de los que se dedican a la asignación de capital, Warren Buffett se ha *adaptado.* Con la declaración: «soy mejor inversor porque soy un hombre de negocios, y un mejor hombre de negocios porque soy inversor», y la de que: «he evolucionado. No pasé del simio al ser humano de manera agradable y sin sobresaltos», se convirtió en una persona ajustada para esta función.

Haciéndolo así, le quedó claro que si su visión de actuar como propietario en la dirección y gestión de una empresa debía cumplirse, tendría que construir una organización en la que el imperativo institucional no lograra establecerse. Tendría que garantizar que su propia motivación y la de sus empleados clave estuviera guiada por el objetivo de medir el rendimiento del capital empleado en la empresa, compararlo con otras oportunidades disponibles y que el circuito de *feedback* con sus accionistas lo reforzara en lugar de invalidarlo.

Cómo lo logró es el tema del siguiente capítulo.

3

Liderazgo y asignación de capital

Ben Graham me enseñó hace cuarenta y cinco años que en el campo de la inversión no es necesario hacer cosas complicadas para lograr resultados extraordinarios. Más adelante, me sorprendí al descubrir que esta afirmación también es válida para la dirección y gestión de empresas.

Warren Buffett

El control inteligente se presenta como falta de control o libertad. Y por ese motivo es un control auténticamente inteligente. El control poco inteligente se presenta como dominación desde fuera. Y por este motivo es realmente un control nada inteligente.

Lao Tzu

La declaración más profunda que Warren Buffett ha realizado con relación a la ventaja que Berkshire Hathaway tiene sobre otras compañías no tiene que ver con el modo como él valora las acciones. Ni tampoco contiene un solo consejo acerca de cómo invertir.

Es la siguiente: «Nosotros tenemos unas cuantas ventajas, tal vez la más importante de ellas sea que **no** disponemos de un plan estratégico».

Buffett dice que los resultados registrados por Berkshire Hathaway:

> [...] no tienen su origen en un plan maestro que hayamos elaborado en 1965. Sabíamos entonces de modo general lo que esperábamos lograr, pero no teníamos idea de qué oportunidades concretas lo podrían hacer posible. Hoy seguimos estando igualmente poco estructurados. Con el paso del

tiempo, esperamos mejorar nuestras cifras... pero no disponemos de una hoja de ruta que nos indique cómo sucederá esto.

Stephen Schneider, de CPS, una empresa especializada en esta área, señala que los planes estratégicos y el liderazgo están íntimamente unidos. Define una estrategia como un «proceso de posicionamiento de una organización para obtener una ventaja futura», lo cual exige un profundo conocimiento de los factores internos y externos que tienen influencia en una empresa. «El liderazgo», prosigue, «es el arma que proporciona impacto estratégico», que exige «la expresión de un argumento tan convincente que los demás vean sus méritos y estén preparados para actuar en base al mismo».

Por tanto, manifestar que no se posee un plan estratégico es algo extraordinario para el presidente de cualquier compañía que cotice en bolsa. De acuerdo con la definición que hace Schneider del término, equivale a la abdicación del liderazgo. El presidente que no tiene un plan se queda sin base sobre la que liderar.

Asimismo, no tiene una hoja de ruta del futuro, y esto es suficiente para infundir temor en el corazón de cualquiera cuya tarea consista en navegar por un mar incierto y conseguir que los demás le sigan.

Todos los seres humanos, y no sólo los directivos y sus empleados, reclaman la visibilidad que el plan estratégico proporciona. A la inversa, detestan la incertidumbre y se esfuerzan por erradicarla. Ésta es la razón de que cuando la cultura humana progresó hacia la colonización de otros hábitats distintos de los llanos de la sabana en los que evolucionó nuestro sistema de conexiones mentales, el instinto nos decía que elaboráramos unos mapas de estas área, que descubriéramos la disposición del terreno y que nos familiarizáramos con los alrededores con el objetivo de «eliminar el terror de un paisaje carente de una marco de referencia», tal como lo expresa Stephen Pinker.

Los planes estratégicos cumplen este rol para las direcciones de las corporaciones y sus empleados a través de la colocación de postes indicadores hacia un futuro *incierto*. Establecen la dirección que debe tomar la empresa. A nivel interno, informan a los empleados de cuál es su papel, les hacen saber hacia dónde van y cómo llegarán hasta allí. A nivel externo, persiguen influir en los procedimientos, dando forma a los mercados en los que operan las compañías, moldeándolas según los deseos de sus direcciones a través de la manipulación clarividente de oferta y demanda.

Por tanto, Schneider tiene razón: los planes estratégicos son, de hecho, los instrumentos del liderazgo. Son un mecanismo para sojuzgar el temor que conlleva la incertidumbre que hemos sido programados para aborrecer. Y lo logran imponiendo su control sobre ella. Warren Buffett, sin embargo, proclama que no tiene tal instrumento. Frente a la incertidumbre, no busca el control —interna o externamente.

Por supuesto, él tiene un objetivo muy claro: hacer crecer el valor de Berkshire Hathaway a una tasa de crecimiento anual del quince por ciento a largo plazo. Sin embargo, no tiene un concepto preconcebido de cómo va a conseguir esta meta, ni tampoco ofrece a sus empleados una ruta concreta a seguir:

> En Berkshire no tenemos una perspectiva del futuro que imponga en qué negocios o empresas entraremos... En cambio, preferimos focalizarnos en las características económicas de los negocios que deseamos poseer y en las características personales de los directivos con los que queremos asociarnos, y a continuación confiamos en la suerte de poder encontrarlos juntos.

Para la forma de pensar de Buffett, el modo como procuramos ejercer el control sobre el entorno corporativo, planificando, presupuestando, previendo, *dirigiendo* —procedimientos, *personas* y resultados, por decreto—, simplemente reemplaza el temor de la incertidumbre por otros temores. Contenida en una sola ubicación, esta emoción se desparrama por doquier y se manifiesta a sí misma en el temor a no cumplir antiguas normas de comportamiento que son los impedimentos imprevistos de toda estrategia.

Para Warren Buffett los planes estratégicos son la génesis del imperativo institucional por donde los directivos pierden su perspectiva como profesionales responsables de asignar capital.

Por tanto, Buffett ha extirpado el plan estratégico de su organización con el objetivo de conservar esta perspectiva. Gracias a ello, ha podido evitar su dinámica *antes* de que tenga la oportunidad de imponerse, lo que le ha permitido mantener el foco de atención en su visión de actuar como propietario.

Así pues, tanto por lo que se refiere a la dirección de la empresa como a la dirección de sus directivos, Buffett se desprende de los controles a los que se aferran la mayoría de las personas en su posición. A nivel estratégico, Berkshire Hathaway es realmente inerte y Buffett no hace nada por lo que respecta a la dirección y gestión de sus filiales —al parecer—. Pero la lógica de este planteamiento es que ni él ni los directivos que trabajan para él jamás pierden de vista el hecho de que su trabajo es actuar como propietarios.

IMPEDIR LA DINÁMICA DEL IMPERATIVO INSTITUCIONAL

Después de veinticinco años de comprar y supervisar muchos negocios de distinto tipo, Charlie y yo no hemos aprendido aún a resolver problemas empresariales difíciles. Lo que sí hemos aprendido es el modo de evitarlos.

Warren Buffett

Fui completando mi método de dirección sobre la marcha, pero aprendí más de Warren y de su ejemplo que de cualquier otro.

Chuck Huggins, See's Candies

Así pues, para minimizar la influencia del imperativo institucional en Berkshire Hathaway, Buffett aborta su dinámica. Como hemos visto, el principal mecanismo que utiliza para ello es la eliminación del plan estratégico de su organización. Afirma:

Para ganar un quince por ciento al año harán falta unas cuantas grandes ideas —con las pequeñas no lo conseguiremos—. Charlie Munger, mi socio en la dirección general, y yo no tenemos tales ideas ahora mismo, pero nuestra experiencia es que aparecen inesperadamente de vez en cuando. ¿Qué les parece para un plan estratégico?

Para aquellos que se agarran a los planes estratégicos por la confianza que transmiten, y para aquellos cuya conducta está guiada por los planes estratégicos, esta forma de pensar es claramente inquietante. Buffett renuncia al control cuando afronta la incertidumbre. Es terriblemente inconcreto en su gestión de Berkshire. En efecto, favorece el letargo frente a la actividad. No comunica claramente a la gente lo que debería hacer. No les dice cómo conseguir el objetivo. Frente al entorno, es más reactivo que proactivo. No parece que dirija ni gestione *nada*. No hay una dinámica.

La dinámica del imperativo institucional exige que haya un fundamento a partir del cual se pueda proceder para ampliar su influencia, como una mancha de aceite, por toda la organización. Este fundamento es el plan estratégico.

Los planes estratégicos de las compañías establecen los compromisos con los cuales creen que deben permanecer consecuentes. Esto les inclina a polarizarse alrededor de dichos planes, excluyendo otras posibles utilizaciones de su capital. Generalmente, dan bandazos hacia el crecimiento, ya que es en éste donde se encuentra el interés propio. Ésta es la razón de que Buffett rehúse comprometerse con ninguno de los negocios en que ha decidido involucrarse.

Como ya antes ha sido atrapado por los dictados de los compromisos, está determinado a que esto no vuelva a sucederle. De ahí la siguiente declaración:

> No estamos en el sector del acero per se. No estamos en el sector del calzado per se. No estamos en cualquier sector de actividad per se. Somos importantes en el sector asegurador, pero no estamos comprometidos con él. No tenemos una mentalidad que nos fuerce a emprender un determinado camino. Por tanto, podemos disponer del capital y llevarlo hacia aquellos negocios que tengan sentido.

LA ASIGNACIÓN DE CAPITAL FRENTE AL IMPERATIVO INSTITUCIONAL

> Después de cometer algunos costosos errores porque no hice caso del poder del imperativo institucional, he tratado de organizar y gestionar Berkshire Hathaway de forma que se minimice su influencia.
>
> Warren Buffett

«Disponer del capital y asignarlo a negocios que tengan sentido» es la esencia de la razón de ser de Buffett.

Su determinación de no comprometerse con ninguna manifestación funcional concreta de asignación de capital garantiza que nunca pierde de vista el hecho de que el verdadero negocio en que está es la asignación de capital, tanto si está suscribiendo pólizas de seguro, fabricando caramelos o entrenando pilotos de líneas aéreas.

Esto explica por qué él y Charlie:

> [...] no sienten necesidad de avanzar en una dirección preestablecida, sino que pueden decidir simplemente lo que tiene sentido para nuestros propietarios. Al actuar así, siempre comparamos cualquier maniobra que estemos considerando con docenas de otras oportunidades que se nos ofrecen. La

costumbre de efectuar esta comparación es una disciplina que raramente uti-
lizan los directivos focalizados simplemente en la expansión del negocio.

Y explica por qué los compromisos que actualmente se adquieren en
Berkshire Hathaway no tienen dominada a la compañía. «Podemos extender el negocio hacia cualquier área que nos guste, nuestro campo de
acción no está restringido por la historia.»

Si un gerente puede adoptar esta perspectiva y *mantenerla* (tal vez el reto
más difícil, teniendo en cuenta el modo de funcionamiento de los compromisos), entonces la eficiencia con la que asigne el capital mejorará sustancialmente. Lamentablemente, ésta no es una perspectiva que posea la
mayoría (¿alguno?) de los demás directores generales. Buffett afirma:

> *Después de diez años en el puesto, un director general cuya empresa re-*
> *tenga anualmente unas ganancias equivalentes al diez por ciento del capi-*
> *tal neto, habrá sido responsable de la utilización de más del sesenta por*
> *ciento de todo el capital operativo de la empresa.*

Sin embargo, prosigue:

> *Los responsables de muchas compañías no están cualificados para la asigna-*
> *ción de capital. Su incompetencia no debe sorprender. La mayoría de los*
> *directivos llegan a la cima porque han sobresalido en un área determinada,*
> *como marketing, producción, ingeniería, administración —o a veces en polí-*
> *tica institucional—. En cuanto han llegado a director general se enfrentan a*
> *nuevas responsabilidades. Entonces han de tomar decisiones relativas a asig-*
> *nación de capital, una tarea crítica que tal vez nunca hayan abordado y que*
> *no se domina con facilidad. Para recalcar este aspecto, es como si para un*
> *músico de gran talento el paso definitivo no fuera tocar en el Carnegie Hall,*
> *sino ser nombrado presidente de la Reserva Federal... y al final existe de-*
> *masiada asignación de capital poco inteligente (ésa es la razón de que se oiga*
> *hablar tanto de «reestructuración»).*

Lo que hacen estas personas no es asignación de capital. Aunque el
capital moldea forzosamente el ADN de las personas, los productos,
el marketing, la investigación y desarrollo, y las instalaciones y maquinaria
que gestionan, para ellos es esencialmente invisible. Lo real es lo que tocan —los procesos también—. Su función gerencial se define con relación a esto para las personas más importantes que buscan la coherencia
de su conducta con las definiciones previas de sí mismas.

Teniendo en cuenta que los salarios (y hasta sus egos) están correlacionados con el tamaño y negativamente con el riesgo de quiebra, y la probabilidad de ejercer sus opciones sobre acciones, si es que las tienen, notablemente aumentada si son capaces de quedarse en la empresa el tiempo suficiente, el interés personal de estas personas se manifiesta en su determinación por crecer. De acuerdo con la perspectiva que tienen de su rol, es propio de la naturaleza humana que se comporten así.

LA NUEVA PERSPECTIVA DE BUFFETT: AHORRADOR CORPORATIVO

> *Al final de cada año cerca del noventa y siete por ciento de las acciones de Berkshire están en manos de los mismos inversores que las tenían al principio del año. Esto les convierte en ahorradores.*
>
> Warren Buffett

Después de pasar de inversor a licenciarse como gerente, Warren Buffett emprendió una ruta diferente hacia la cima. Esto quería decir que su perspectiva de la función directiva era, y sigue siendo, enteramente original.

La tarea a la que se enfrentaba Buffett como inversor era descubrir valor *dentro* del universo de oportunidades disponibles, y adquirir la que ofreciera el máximo rendimiento (ajustado al riesgo, desde el punto de vista técnico):

> *La inversión más barata según el cálculo del flujo de caja actualizado es la que debería adquirir el inversor, sin tomar en consideración si el negocio crece o decrece, si su cifra de beneficios muestra volatilidad o estabilidad, o si el precio es alto o bajo en relación a sus beneficios actuales o a su valor contable.*

Como inversor, Buffett se acostumbró a tratar con el capital como una abstracción —como la corriente de liquidez a valor actual generada por aquellos activos en que se encarnaba—. Esta abstracción está también a disposición de los directivos, ya que están acostumbrados a evaluar proyectos sobre esta base. Sin embargo, la separación física de Buffett de la gestión operativa del negocio le otorgó una perspectiva que no llega de forma natural a los directivos que se han licenciado según el estilo Jack Welch. Cuando Buffett exportó esta perspectiva a la misma función de Welch et al., no se convirtió en gerente, ejecutivo del sector del acero o asegurador, sino en alguien *responsable de asignar capital*.

Buffett se contempla a sí mismo como un fragmento del mercado de capital, cuya tarea consiste en asignar recursos allí donde puedan ser utilizados dentro de una economía del modo más eficiente. En efecto, en un sentido fractal, es el mercado de capital de un solo hombre, que asigna capital al nivel de mejor utilización dentro de su área de competencia.

Como tal, Buffett reconoce dos características del capital que gestiona:

1. Es fungible. Sin duda se encarnará en alguna forma de actividad, pero Buffett ve el ADN de la forma y no su encarnación. Por tanto, su interés no es por la propia forma sino por la reproducción exacta de cada unidad de capital que la compone, lo cual podría lograrse mejor en algún otro organismo huésped.
2. La gestión de esta reproducción exacta la hace sólo en nombre de los accionistas de la compañía (entre los cuales se cuenta él mismo, desde luego). Como tal, su interés personal no se encuentra en suscribir pólizas de seguros, o en fabricar determinados aparatos, sino en velar por los ahorros de los demás, y en la medida en que le confían su patrimonio, él lo administra para ellos a través de su asignación de capital en Berkshire.

Al invertir en Berkshire Hathaway a largo plazo, sus accionistas «están ahorrando de modo automático aunque gasten cada centavo que ganen personalmente», afirma Buffett.

> *Berkshire «ahorra» para ellos al retener todas las ganancias, utilizando estos ahorros para adquirir empresas y valores. Evidentemente, cuanto más baratas sean esas compras, más rentable será nuestro programa de ahorros indirectos de los propietarios.*

Esto es actuar como propietario en la gestión de una empresa.

La mayoría de los gerentes no tienen sentido de esta perspectiva. Si tienen alguna relación con el mercado como responsables de asignar capital, es en el sentido de que creen que deben gestionar, manipular y, de hecho, utilizarla en su propio beneficio. Con mucha frecuencia, los directores generales consideran que el mercado es una molestia que lo único que hace es complicarles su verdadero trabajo, consistente en obedecer al imperativo institucional y hacer crecer el negocio. En ocasiones no consideran en absoluto la relación de asignación de capital.

La descripción que hace Jack Welch de lo que tiene que ser un director general, por ejemplo, puede ser más colorista que la de Buffett pero carece de su claridad, focalización y sentido de propósito amplio:

> *¡Ser director general es una locura! Todo un batiburrillo de ideas vienen a la mente: excesivo, divertido, desenfrenado, exorbitante, loco, pasión, movimiento perpetuo, toma y daca, reuniones hasta bien entrada la noche, amistades increíbles, vino excelente, celebraciones, grandes partidas de golf, decisiones de gran alcance en el juego real, crisis y presión, montones de intentos, unos pocos éxitos, la emoción de ganar, el sufrimiento de perder...*

La asignación de capital está aquí, de algún modo en algún lugar. El director general como ahorrador corporativo, casi seguro que no.

De hecho, la comparación de la percepción que tiene Buffett de su rol con la de Welch se parece un poco al contenido de un artículo apócrifo publicado por un periódico líder de ámbito nacional cuando la Guerra Fría estaba en su punto álgido. Un periodista preguntó al presidente de los Estados Unidos y al líder de la Unión Soviética, a cada uno por separado, qué les gustaría que les regalaran por Navidad. Al día siguiente, los titulares de portada decían así:

> *Breznev pide la paz del mundo como regalo de esta Navidad; Carter pide una cesta de fruta glaseada.*

Es un tema de visión, un tema de perspectiva. Tiene que ver con situarse en el contexto.

Ésta es exactamente la razón de que Warren Buffett no tenga un plan estratégico. Si siguiera uno, se arriesgaría también a perder su perspectiva en la asignación de capital. La naturaleza seductora de los compromisos garantiza que esto sería así. Buffett afirma: «Pensamos que suele ser nefasto para los accionistas de una gran corporación cuando ésta se embarca en nuevos proyectos persiguiendo alguna gran visión». Así pues, Buffett se detiene en cada punto del proceso de asignación de capital y mide la utilización del mismo en aquel proyecto determinado frente a otros posibles usos:

- Los compromisos previos con proyectos concretos ya no le exponen al riesgo de caer en la trampa.
- Las primeras conclusiones ya no están apuntaladas por la búsqueda de razones que las respalden, sino que están cuestionadas constantemente en lo que se refiere a sus méritos relativos y a si se defienden por sí mismas.
- Su abandono no le provoca disonancias internas, porque han sido desbancadas por un compromiso *previo* más vinculante, como es el de asignar capital.

TRADUCIR LA VISIÓN EN LIDERAZGO

> *Él tiene una forma de motivarte. Confía tanto en ti que lo único que quieres es rendir.*
>
> Bill Child, R. C. Wiley Furnishings

Fíjese en la declaración de Buffett respecto a que él y Munger llevan a cabo dos tareas en Berkshire Hathaway:

> *En primer lugar, nuestro trabajo consiste en retener al personal competente que ya esté altamente motivado para seguir trabajando en asuntos en los que no necesita hacerlo por razones económicas. En segundo lugar, tenemos que asignar capital.*

Advierta cómo pone la motivación de sus gerentes como primera prioridad. Esto se debe a que en el seguimiento de su objetivo de actuar como propietario, el impacto estratégico de Buffett como líder es fomentar el acuerdo con dicho objetivo: motivar a todos los que sean válidos en su organización para que piensen y actúen del mismo modo como él lo hace en la asignación de capital.

La perspectiva de Buffett acerca de la función adecuada de un gerente no serviría para nada si no fuera capaz de lograr que los gerentes de las filiales de Berkshire Hathaway se esforzaran tan diligentemente como él lo hace en la dirección de los propietarios de la firma.

Al esforzarse por ello, Buffett ha rechazado el plan estratégico como instrumento de liderazgo. Pero esto no es lo mismo que decir que no tiene ningún instrumento en absoluto. Sí lo tiene: la visión incluida en su ambición de tender un puente en la brecha que hay entre la dirección de la firma y sus accionistas.

La expresión de la visión:
El Manual del propietario como concepto

Quiero que los empleados se pregunten si están dispuestos a que cualquier acto que hayan considerado aparezca en la portada del periódico local al día siguiente para que sea leído por sus cónyuges, hijos y amigos.

Warren Buffett

La filosofía que respalda este ideal es dominante en la conducta de Buffett en Berkshire Hathaway y en su comunicación con los accionistas. «Actúa como propietario» es el lema —la directriz de arriba— que Warren Buffett propaga por toda su organización. Se encuentra en lo que dice, en lo que hace y, como veremos más adelante, englobado en las normas de conducta que prescribe a sus gerentes.

Cuando destila este lema de forma concreta y concentrada en el lugar que sea, lo hace en lo que él denomina el *Manual del propietario* de la compañía. Este documento —que, curiosamente, teniendo en cuenta su caída en la trampa del sector textil, no apareció en los informes anuales hasta 1983— ha sido reimpreso en todos los informes anuales a partir de entonces. En el mismo, Buffett manifiesta los principios que guían su administración del dinero de otras personas.

Sus principales principios son los siguientes:
1. «Aunque nuestro formato es corporativo, nuestra actitud es asociativa. Charlie Munger y yo pensamos en nuestros accionistas como propietarios-socios, y en nosotros mismos como socios gerentes... No contemplamos a la compañía en sí como la dueña en última instancia de nuestros activos de negocio, sino que la consideramos como un medio a través del cual nuestros accionistas poseen los activos.»
2. «No medimos la importancia económica de Berkshire por su tamaño, la medimos por su beneficio por acción. El volumen de nuestras nóminas o las dimensiones de nuestras oficinas nunca guardarán relación con el tamaño del balance de Berkshire.»
3. «Una lista de deseos a nivel gerencial no se hará realidad a expensas de los accionistas... Con el dinero de ellos sólo haremos lo que haríamos con el nuestro, sopesando a fondo los valores que se pueden obtener a través de la diversificación proporcionada por las compras directas en el mercado bursátil.»

4. «Creemos que las intenciones nobles deberían cotejarse periódicamente frente a los resultados obtenidos. Testamos si es acertada
la retención de las ganancias mediante la evaluación de si a lo
largo del tiempo está proporcionado a los accionistas, como mínimo, un dólar de valor de mercado por cada dólar retenido.»

5. «Seremos sinceros en nuestros informes hacia ustedes, y haremos
hincapié en los aspectos positivos y negativos importantes cuando
estimemos el valor de mercado. Nuestra línea directriz es comu-
nicarles los hechos de mercado que les gustaría saber si nuestras
respectivas posiciones estuvieran invertidas. Es lo mínimo que les
debemos.»

Dirigido a explicar a los accionistas de la compañía los «grandes principios operacionales de Berkshire, el *Manual del propietario* de Buffett proporciona, a través del ejemplo, los principios a los que espera que se adhieran los gerentes de sus compañías filiales.

MOTIVACIÓN INTRÍNSECA

*Si no se nos pagara nada, Charlie y yo estaríamos igualmente encantados
con el trabajo que tenemos.*

Warren Buffett

*La mayor fuerza que tiene es que te da una gran libertad para que dirijas
el negocio de la forma que quieras. Y de ese modo, no puedes traspasarle la
responsabilidad.*

Ralph Schey

El *Manual del propietario* no es una declaración de la misión de relaciones públicas repleta de sandeces, ideales confeccionados por el departamento de marketing a los que el director general «aspira» pero frente a
los cuales suele fracasar. Éste es el *fundamento* del modo como Buffett se
comporta, el modo como ha *procurado* comportarse en el pasado, y el
modo como, sin duda, se comportará en el futuro.

En términos gerenciales, trata del buen gobierno corporativo al que
otras empresas que cotizan en el mercado de valores ni siquiera se acercan.

Esto es importante porque, como observa Donald Langevoort: «la
convicción generalizada entre los empleados de que las políticas de

integridad de sus firmas no son sinceras es coherente con la opinión de que dicha convicción se ha elaborado por comodidad». Cuando esto es así, los líderes «no compran» las políticas. Si los empleados se alinean con la filosofía adoptada, lo hacen debido a la presencia de mecanismos de control que fomentan el tipo de comportamiento deseado y no porque estén convencidos de lo que están haciendo. Sin embargo, Robert Cialdini dice:

> Uno de los problemas con los controles es que cuando la gente percibe que está actuando de acuerdo con el comportamiento deseable y controlado, suele atribuir dicha conducta a la presencia coercitiva de los controles y no a su preferencia natural por ella. Como consecuencia, llegan a verse a sí mismos como menos interesados en la conducta deseable por la propia bondad de la misma... y son más propensos a involucrarse en acciones no deseables cuando los controles no pueden detectar dicha conducta.

Cuando la motivación intrínseca —comportarse de una determinada manera porque se cree que es la correcta— se pierde, el esfuerzo cae y el grado de cumplimiento profesional es bajo. Buffett persigue el sistema inverso con sus directivos; desea que asuman la *responsabilidad interna* de sus actos.

En lugar de decirles cómo se deben comportar, preferiría que tuvieran respeto por la autoridad que sale de su interior. La voz, plantada allí por Buffett, susurra la lógica de actuar como propietario.

Cialdini informa sobre la efectividad de esta forma de motivación. Jonathan Freedman llevó a cabo un experimento en el que primero instruía individualmente a un grupo de muchachos a que, bajo pena de castigo, no jugaran con un robot de entre una serie de juguetes seleccionados que se ponían a su disposición. Mientras estuvo presente, no lo hicieron, pero seis semanas después, en la misma sala y sin la presencia de Freeman, la mayoría de los chicos jugaron con el robot. Las normas impuestas desde fuera no funcionaron.

A continuación, Freedman reunió a otro grupo de chicos a los que también se les advirtió de que no jugaran con el robot. Sólo que esta vez Freedman añadió un motivo: «No es correcto jugar con el robot». De nuevo, la mayoría obedeció la norma. Pero seis semanas después este grupo *todavía* seguía obedeciéndola.

La diferencia se encontraba, desde luego, en que la norma procedía ahora de dentro, los muchachos habían decidido que no jugarían con el robot porque no deseaban hacerlo. Habían asumido la responsabilidad interna de sus actos y ya no era necesario que Freedman o cualquier otra persona estuviera presente para vigilar su comportamiento con presiones externas. Se podía confiar en ellos porque se les había explicado por qué no se quería que jugasen con el robot. Munger confirma una opinión similar:

> *Del mismo modo que usted piensa mejor si dispone de conocimientos sobre un grupo de modelos que son básicamente respuestas a la pregunta «¿por qué?», si usted explica siempre a la gente el porqué, lo entenderá mejor, lo considerará más importante y será más propensa a cumplirlo.*

Afortunadamente, el logro de que sus directivos asuman la responsabilidad interna de su conducta significa que para vigilarla Buffett no tiene que estar presente en el sentido gerencial de la expresión; son ellos mismos los que vigilan su propia conducta. Luego establece un *círculo virtuoso* en el cual la motivación intrínseca de sus directivos está favorecida por la liberación total de control que su estilo directivo exige.

EL MODELO DESCENTRALIZADO DE BUFFETT

> *Nuestra aportación a See's Candies se ha limitado a dejarla funcionar de modo independiente. Cuando la adquirimos ya tenía una cultura maravillosa, una marca maravillosa y una reputación también maravillosa. Nuestra aportación consistió en no atornillarla. Hay montones de personas que la habrían adquirido y la habrían atornillado; habrían pensado que la sede central es quien más sabe.*
>
> Charlie Munger

Mientras dirige a las empresas filiales de Berkshire Hathaway hacia la consecución del objetivo de hacer crecer el valor intrínseco a una tasa del quince por ciento anual, Warren Buffett no interviene en la conducta de sus directivos. No existe un mecanismo de control formal y tangible en Berkshire Hathaway. En su lugar, Buffett suelta las manos de las riendas.

Él está allí, como caja de resonancia, siempre que hace falta, y ofrece consejo cuando se le pide. Chuck Huggins afirma:

Siempre está disponible, lo cual es verdaderamente notable. Examina los éxitos y los errores de todas las compañías con las que tiene trato directo, así como aquellas con las que el contacto no es directo. Siempre está dispuesto a compartir cualquier tipo de lecciones que se deban aprender.

Buffett siempre se muestra dispuesto a apoyar: «Evitamos la actitud del estudiante cuyo mensaje al entrenador del equipo de fútbol es "Estoy al cien por cien con usted tanto si ganamos como si empatamos"». Pero nunca receta una forma de comportamiento. Al mantener esta filosofía, cuando un gerente se dirige a él en busca de asesoramiento, Buffett le ofrece su interpretación de la situación y luego deja que sea la persona quien decida qué tipo de acción emprender.

Sólo les solicita que «dirijan sus empresas como si fueran el único activo que tuvieran sus familias ahora y a lo largo del siglo venidero». Cuando ellos actúan así, él les garantiza que no habrá «presentaciones públicas en Omaha, ni presupuestos a aprobar por la sede central, ni dictámenes sobre las inversiones». De hecho, no existe un proceso presupuestario centralizado al que se espera que se adhieran o contribuyan. «En la mayoría de los casos», explica Buffett, «los gerentes de empresas importantes que han sido nuestras durante muchos años no han estado nunca en Omaha o ni siquiera se conocen entre ellos».

«El único punto que usted tiene que chequear conmigo», dice a sus gerentes, «es cualquier cambio que se haga en las pensiones posteriores a la jubilación y en las inversiones excepcionalmente importantes». (Los proyectos de dimensión suficiente para producir un impacto significativo sobre la prosperidad de Berkshire son aquellos en los que Buffett quiere poner en práctica sus habilidades para la asignación de capital.)

Los principios incluidos en el *Manual del propietario* de Buffett son suficientes para orientar a sus empleados clave en la dirección adecuada y *nada más*. A partir de ahí, cuando se ponen en práctica, él renuncia al papel de gran diseñador. No especifica cómo estos elevados ideales deberían cumplirse a nivel operativo. En su lugar, da el mínimo de reglas necesarias para hacerlo. Establece algunos límites, definidos de forma flexible, para que la empresa cumpla su objetivo, creando las condiciones necesarias exclusivamente para que se pueda cumplir dicho objetivo, y luego deja que Berkshire Hathaway encuentre su propio sistema. Lo verdaderamente importante es que esto ofrece un *feedback* que permite a sus gerentes encontrar su propio modo de cumplir con el objetivo global de Berkshire.

Buffett afirma que son los gerentes de sus empresas filiales los que «realmente están al mando».

Los *boids*[3]

Estamos rodeados de evidencias de la antítesis del modelo gerencial de Buffett —mando y control—, y de ahí su evidente temeridad por no adherirse al mismo. Como Mitch Resnick señala:

> *Cuando vemos hileras de maíz perfectamente ordenadas en un campo, damos por sentado correctamente que el maíz fue plantado por el agricultor. Cuando vemos las evoluciones de un ballet, damos por sentado correctamente que los movimientos de los bailarines han sido planificados por el coreógrafo. Cuando participamos en sistemas sociales, como la familia o la escuela, solemos descubrir que el poder y la autoridad están centralizados, a menudo de forma excesiva.*

Por ejemplo, cuando consideramos el comportamiento de una colonia de hormigas o de una bandada de pájaros también solemos creer que esta pauta compleja de comportamiento es producto de un control centralizado —una hormiga general o un pájaro líder—. De hecho, esta conducta viene determinada por la *interacción* existente entre los agentes, cada uno de los cuales se comporta de acuerdo con un sencillo conjunto de normas.

La ciencia que hay tras este principio remonta sus raíces a una simulación por ordenador llevada a cabo en 1987 por Craig Reynolds. La simulación consistía en un grupo de agentes autónomos —los *boids*— ubicados en un entorno con obstáculos. Además de las leyes básicas de la física, cada *boid* seguía tres normas sencillas:

1. Tratar de mantener una distancia mínima con relación a los demás *boids* y objetos.
2. Tratar de igualar la velocidad de los *boids* vecinos.
3. Tratar de avanzar hacia el centro de la masa de *boids* de su alrededor.

---

3. **boids**: simulador en pantalla del comportamiento de una bandada de pájaros creado por Craig Reynolds. Son capaces de agruparse, seguirse y hacer aparecer una formación en movimiento, siguiendo unas reglas muy simples.

Sorprendentemente, cuando la simulación se pone en marcha, los *boids* se comportan de forma muy similar al vuelo de las bandadas de pájaros. Su comportamiento surge de la interacción entre ellos. Se auto-organizan. No les hace falta que exista un gran plan o un gerente central para operar de forma eficiente. Tocan una sinfonía sin un director de orquesta. Se mueven en bandada aunque no exista una norma explícita que les diga que lo hagan así.

Éste es el modelo de dirección y gestión de Warren Buffett.

ESPECIFICACIONES MÍNIMAS: EL INGENIO DEL ENFOQUE DESCENTRALIZADO DE BUFFETT

> *Fue un coronel quien señaló que GE estaba lleno de líderes inteligentes que siempre serían lo bastante listos como para definir tan estrechamente sus mercados y así pudieron permanecer sin problemas como los número uno o número dos durante casi quince años. Yo he estado insistiendo con ahínco en la necesidad de ser el número uno o el número dos en todos los mercados. Ahora me estaban diciendo que una de mis ideas más importantes nos estuvo refrenando.*
>
> Jack Welch

Craig Reynolds mostró con sus *boids* que se puede ordenar un comportamiento complejo mediante normas sencillas y especificaciones mínimas de conducta para cada agente. De la misma forma que Reynolds diseñó tres simples normas que gobernaban el comportamiento de los *boids*, Buffett diseña las suyas en un formato mínimo cuando impone desde fuera normas de comportamiento para sus gerentes.

Los principios incluidos en el *Manual del propietario* son una receta para provocar el comportamiento inverso al propiciado por el imperativo institucional: establecen objetivos a la luz del conocimiento de que los accionistas de Berkshire Hathaway tienen usos alternativos para su dinero. Por tanto, la asignación de capital en el interior de Berkshire tiene que satisfacer sus requisitos de rendimiento. No obstante, con las normas correctas de conducta en vigor, Buffett puede tener la total confianza en dejar a sus gerentes libres para que presten atención a este aspecto.

Con este propósito, en lugar de caer en la misma trampa que Jack Welch, Buffett ha sido cauteloso en el diseño de normas que garantizasen que el comportamiento de sus gerentes se auto-organiza alrededor de los intereses de los propietarios de Berkshire Hathaway. Así pues, las normas requieren lo siguiente:

1. Paquetes de remuneración que sean compatibles con el principio de asumir responsabilidades internas por la conducta.
2. El interés personal está orientado hacia el rendimiento sobre el capital y no hacia el crecimiento.
3. La cantidad óptima de capital se retiene dentro de la empresa, y el exceso se envía a Buffett.
4. Si los gerentes de Berkshire se encuentran con dificultades, no despilfarran capital sobre el problema.

Sin embargo, cuando ha diseñado estas normas, Buffett lo ha hecho mejor que Reynolds. Ha recurrido a la naturaleza y se ha apropiado de los códigos que aquélla concibió para guiar el comportamiento —el sistema de conexiones de nuestro cerebro—. En lugar de decir a la gente *cómo* debe comportarse, Buffett influye en el modo como se comportan permitiendo que sus sistemas de conexiones hagan la gestión para él. Actualmente, sus reglas son auténticas especificaciones mínimas.

En el modelo de Buffett las especificaciones para los gerentes no aparecen como tales. La complicidad de los directivos con los objetivos que él establece no es obligada. Su comportamiento es totalmente «natural». Y aprovecha la fuerza motivacional más potente que todo ser humano conoce, no la que procede del cumplimiento de las normas impuestas por algún organismo externo, sino la que tiene su origen en el interior: la motivación intrínseca que Warren Buffett está buscando que nutra el interior de Berkshire Hathaway.

Para el observador ocasional puede parecer como si Buffett interfiriera muy poco en la gestión del día a día de sus compañías filiales, pero en realidad su presencia (etérea) es constante. El truco consiste en mediar en la interacción entre los agentes y su entorno, en lugar de controlarla.

Especificación mínima número 1: usted es el dueño de lo que hace

Buffett pone mucho cuidado en sus esquemas de incentivos, y generalmente son la única cosa que cambia en una compañía cuando la adquiere. «En Berkshire», comenta, «intentamos ser tan lógicos en las remuneraciones como en la asignación de capital».

Así de importante es este asunto.

Ante todo, por tanto, si Buffett tiene que depender de la motivación intrínseca de sus gerentes para que cumplan el *Manual del propietario*, tiene que afirmar esto como comportamiento correcto y responder a la pregunta humana y natural: ¿qué representará para mí? Él contesta con un esquema de remuneración que «recompensa» apropiadamente la conducta correcta (y en potencia muy espléndidamente). No obstante, de acuerdo con el principio de conseguir que la gente asuma la responsabilidad interna de sus actos, el factor principal que impulsa el diseño de su paquete de retribución es que las personas deberían ser dueñas de lo que hacen. Ésa es la razón de que sólo se les pague con relación al rendimiento obtenido en la parte de la organización en la que pueden influir. Buffett afirma:

> Los planes que retribuyen de forma caprichosa, sin relación alguna con los logros personales del directivo, tal vez sean bien recibidos por algunos de ellos... Pero tales planes son antieconómicos para la compañía y provocan que el directivo se desvíe de su foco de atención esencial.

El origen de esta pérdida de focalización puede observarse cuando un gerente se distrae por un comportamiento orientado a su mejor interés. Al dejar que sus colegas se ocupen del bien común superior, sabe que todos recibirán la gratificación cuya obtención depende del rendimiento corporativo global. En este tipo de problema de persona que va por libre, la trampa consiste, por supuesto, en que un directivo rara vez opera sólo bajo esta ilusión.

Para evitar esta tendencia, Buffett emplea un:

> [...] sistema de retribución por incentivos que premia a los directivos clave por alcanzar objetivos que se encuentran dentro de su ámbito de actuación. Si See's funciona bien, eso no genera una retribución por incentivos en el News, ni al revés. Al fijar las remuneraciones nos gusta hacer promesas de grandes zanahorias, pero nos aseguramos de que su reparto esté asociado directamente a los resultados obtenidos en el área que el directivo controla. Estamos convencidos, además, de que factores tales como la antigüedad y la edad no deberían influir en la retribución por incentivos. Un joven de veinte años que pueda lograr un gran resultado es tan valioso para nosotros como una persona de cuarenta años que rinda igual.

En Berkshire Hathaway se cosecha lo que se siembra.

A diferencia de Berkshire, Jack Welch tomó en GE la dirección opuesta. Desechó un sistema similar al de Buffett, manifestando que «si tú lo has hecho bien —aunque el global de la compañía haya funcionado mal— obtienes tu parte». Su razonamiento era lógico. Un sistema de retribuciones como el de Buffett no respaldaba la conducta que él exigía. «Si queríamos que toda empresa fuera un laboratorio de nuevas ideas, teníamos que pagar a la gente de modo que se reforzara este concepto», decía, y un esquema de primas a nivel de toda la compañía «reforzaba la idea de compartir entre las quinientas personas de mayor responsabilidad».

Sin embargo, todo esto tenía que ver con la gestión del cambio, con el cambio de configuración de toda la compañía en respuesta a nuevas amenazas y oportunidades. Ésa es la razón de que Welch modificara también sus sistemas de retribución. Decía:

> Las mediciones estáticas se anquilosan. Las condiciones de mercado cambian, se crean nuevos negocios y aparecen nuevos competidores. Siempre me repetía con insistencia la misma pregunta: «¿Estamos midiendo y recompensando el comportamiento que deseamos?».

Buffett no tiene este tipo de preocupaciones. Si él tuviera que modificar su sistema de retribución a cada paso, entonces estaría utilizando el incorrecto. Una empresa como Berkshire, que gana más del veinte por ciento sobre su patrimonio neto y lo reinvierte casi todo, tiene potencial para renovarse cada cuatro o cinco años, y sólo hay un tipo de conducta que deba ser medido y recompensado cuando éste es el caso: que los responsables de reinvertir actúen como propietarios.

Especificación mínima número 2: premiar el rendimiento sobre el capital y poner en peligro la obtención del premio

Cuando garantiza a sus gerentes que recibirán un premio en proporción a los esfuerzos realizados, Buffett les hace saber cómo va a medirlos. No se medirán con respecto al crecimiento logrado en su dominio gerencial, sino por el rendimiento del capital que ellos inmovilicen en la empresa.

Sin embargo, Buffett no indicará a sus gerentes lo que constituye la cantidad correcta de capital que hay que retener en un negocio; eso sería la imposición de un control externo. En su lugar, permite que sean ellos quienes decidan la suma. Sin embargo, Buffett dice:

> *Cuando el capital invertido en una operación es importante, nosotros cargamos a los gerentes una cuota elevada por el capital incremental que emplean y les abonamos igualmente una cuota elevada por el capital que dejan libre.*

Buffett está satisfecho de financiar negocios que tienen la oportunidad de crecer con rentabilidad. «¿Adivina lo que usted tiene que hacer hoy?», les dice a los nuevos directivos. «Empiece el día rompiendo todas sus relaciones con los bancos, porque a partir de ahora yo soy su banco.» Pero también quiere garantizar que en caso de que necesiten recurrir a financiación externa, ésta proceda de Berkshire y no de algún otro intermediario. Buffett quiere poder cargarles el verdadero coste de emplear dicho capital, que es el coste de oportunidad de lo que se podría ganar si se utilizara de otra forma. «El acceso fácil a la financiación», comenta, «suele provocar la toma de decisiones poco disciplinadas».

Así pues, los resultados obtenidos por un gerente le generan ingresos con relación a la cantidad de capital empleado para generarlos, y el interés personal del gerente viene definido con relación a este sistema de medida. Es esencial que esto sea así, porque la sostenibilidad previsible de la rentabilidad de las operaciones de Berkshire no pertenecientes al sector asegurador ofrece una ventaja competitiva importante a sus compañías de seguros. Buffett observa:

> *Cuando se gestionan inversiones en el sector asegurador, es una ventaja diferencial saber que se generarán sistemáticamente grandes cantidades de recursos. La mayoría de las compañías aseguradoras son incapaces de conseguirlo. Las compañías aseguradoras de Berkshire pueden hacer esta asunción con seguridad, debido a las diversas e importantes corrientes de ingresos que fluyen desde las numerosas filiales de Berkshire no pertenecientes al sector asegurador.*

Por regla general, las compañías de seguros tienen que invertir la mayor parte del capital que respalda sus operaciones en instrumentos de renta fija de alta calidad. Warren Buffett puede tener miras más altas y, por tanto, superar a la media del sector.

Sin embargo, del mismo modo que Buffett ofrece premios a los gerentes de las filiales de Berkshire por registrar elevados rendimientos sobre el capital, también pone en peligro la obtención de dichos premios. Afirma:

> *Si Ralph (Schey, por ejemplo) puede emplear fondos adicionales a un buen rendimiento, le es rentable actuar así. Su bonus aumenta cuando las ganancias sobre el capital adicional sobrepasan una barrera significativa. Pero nuestro cálculo del bonus es simétrico: si la inversión adicional genera rendimientos poco satisfactorios, el déficit le cuesta dinero tanto a Ralph como a Berkshire. La consecuencia de este plan bidireccional es que es rentable para Ralph —y muy rentable— enviar a Omaha toda la liquidez que no pueda utilizar provechosamente en su empresa.*

Prosigue:

> *Se ha puesto de moda entre las empresas que operan en el mercado bursátil exponer que casi todos sus planes de remuneración alinean los intereses de los directivos con los de los accionistas. En nuestro manual, alineación quiere decir que se es socio en ambas direcciones y no sólo en una. Muchos planes de «alineación» suspenden este examen básico y son formas ingeniosas de decir «cara, yo gano, cruz, tu pierdes»* [énfasis añadido].

En Berkshire, sin embargo, los directivos «se ponen de verdad en la piel de propietarios».

Poner el premio en peligro es un concepto importante. Una vez más, no se busca imponer una norma que defina la cantidad de capital a emplear, sino de introducir una norma interna de conducta en la que Buffett pueda confiar para que gestione en su lugar, en este caso aversión a las pérdidas, que es esa parte esencial del sistema humano de conexiones que sujeta a la mayoría de los concursantes del programa de televisión *¿Quién quiere ser millonario?* a las preguntas que saben que pueden contestar.

Especificación mínima número 3: usted recibirá el premio en proporción a sus esfuerzos y a su competencia

De acuerdo con el principio de que los gerentes recibirán una retribución en proporción a su rendimiento dentro de su propio cometido, Buffett se asegura también de que el término «rendimiento» se defina apropiadamente.

Warren Buffett no está sesgado cuando atribuye talento. Cuando examina el rendimiento gerencial no lo imputa ciegamente a las cualidades personales de sus gerentes, sino a la calidad de los negocios que casualmente están dirigiendo. Por tanto, él no comete el error —como sí hace la mayoría— de recompensar más elevadamente a los gerentes de empresas en las que los excelentes resultados son debidos a los fundamentos del negocio que a aquellos otros gerentes igualmente competentes que trabajan denodadamente para obtener a duras penas excelentes resultados de negocios menos atractivos. A éstos, que —como la mayoría— atribuyen sobre todo su rendimiento a la situación en la que se encuentran y no a su propio talento, esto les parecería tremendamente injusto, con el peligro de que empiecen a trabajar a favor de su interés personal, en lugar de hacerlo por el interés de Berkshire Hathaway.

Para contrarrestar esto, Buffett define el rendimiento:

> [...] de diferentes formas, dependiendo de la situación económica subyacente del negocio: en algunas empresas nuestros gerentes disfrutan de un viento a favor que no se debe a ellos, en otras tienen que luchar contra vientos contrarios que no pueden evitar.

Por tanto, él adapta cada paquete retributivo para que se ajuste al grado de dificultad de la empresa a gestionar. «Los términos de cada acuerdo varían para adecuarse a las características económicas de la empresa en cuestión.» Esto le otorga la perspectiva de ser capaz de reconocer, premiar y, por tanto, incentivar, a aquellos «gerentes excelentes» que, no obstante, «tienen que luchar» en entornos difíciles. Así pues, en Berkshire los gerentes son retribuidos de acuerdo con su capacidad. En el pasado Buffett descubrió que ciertos gerentes de sus empresas menos estelares eran «tan competentes como los gerentes de nuestras empresas más rentables». La capacidad de Buffett para distinguir entre el individuo y el entorno implica no ofender a sus directivos.

Especificación mínima número 4: no se pierde necesariamente por quedarse quieto

El hecho de basar los paquetes retributivos en el rendimiento de capital y de poner en peligro la obtención de los premios elimina la predisposición al crecimiento que puedan tener los gerentes de Buffett. El crecimiento no se descarta (se puede ser capaz de aumentar los rendimientos con un tamaño mayor) pero, en general, no es una estrategia rentable seguir y, a su vez, puede demostrarse costosa, tanto para Berkshire como para el gerente en cuestión.

Sin embargo, Buffett refuerza este concepto con otras dos características de sus sistemas de incentivos. En primer lugar, dado el rol que las opciones sobre acciones desempeñan en la dinámica de crecimiento (la gente es retribuida por quedarse y la mejor manera de conseguirlo es a través del crecimiento). Warren Buffett no utiliza las opciones —y punto—. En Berkshire Hathaway no se incentiva a nadie a crecer para aumentar las probabilidades de que un día puedan tener suerte simplemente por estar allí.

En segundo lugar, Buffett dice: «Nunca damos la bienvenida al trabajo bien hecho elevando el listón». En otras palabras, si alguien está haciendo un buen trabajo en la empresa que le ha tocado en un sector de actividad determinado y, por consiguiente, recibe un premio, Buffett no se lo pondrá más difícil al año siguiente. Los gerentes de Buffett lo tienen todo a ganar por avanzar a velocidad máxima, pero nada a perder por quedarse quietos (en caso de que esta actitud sea entonces excelente). El director general que eleva el listón cuando éste ha sido excedido se arriesga a fomentar que los gerentes que ya tienen seguro el premio de este año retengan algo para el año siguiente, y los que no lo tengan destruyan resultados este año para poder recibir el premio al año siguiente, cuando se midan los resultados frente a los del año anterior.

Especificación mínima número 5: enviar el exceso de liquidez a Omaha

Una vez se ha fijado en la mente lo que es el exceso de capital —aquel que sobra después de haber agotado la posibilidad de conseguir recompensa a los esfuerzos propios y se teme que provocará pérdidas si uno se aferra a él—, Buffett solicita que se le envíe.

Ésta es una norma muy simple, pero también muy eficaz.

Es en este aspecto de la utilización del exceso de capital donde Buffett encuentra la mayoría de los defectos gerenciales. Ello se debe generalmente a que los directivos se definen a sí mismos como gerentes y no como responsables de la asignación de capital, lo cual es una invitación abierta al imperativo institucional. Buffett observa que:

A! enviárnoslo, los gerentes no se entretienen con las diversas tentaciones que surgirían en su camino si fueran responsables de la utilización de la liquidez que generan sus negocios.

Especificación mínima número 6: vigilancia frente a la aversión a las pérdidas

No obstante, ¿qué les ocurre a aquellos directivos que están de verdad en apuros? ¿A aquellos que se demoran en tareas reconocidas previamente como difíciles?

Buffett simplemente tranquiliza a estas personas acerca de su posición en Berkshire Hathaway; es tremendamente leal. Como veremos en el próximo capítulo, se ha esforzado mucho para incorporar a estas personas, y parte del paquete que les ofrece es que no tiene la costumbre de deshacerse de las empresas que no funcionan bien para poder adquirir las buenas. «Descartar los negocios menos prometedores a corto plazo no es nuestro estilo», afirma. Asimismo, dice a sus gerentes: «Yo no cerraré empresas cuya rentabilidad esté por debajo de lo normal simplemente por añadir un punto a nuestra tasa de rendimiento corporativo». Y por otra parte, como veremos más adelante, no juzga el rendimiento sobre una base a corto plazo, habiendo ya incluido como factor a tener en cuenta en el precio del negocio que adquiere (que suministran sus propios directivos) la posibilidad, mejor dicho la *expectativa*, de que el éxito no será una constante que siempre esté presente.

Tranquilizados pues, los directivos de empresas en apuros de Berkshire Hathaway que contemplan la posibilidad de pérdidas, ya sea materialmente en sus propios programas de incentivos o relativamente frente a porcentajes de rendimiento previos, no están inclinados, como sí lo están la mayoría de ellos que están en aprietos, a elevar las apuestas con el objetivo de volver a los resultados positivos. Al erradicar esta actitud, Buffett garantiza que, cuando se vean frente a una amenaza, sus gerentes no sucumbirán a la reacción humana y natural consistente en luchar denodadamente con el objetivo de evitar las consecuencias —en este caso arrojando capital sobre el problema—, porque, en última instancia, en términos de supervivencia personal no habrá ninguna.

¿La réplica de Buffett a aquellos que están en dificultades? «Usted no tiene que volver a hacerlo del modo como lo perdió.»

INUNDACIÓN DE MOTIVACIÓN INTRÍNSECA

> *Los contratos no pueden garantizar su interés permanente; nosotros simplemente confiamos en su palabra.*
>
> Warren Buffett

Al haber eliminado el vacío existente entre él como propietario y sus gerentes, los economistas recomendarían a Buffett que fomentara en sus directivos el cumplimiento de su objetivo de actuar también como propietarios, apelando a su carácter egoísta que, de lo contrario, les haría perseguir sus intereses personales.

Buffett sabe que cuando sus directivos van al trabajo por la mañana, lo hacen voluntariamente, capaces de determinar en el marco de las directrices establecidas para ellos, cuánto de sí mismos están dispuestos a invertir en la tarea que tienen frente a ellos.

En lugar de apelar a su egoísmo, Buffett prefiere apelar a su instinto básico de corresponder con diligencia, sinceridad y esfuerzo a la confianza e imparcialidad con que él los trata (contenida principalmente en sus especificaciones mínimas, que se han diseñado por encima de cualquier otra consideración para que sean justas y sean percibidas como justas). De esta forma puede acceder al voluntario bien dispuesto que existe en todos ellos.

Por tanto, los contratos de empleo, el mecanismo normalmente utilizado para establecer y fortalecer las relaciones en la mayoría de los lugares de trabajo, no existen en Berkshire Hathaway. Warren Buffett no cree en ellos, principalmente porque los percibe como una alternativa pobre para controlar a los directivos.

Sin embargo, como consecuencia de la fuerza de la libertad de acción que se otorga a los directivos dentro de Berkshire Hathaway, los contratos legales son sustituidos por el mismo contrato social que Buffett ha diseñado para regir las relaciones entre él y sus accionistas (especificado en el *Manual del propietario*), que no se basa en que los accionistas de Berkshire tengan que recurrir al arsenal de sanciones que tienen a su disposición como propietarios de la firma, sino a su confianza en él para que cumpla su mandato, ya que está intrínsecamente motivado para actuar así.

El mismo mecanismo motivacional que funciona para Buffett lo hace para aquellos a quien preside: «Nuestro objetivo básico como propieta-

·rios», expone, «es comportarse con nuestros gerentes como nos gusta que nuestros propietarios se comporten con nosotros». Por tanto, del mismo modo que los accionistas le conceden libertad, él también deja libres a sus directivos, siguiendo un estilo de liderazgo descentralizado que fomenta de forma activa la erradicación total de control por parte de la propiedad que tantos problemas ocasiona a muchos.

Este tipo de actuación refuerza la autoestima de los directivos, y con la libertad de gestión su autodeterminación también aumenta. Esto les ofrece la posibilidad de mostrar que hacen su trabajo porque les gusta, porque creen que es adecuado actuar como propietarios, y no porque Buffett les esté mirando por encima del hombro. Y éste es el mecanismo a través del cual los directivos se *llenan* de motivación intrínseca. Buffett puede confiar en su palabra.

A diferencia de ello, los sistemas de mando y control que expulsan la motivación intrínseca crean un círculo vicioso en el que los mecanismos de control se intensifican desde el momento en que falla el cumplimiento. Algunas veces pueden ser eficaces. En GE, por ejemplo, los directivos que no se someten son despedidos y, con el paso del tiempo, la compañía ha ido seleccionando a los individuos con tipos de personalidad que prosperan en un entorno de control y mucha presión. Pero los sistemas de este tipo exigen enormes esfuerzos de vigilancia por parte de la alta dirección.

Buffett no tiene este tipo de problemas. En Berkshire Hathaway el único control que ha dejado en vigor después de derogar las herramientas normales de gestión es uno que se basa en la confianza, la imparcialidad y la reciprocidad. Paradójicamente, esto genera fidelidad entre sus gerentes y obediencia a sus deseos. Los directivos muestran un incontenible deseo de agradar y no una astuta agudeza para el engaño (lo cual podría ser lo que esperaran un economista o un gerente corporativo de mentalidad similar). Esto no debería sorprendernos. La confianza, la imparcialidad y la reciprocidad forman la base del mismo pegamento social que ha transportado con éxito a la organización humana a lo largo del camino que se inició en los llanos de las sabanas de África, desde donde se desarrolló para convertirse *en la mejor solución* para la cooperación, el intercambio y el progreso.

LA RECOMPENSA: CONFORMIDAD CON LAS NORMAS

Intento que cada accionista se sienta orgulloso. Me siento tremendamente
obligado a tratar de hacerlo. No quiero dirigir una compañía de la que se
puedan leer malas noticias en el periódico.
                                            Al Ueltschi, Flightsafety International

Mientras el imperativo institucional busca dentro de las empresas la
ruta de menor resistencia, que normalmente se encuentra en el interés de
un gerente para hacer crecer el negocio, dentro de Berkshire Hathaway
se concentra en la fidelidad que Buffett muestra hacia aquellos con los
que se ha comprometido.

Buffett todavía comete a veces algún error en este aspecto. En una
carta dirigida a sus accionistas el 9 de noviembre de 2001, tuvo que explicar por qué se había quedado más tiempo de lo debido en su mal
aconsejada adquisición de Dexter Shoe. Les informaba:

Con tristeza y a regañadientes hemos tenido que dar por finalizada la
producción de calzado de Dexter en Estados Unidos y Puerto Rico. Te-
níamos una mano de obra magnífica, pero la ventaja salarial de diez a
uno de que disfrutan los competidores que fabrican en otras partes del
mundo nos ha obligado finalmente a actuar —después de haber retrasado
la decisión más tiempo de lo que era racional—. Yo les he costado a uste-
des una cantidad de dinero considerable por mi falta de disposición a en-
frentarme a hechos desagradables desde el momento en que éstos se hicie-
ron evidentes.

Con la corrección de este tipo de error tras su incursión en el sector
textil de Berkshire, Buffett ha eliminado prácticamente el «problema de
la fidelidad» al garantizar que sólo se compromete con personas que también gestionen negocios que puedan crear valor sobre una base duradera
o, en el peor de los casos, en los que sea probable generar una tasa de
rendimiento mínima. El conflicto interno de Buffett, caracterizado por
actuar como propietario para sus accionistas frente a actuar como un
propietario compasivo para sus directivos, poco frecuente.

No obstante, a pesar de su promesa de no abandonar empresas por el
hecho de su contribución marginal al rendimiento, a toda subsidiaria que
ya no ofrezca la perspectiva de generar la tasa de rendimiento exigida se

le racionará rigurosamente la asignación de capital. No directamente por Buffett, sin embargo, sino por sus propios gerentes, que actuarán por el instinto nacido de su adhesión a las especificaciones mínimas de Buffett.

Lo primordial es que en Berkshire Hathaway no se invierte continuamente dinero en algo que jamás tendrá éxito. Los paquetes remunerativos de los directivos reflejan la realidad económica y Buffett ha diseñado sus especificaciones mínimas para garantizar que aún pueden ser eficaces, y percibir que lo son a través de la gestión competente de unas empresas que se enfrentan a vientos contrarios. Lo más importante es que están motivados intrínsecamente a actuar como los propietarios de Berkshire Hathaway que les gustaría ser, y que este tipo de motivación está por encima de las ganancias económicas.

Para mostrar hasta dónde llega esto, los directivos que en el pasado han visto agotadas las oportunidades de utilizar su capital para la obtención de rendimientos comparables a los existentes en otras partes se han conformado —contrariamente al instinto gerencial normal— viendo cómo sus dominios se han ido empequeñeciendo. En Berkshire el tamaño no importa —a nadie—. Así pues, después de varios años de recolectar dinero de los negocios que constituían la piedra angular de Berkshire Hathaway y que ya existían desde el comienzo tras la liquidación de Buffett Partnership, Warren Buffett pudo comunicar que «1) habían sobrevivido pero apenas habían ganado nada, 2) habían disminuido de tamaño a la vez que incurrido en grandes pérdidas y 3) habían reducido su volumen de ventas a cerca del cinco por ciento con respecto al que tenían en el momento de nuestra entrada». Sin embargo, en su carta a los accionistas del año 2000, Buffett pudo presumir de que «en nuestros últimos treinta y seis años ningún gerente de una filial importante se ha marchado voluntariamente para incorporarse a otra empresa».

Eso es conformidad con las normas.

Buffett ha creado en lo más profundo de Berkshire Hathaway un entorno en el que sus directivos están satisfechos de actuar a favor de los intereses de los accionistas de la compañía, aunque esto signifique desperdiciar las tentaciones que ofrece el imperativo institucional —un alineamiento poco común—. Además, todo aquel capital que no pueda ser utilizado de forma rentable en una de las filiales de Berkshire Hathaway a largo plazo, tampoco será consumido por un gerente que actúe a favor de sus intereses personales, sino que con toda seguridad encontrará su destino en las manos de alguien que le pueda dar un buen uso. Por ejem-

plo, Ralph Schey, el director general de una de las mayores filiales de
Berkshire, Scott Fetzer, fue capaz de entregar 1.030 millones de dólares a
Buffett en comparación con un precio neto de adquisición de 230 millones de dólares, a lo largo de sus quince años en el cargo. Y Chuck Huggins, de See's Candies, dio en 1999 unas ganancias antes de impuestos de
857 millones de dólares, sobre un precio de adquisición en 1972 de 25
millones de dólares, y absorbió muy poco capital adicional en el ínterin.

La naturaleza recíproca del contrato existente entre Warren Buffett y
sus empleados logra resultados como éstos. Le permite dejarlos libres. La
compañía se mueve entonces en la dirección establecida por Buffett pero
guiada por las especificaciones mínimas. No se trata tanto de imposicio-
nes externas sobre la conducta como internas, impulsadas intrínsecamente por sus sistemas de conexiones cerebrales, en armonía con dicho sistema y percibidas como imparciales (y, por tanto, deberían ser correspon-
didas con esfuerzo). A su vez, esto quiere decir que puede dar más libertad
a sus empleados, lo cual alienta la profunda motivación intrínseca de la
que depende el concepto de dirección y gestión descentralizada. El resultado es que los empleados de Berkshire Hathaway se apiñan en torno a
Warren Buffett aunque no haya una norma explícita que les indique que
deban actuar de ese modo.

Éste es el control inteligente de Lao Tzu. Esto es liderazgo.

En el capítulo siguiente descubriremos cómo las adquisiciones de
Buffett están conformadas de ese modo por lo que respecta a encajar sin
fisuras en este modelo de liderazgo, mejorando, si cabe, su efectividad en
lugar de multiplicar los problemas a medida que Berkshire Hathaway va
creciendo en tamaño y complejidad.

4

Cómo lograr que las adquisiciones funcionen

Los directores generales que reconocen su falta de competencia para la asignación de capital (lo que no hacen todos) suelen tratar de compensar esta deficiencia recurriendo a su staff, a consultores de gestión o a instituciones de inversión. Charlie y yo hemos observado con frecuencia las consecuencias de esta «ayuda». Tomando en cuenta todos los factores, creemos que es más probable que se acentúe el problema de la asignación de capital que su resolución.

Warren Buffett

Nuestra estrategia de adquisiciones cuidadosamente elaborada en Berkshire consiste simplemente en esperar que el teléfono suene.

Warren Buffett

En última instancia, Buffett hace una de las dos cosas siguientes con el exceso de liquidez que sus gerentes le envían: invierte en el mercado bursátil o, preferentemente, lo utiliza para adquirir directamente otras empresas en su totalidad, lo cual no es tarea fácil. Como él dice:

Muchos directivos de empresas fueron aparentemente sobreexpuestos en los años impresionables de la infancia a la historia en la que el bello príncipe prisionero es liberado del cuerpo de un sapo gracias al beso de una hermosa princesa. Por consiguiente, están seguros de que su beso gerencial

hará maravillas por la rentabilidad de la empresa X. Nosotros hemos sido
testigos de muchos besos pero de muy pocos milagros.

La verdad es que Buffett tiene razón: el ratio milagro/beso es bajo,
bastante menor de lo que se podría imaginar.

La mayoría de los estudios sitúan en más del sesenta por ciento el
porcentaje de fusiones y adquisiciones que fracasan en su intento de crear
valor para el accionista. Así pues, siempre que dos compañías se unen en
un abrazo, hay muchas posibilidades de que el iniciador de esta acción
destruya valor en el capital con el cual cementa la relación. Además, aunque el rendimiento sobre el capital no sea lo que más preocupe a la gerencia, la mayoría de las adquisiciones siguen sin cumplir las expectativas,
tanto si éstas se miden en ahorros de costes como si se hace en mejoras
de ingresos o de rentabilidad. De hecho, suelen deteriorar la totalidad del
negocio en el proceso.

Por tanto, las probabilidades están en contra de Warren Buffett cuando utiliza los ahorros de sus accionistas en este ámbito de actuación. No
obstante, él se mantiene impertérrito.

«Lo que realmente nos motiva es la compra del cien por cien de buenos negocios a precios que sean razonables», afirma, y basa en gran medida el crecimiento del valor económico de Berkshire Hathaway en la
adquisición de otras compañías. Esto significa descubrir las compañías
apropiadas, adquirirlas al precio apropiado y de ahí en adelante asegurarse de que sigan funcionando del mismo modo atractivo en que él las
encontró al principio —este último aspecto representado por la roca en
la que se estrellan muchas adquisiciones—. Así pues, más vale que Buffett
esté seguro de sus razones.

Lo está. Cuando Warren Buffett se compromete con una adquisición,
selecciona muy cuidadosamente las empresas y los equipos directivos con los
que se quiere asociar, les expone lo que ofrece para que vayan con él, amon-
tona las ventajas a favor de consumar el matrimonio a un precio justo, y a
partir de ahí suscita una enorme fidelidad y complicidad con sus objetivos.

Tanto si adquiere participaciones mayoritarias en otras compañías
como si invierte en ellas, Warren Buffett siempre pone un requisito: él
tiene que dar su estimación con respecto al valor apropiado de la compañía en cuestión. No obstante, donde ha atraído la atención esta tarea ha
sido en sus incursiones en el mercado bursátil, y es famoso por al menos
tres características que aplica en este campo. Son las siguientes:

1. Su capacidad para eliminar las emociones del análisis. «El éxito en las inversiones», afirma «no se correlaciona con el coeficiente de inteligencia una vez se está por encima del nivel 25. Si se tiene una inteligencia normal, lo que hace falta es el temperamento necesario para controlar los impulsos que ponen en dificultades a otros inversores».

2. Su disciplina con respecto al precio. «La regla número uno», dice, «es no perder nunca dinero». Y la «regla número dos: no olvidar nunca la regla número uno».

3. Su preferencia por invertir solamente en empresas franquicia. «Busque la durabilidad en la franquicia», sostiene Buffett cuando evalúa un modelo económico. «Lo más importante para mí es calcular lo profundo que es el foso que hay alrededor de un negocio. Lo que más me gusta, desde luego, es un gran castillo y un enorme foso lleno de pirañas y cocodrilos.»

Sin embargo, a pesar de seguir siendo tan reconocible este retrato-robot de Warren Buffett el inversor cuando describe a Warren Buffett el adquirente de corporaciones enteras, no consigue captar la imagen global de un hombre que se involucra en un ejercicio en el que las probabilidades de fracaso son incluso mayores que cuando se trata de adquirir acciones individuales que superen la evolución de los índices.

No puede. El arte de realizar adquisiciones que sean un éxito es más complejo que invertir en el mercado de valores. Exige la posesión de competencias y habilidades adicionales y requiere una modificación de aquellas características enumeradas por las que Buffett es tan famoso. Éste es «un trabajo extraordinariamente difícil», confirma, «bastante más difícil que la compra de pequeñas participaciones a precios atractivos».

Preguntado por lo que busca cuando adquiere una participación mayoritaria en otra compañía, Buffett, respondió:

> *Consideraría muy a fondo la introducción en un negocio con una buena salud económica básica. Consideraría comprarlo a personas en las que pueda confiar. Y consideraría el precio a pagar.*

Este capítulo abordará cada uno de estos puntos por orden y expondrá los retos que existen para llevar a cabo con éxito adquisiciones corporativas, cómo los supera Warren Buffett y dónde reside la modificación de sus características mejor conocidas.

LOS ALTOS MUROS Y LOS PROFUNDOS FOSOS DE LOS COSTES Y EL SERVICIO

El campo económico que siempre está cambiando con brusquedad es un terreno en el que es difícil construir un negocio franquicia tipo fortaleza. Este tipo de empresa suele ser la clave para la obtención de altos rendimientos.

Warren Buffett

Ensanchar el foso mediante la creación de una ventaja competitiva duradera, la satisfacción de los clientes y la lucha implacable contra los costes.

Warren Buffett

Al haber aprendido la lección a base de los errores cometidos en el negocio textil de Berkshire Hathaway, la solidez económica de las empresas que Buffett adquiere es ahora un aspecto de suma importancia para él.

Buffett no se hacía falsas ilusiones con respecto a las deficiencias del sector textil cuando invirtió en él. Sabía que comercializaría un producto que no podría diferenciarse de las ofertas de sus competidores, que dichos competidores eran numerosos y que las barreras de entrada existían sólo para aquellos que no tuvieran capital. Por tanto, sabía que en el mejor de los casos el rendimiento del capital empleado en este negocio sería bajo. Los intentos de ganar, por ejemplo, invirtiendo en instalaciones y maquinarias de última generación, ofrecerían un alivio temporal pero, a largo plazo, los beneficios de este tipo de desembolsos no engrosarían sustancialmente las arcas de Berkshire. En su lugar y debido a las presiones de los competidores, se traspasarían a los clientes en forma de de precios más bajos y calidad superior.

La ley de la jungla económica es que los rendimientos elevados vuelven con el tiempo a su valor medio. A menos que un negocio se caracterice por poseer una ventaja competitiva sostenible, observa Buffett, «genera ganancias excepcionales sólo si es el que opera a coste más bajo o si la oferta de su producto o servicio es escasa». Por tanto, los repetidos desembolsos de capital efectuados en el negocio textil de Berkshire no se convertirían en instrumentos de ventaja competitiva, sino en el precio a pagar por seguir en el mercado.

Sin embargo, Buffett creía que un equipo dirigente clarividente podría detener la marea de estos pobres fundamentos y marcar la diferencia marginal.

Lo que descubrió fue que estos fundamentos económicos poco atractivos no son susceptibles de cura, ni siquiera por parte de los gerentes más competentes. Afirma lo siguiente:

> *Mi conclusión a partir de mi propia experiencia y de muchas observaciones de otros negocios es que un buen historial gerencial (medido por los rendimientos económicos obtenidos) depende sobre todo del tipo de barca empresarial en que te metes, y no tanto de lo bien que remes.*

También señala:

> *Todos podríamos hacer una lista de los restaurantes que hay en un radio de cinco kilómetros y observar, dentro de cinco años, que muchos de ellos ya no están allí con el mismo nombre. No hay premio si no los diriges bien. Ésta es la razón de que, para empezar, adquiera empresas que sean buenos negocios.*

En lo sucesivo, por tanto, Buffett se ocuparía de adquirir negocios con unas características económicas que fueran el reverso de las del sector textil: en especial negocios que poseyeran una ventaja competitiva sustancial, en los que el precio de seguir en el mercado fuera bajo, medido por el nivel de desembolso de capital necesario para mantener simplemente una posición competitiva.

Las posiciones competitivas sostenibles producen los rendimientos económicos que Buffett está buscando. Unos altos niveles de rentabilidad sobre una base de capital baja, combinados con unos reducidos costes de mantenimiento, generan el exceso de capital que puede ser reciclado en forma de oportunidades de crecimiento dentro del sector (o fuera de él).

Dado que él es famoso en este tema, sin embargo, se suele creer que desde la revelación de Damasco transmitida por Charlie Munger, Warren Buffett ha buscado la ventaja competitiva duradera en empresas que ocupen posiciones competitivas de un cierto tipo. La definición de Buffett del término «franquicia» describe una compañía que ofrece un producto o servicio que: «1) es necesitado o deseado, 2) sus clientes no piensan que tenga un sustituto próximo y 3) su precio no está regulado».

Puesto que están «prácticamente seguras de poseer una enorme fuerza competitiva dentro de diez o veinte años», se suele creer que las compañías que ocupan tales franquicias son las que Buffett busca para poseer o invertir en ellas, pues poseen la cualidad de último recurso por el que Buffett se siente atraído. «Las franquicias pueden tolerar una mala gestión. Unos directivos ineptos pueden reducir la rentabilidad de una franquicia, pero no pueden infligirle un daño mortal.»

Sin embargo, aunque la definición de Buffett de lo que es una franquicia podría encajar fácilmente en las empresas más famosas en las que tiene participaciones minoritarias —tales como Coca-Cola, Gillette y American Express— parece que no lo hace en la larga lista de compañías que Buffett posee en su totalidad.

Buffalo Evening News, Executive Jet, FlightSafety y See's Candies se corresponden con la definición. Todas ellas ocupan una posición inimitable en sus sectores de actividad. ¿Pero dónde se encuentran exactamente las fortalezas de H. H. Brown Shoe Co., Nebraska Furniture Mart y Fechheimer Bros. Co.? ¿Con qué precisión izarán el puente levadizo frente a la competencia R. C. Willey Home Furnishings, GEICO International Dairy Queen y Borsheim's?

Ésta es una lista improbable (e incompleta) de compañías, para aquellos que busquen detectar negocios que posean franquicias sólidas en el sentido en que la mayoría de la gente entendería la frase, y desde luego no ocupan franquicias en el sentido en que se ha asociado a Warren Buffett. Como el propio Buffett dijo en su carta a los accionistas del año 2000: «Hemos abrazado el siglo XXI entrando en sectores de vanguardia como la construcción, las alfombras, el aislamiento y la pintura. Traten de controlar sus emociones».

No obstante, todas estas empresas ocupan franquicias de algún tipo.

Los productos y servicios «que no tienen un sustituto próximo» no son dominio exclusivo de compañías que venden colas de sabor único, sistemas de afeitado de última generación o la propiedad compartida de aviones. Warren Buffett ha descubierto que la ventaja competitiva sostenible también puede encontrarse en la combinación de dos factores: ofertas permanentes a precios bajos y una excelencia de dirección y gestión que esté consolidada por una cultura de servicio corporativa.

LA SITUACIÓN ECONÓMICA DEL NEGOCIO: LA LOTERÍA

> *La ventaja sostenible de costes de GEICO es lo que me atrajo en 1951 de dicha empresa, valorada entonces en su totalidad por siete millones de dólares. Ésta es también la razón de que creyera que Berkshire debía pagar 2.300 millones de dólares el año pasado [1996] por el cuarenta y nueve por ciento de la empresa que entonces no adquirimos.*
>
> Warren Buffett

Ya que GEICO es la filial que comercializa tal vez el producto más *commodity* de Berkshire y, por tanto, la empresa de la que deberíamos esperar menos que ocupara una franquicia, sirve de ejemplo útil de la lógica aparentemente contradictoria de Buffett. Es distinguible de otros proveedores de pólizas de seguro para automóvil por el hecho de que es la empresa que ofrece los precios más bajos del sector.

Esto no quiere decir que la compañía sea inmune a los azares del sector o, de hecho, a los errores que cometa. En la década de 1970 tropezó con dificultades operativas extremadamente graves. «Cometieron toda clase de errores», dice Buffett, «no sabían cuáles eran los costes, y estaban cautivados por el crecimiento».

Sin embargo, la compañía fue capaz de soportar la mala gestión. En palabras de Buffett: «aunque todo lo hicieron mal, aún tenían la franquicia. Aún era una empresa con costes bajos». Esto es lo que les mantenía y les seguirá manteniendo. Al respecto, Buffett dijo en 1986 lo siguiente:

> *La diferencia existente entre los costes de GEICO y los de sus competidores es un tipo de foso que protege un castillo/empresa muy valioso y cotizado. Nadie conoce mejor este concepto del «foso alrededor del castillo» que Bill Synder, presidente de GEICO. Él ensancha el foso continuamente, impulsando los costes a la baja aún más, defendiendo y fortaleciendo de ese modo la franquicia económica.*

En un sector difícil, caracterizado por una intensa competencia, bajas barreras de entrada o resultados variados, Buffett puede asegurarse de que la ventaja de GEICO es sostenible porque su estructura de costes con relación a la de su competencia puede pronosticarse con casi total certeza. GEICO superará en beneficios a la media del sector.

Así ocurre con otras filiales de Buffett. Al respecto comenta lo siguiente:

> *No nos importa si estamos adquiriendo un negocio en que predomina el coste de personal, el de las materias primas o el de los alquileres. Lo que queremos es entender la estructura de costes.*

Nebraska Furniture Mart comparte la misma característica. Tiene unos gastos generales, costes de imprevistos y de funcionamiento bajos en comparación con otras empresas que parecen acumularlos gradualmente. El conocimiento de este hecho no permite su reproducción exacta por un competidor. Una compañía *podría* ser capaz de conseguir una situación económica similar en un momento determinado. Sin embargo, la capacidad de mantener y mejorar dicha situación tiene su origen en una mentalidad de la dirección de la empresa que pocos poseen. Esta ventaja se traslada al consumidor en forma de precio y selección, y da lugar a un círculo virtuoso por el cual las compañías de Buffett suelen dominar los mercados en los que compiten. Consiguen unas economías de escala que, en realidad, no pueden ser igualadas por la competencia y que también se transmiten en forma de precios más bajos.

LA PROPUESTA HUMANA

> *No me preocupo por el competidor más tonto en un negocio que esté orientado al servicio.*
>
> Warren Buffett

Además de operar a costes bajos, la mayoría de las compañías filiales de Berkshire son también básicamente proveedoras de servicio. La calidad del servicio en el lugar donde se presta es un elemento esencial de la franquicia en la que Buffett está interesado. Buffett se siente atraído por sectores en los que los competidores sólo tienen que ser inteligentes una vez. The Buffalo Evening News domina su mercado, por ejemplo. Para poder llegar a ser el número uno tuvo que hacer algo inteligente en algún momento de su historia. Pero a partir de entonces, como tablón de anuncios de la comunidad, tenía que hacer algo muy estúpido para perder su posición. En comparación, los comerciantes minoristas y similares tienen que ser inteligentes día tras día. Una parte principal de una actuación inteligente es la provisión al cliente de una experiencia que le haga volver.

Por ejemplo, Buffett observó lo siguiente en 1996:

> *See's es ahora diferente en muchos aspectos de lo que era en 1972, cuando la adquirimos: ofrece un surtido de golosinas diferente, emplea maquinaria distinta y comercializa a través de diversos canales de distribución. Pero las razones de que la gente compre actualmente cajas de bombones, y las razones de que compre las nuestras en lugar de otras, prácticamente no han cambiado desde los años veinte, cuando la familia See estaba desarrollando el negocio. Además, no es probable que estas motivaciones cambien durante los próximos veinte, o incluso cincuenta años.*

Los directivos de Buffett entienden el negocio del servicio. Saben cómo impulsar su pasión por el negocio al punto de ejecución, a personas que tal vez no puedan ver pero de quienes saben que compartirán su escala de valores. Es un reflejo de las mismas competencias y habilidades de liderazgo que Buffett posee, y todo arranca con los hombres y mujeres que dirigen las compañías.

LAS SIETE SANTAS

> *Los Blumkins, la familia Friedman, Mike Goldberg, los Heldmans, Chuck Huggins, Stan Lipsey, Ralph Schey y Frank Rooney... todos ellos son maestros en sus empresas y no necesitan mi ayuda. Mi tarea consiste simplemente en darles un trato adecuado.*
>
> Warren Buffett

> *Ya no podía controlar directamente por más tiempo todos los detalles. Eso hizo que mi obsesión por la gente fuera aún más intensa.*
>
> Jack Welch

En 1987 Buffett acuñó el término *The Sainted Seven* (Las Siete Santas) para designar a las compañías filiales de Berkshire: Buffalo Evening News, Fechheimer, Kirby, Nebraska Furniture Mart, Scott Fetzer Manufacturing Group, See's y World Book. De ahí, aplicó también el término a la dirección de dichas empresas. Como su actividad adquisitiva ha seguido a buen ritmo, los acontecimientos han dejado atrás su prosa y este epíteto ya no capta del todo su sentido original. No obstante, con respecto a los tipos de persona con los cuales busca asociarse, la frase lo dice todo.

Del personal de las empresas aseguradoras de Berkshire, por ejemplo, Buffett dice a sus accionistas: «Tenemos una ventaja en actitud».Y no se detiene aquí.

Los gerentes de Berkshire son «dobles» de Buffett y de Munger.Aquellos con quienes decide asociarse «trabajan porque les encanta lo que hacen». En resumen, al igual que Buffett y Munger, *están intrínsecamente motivados*.Y esto se deja ver en la situación económica de sus empresas. Buffett afirma:

> *Nos gusta hacer negocios con alguien a quien le encante su negocio... Cuando existe esta adhesión emocional, probablemente se encontrarán cualidades importantes dentro de la empresa: contabilidad honrada, orgullo de producto, respeto por los clientes y un grupo fiel de colegas con un sentido claro de hacia dónde hay que ir.*

Ésta es la razón de que las siete santas dirijan empresas con costes bajos y disfruten de economías de escala en sus mercados locales que no pueden ser igualadas. Las empresas se basan en la ejecución, la atención al detalle y la reputación. Por ejemplo, Buffett dice lo siguiente de See's:

> *El personal alegre y servicial es una imagen de marca de See's, al igual que lo es el logotipo de la caja. Ése no es un logro menor en un negocio que nos exige la contratación de unos doscientos trabajadores de temporada. No sabemos de otra organización con un tamaño similar que supere la calidad del servicio de atención al cliente que prestan Chuck Huggins y sus colegas.*

Una gestión como la que lleva a cabo Chuck Huggins en See's constituye un elemento esencial de la franquicia que Buffett adquiere. Gerentes como él «piensan constantemente como propietarios (el mejor cumplido que podamos hacer a un directivo)», afirma Buffett, y como tales traen consigo la situación económica que él persigue.

Ellos son la empresa. Ellos son el valor.Y para un hombre cuyas dotes para la asignación de capital son demasiado valiosas como para dejar que trabaje a fondo en los detalles, ellos son la franquicia.

Tal vez no sea sorprendente que Buffett haya descubierto que la mayoría de los gerentes que cumplen el requisito de actuar como propietarios residan en empresas que son dirigidas por sus dueños. Esto no garantiza que un individuo actúe como propietario en la gestión de una firma, sin embargo. El imperativo institucional no es quisquilloso acerca de a quién aparta del buen camino.

Por tanto, además de comprobar el rendimiento e intensidad de capital de toda compañía que compra, Buffett revisa al mismo tiempo la política de asignación de capital de las direcciones de las compañías, buscando a las que siempre hayan sido gestionadas sabiamente y no hayan caído en la trampa de una dinámica de la que no puedan escapar, arrastradas a aventuras que aportan muchos beneficios psíquicos pero poca rentabilidad económica.

Con ese fin, Buffett rescatará de forma rutinaria veinte años de historia de una compañía, retrocediendo con frecuencia hasta donde los archivos de la misma le permitan, y siempre examinará el registro de la asignación de capital llevada a cabo por las compañías que pretende comprar, a lo largo del período en que la dirección actual ha ejercido su función. «Nunca examinamos las previsiones, pero nos importa muchísimo y revisamos muy a fondo el historial de la compañía», afirma.

Al igual que un geólogo que examina una muestra básica de la corteza terrestre a partir de una información fragmentaria y dispuesta en capas que este proceso pone a disposición del científico, una imagen clarísima aparece, ante los ojos de Buffett, de la situación económica intrínseca de un modelo de negocio, incluyendo la cantidad de flujo de caja libre que genera, el elemento más fácilmente usurpado por el imperativo institucional. Buffett se siente interesado por aquellas compañías en que los gerentes se han mostrado inmunes al imperativo y competentes en su asignación de liquidez, y ha comparado estos resultados frente a los obtenidos por sus competidores directos y el sector en general para poder calibrar hasta qué punto han establecido una franquicia. Pero sólo se muestra interesado. Hay otras comprobaciones a realizar.

Desmintiendo la versión que dan los economistas de la naturaleza humana, el trabajo experimental ha demostrado lo que Warren Buffett ha sabido desde el principio —la piedra sobre la que ha construido su liderazgo— que a los seres humanos les importa mucho la imparcialidad, y la premian cuando está presente y la penalizan cuando está ausente. No obstante, aunque el estilo de dirección y gestión de Buffett pueda depender de la correspondencia con esfuerzo a la confianza y la objetividad, no es tan ingenuo para creer que todo directivo competente descubierto por él poseerá el tipo de cualidades personales que reflejen dicha correspondencia.

En estos mismos experimentos que demuestran que a la mayoría de la gente le importa la justicia e imparcialidad, una minoría significativa —más de la que a cualquier directivo le gustaría observar entre su personal— son del tipo egoísta. Son los tramposos de nacimiento y los parásitos que hay en toda organización, aquellos que derribarían el planteamiento de no intervención de Buffett si estuvieran al acecho en los pasillos de Berkshire Hathaway.

Buffett comenta lo siguiente de este tipo de individuo:

> *Se aprende mucho acerca de una persona cuando le compras un negocio y sigue para dirigirlo como empleado y no como propietario. Antes de la adquisición el vendedor conoce íntimamente el negocio, mientras que tú empiezas de cero. El vendedor tiene docenas de oportunidades para confundir al comprador —a través de omisiones, ambigüedades y distracción de la atención—. Después de que el cheque haya cambiado de manos, se pueden producir sutiles (y no tan sutiles) cambios de actitud y se pueden evaporar acuerdos implícitos. Al igual que en la secuencia noviazgo-matrimonio, las decepciones no son infrecuentes* [énfasis añadido].

Ésta fue otra lección que Buffett había aprendido por experiencia propia en Dempster Mills. Corrigió la situación en Berkshire Hathaway con Ken Chace y la ha estado corrigiendo en toda asociación empresarial en la que ha entrado desde entonces. Con su estilo de dirección y gestión, si se equivocaba en la parte de la ecuación correspondiente a las personas, las adquisiciones fracasarían durante el proceso de integración y la situación económica por la que se sentía atraído se debilitaría.

«Un nuevo concepto en el mundo de la empresa. Se llama confianza.»

De ahí que Buffett se involucrara con el tipo de investigación de la «rumorología» que otro de sus héroes, Phil Fisher, recomendaba que llevaran a cabo todos los inversores. La red de relaciones de Buffett es enorme,

«Tiene más tentáculos desplegados que nadie», dice Welch. Estas relaciones se encuentran sobre todo dentro del registro de accionistas de Berkshire Hathaway, y Buffett los sondea con el objetivo de verificar el tipo de dirección que está considerando. ¿Tienen la integridad que él necesita y exige?

Si la tienen, se verá en su reputación. Si no la tienen, se hará evidente con rapidez. De las tiendas de muebles Jordan's, adquiridas en 1999, por ejemplo, Buffett tiene que decir lo siguiente:

> *Jordan's es realmente una de las compañías más fenomenales y singulares que jamás haya visto. La reputación que Elliott y Barry [Tatelman] se han ganado entre sus empleados, sus clientes y la comunidad no tiene precedentes. ¡Ésta compañía es una joya!*

Una vez se siente satisfecho de poder confiar en sus directivos, Buffett lo hace. Es tan sencillo como esto.

Cuando efectuó la compra de See's Candy dijo: «Estrechamos la mano a Chuck [Huggins] con motivo del acuerdo de retribución —concebido en tan sólo cinco minutos y nunca reducido a un contrato escrito—, que sigue sin cambios hasta hoy». Y con respecto a Borhseim's, al igual que con Jordan, aunque la compañía no tenía balances auditados cuando la adquirió, Buffett comenta: «no obstante, no hicimos inventario ni comprobamos las cuentas a cobrar ni auditamos la operación por ningún medio. Ike [Friedman] simplemente nos contó la situación, y sobre esta base redactamos un contrato de una página y extendimos un cheque con muchos ceros».

> *Sin embargo, sólo se puede depositar este tipo de confianza en las personas que tratas si antes tú has hecho los deberes.*

Después de haber determinado lo que está buscando en el tipo de personas con las que quiere asociarse, y sabiendo hasta qué punto es esencial para la organización acertar, Buffett se enfrenta a un reto que convierte en fácil, comparativamente, la tarea de descubrir este tipo de personas y sus empresas. ¿Cómo conseguir que estos dechados de virtudes le vendan sus empresas —y a un precio justo?

Buffett no quiere dirigirse a ellos y comprarles por la fuerza; una adquisición hostil frustraría el objetivo de su estilo de gestión no intervencionista, consistente en llenar la empresa de motivación intrínseca. En otras palabras, se perdería la franquicia. Por tanto, se ve enfrentado a un dilema muy real, para lo cual ha preparado un ingenioso plan.

Él no hace nada al respecto, o casi. Simplemente deja que estas personas, rarezas del mundo de los negocios y sobre las que Berkshire basa su futuro, le encuentren.

EL VIRUS INOCULADO POR BUFFETT

> *Cuánto mejor es para el «pintor» de un negocio que sea Rembrandt quien seleccione personalmente su hogar definitivo, que dejar que un agente de inversiones o unos herederos indiferentes lo subasten. A lo largo de los años hemos tenido magníficas experiencias con aquellos que reconocen dicha verdad y la aplican a submodelos de negocio.*
>
> Warren Buffett

Cuando Buffett dice que su estrategia de adquisiciones consiste en esperar a que el teléfono suene, no lo dice por casualidad. El tipo adecuado de gerentes, con el tipo adecuado de empresas en venta, llaman a Buffett porque, lo sepan o no, han sido infectados por un virus que les impulsa hacia él en el momento de la venta.

Al igual que con su equivalente biológico, los virus eficientes que prosperan en la mente —como los conceptos con intención del liderazgo de Buffett— se propagan a través de una población humana porque están preparados para ello. Los virus más populares suelen ser aquellos que explotan nuestras motivaciones elementales para evitar la muerte y para reproducirnos: el peligro y el sexo incluidos en toda buena telenovela. Pero el microbio emitido por el modo en que Buffett organiza y dirige Berkshire Hathaway se concentra en los vendedores allí donde son más sensibles, en los temores que experimentan cuando consideran una transacción que cambiará sus vidas para siempre.

Los gerentes que tienen empresas en venta se dirigen a Buffett, afirma éste, «porque un gerente que nos vendió antes su negocio ha recomendado a un amigo que piense en seguir su ejemplo». Éste es el virus en acción que afirma: «Berkshire Hathaway te protege de todos tus temores».

El ADN del virus

No queremos directivos que alguna vez pierdan el sueño preguntándose si podrían ocurrir sorpresas a causa de nuestra propiedad.

Warren Buffett

Buffett sabe que las personas con quienes desea asociarse piensan de las empresas que poseen y/o gestionan de la misma forma que él lo hace sobre Berkshire Hathaway. Las han ido modelando personalmente a lo largo de su vida (incluso quizá a lo largo de generaciones), cuidando de no despilfarrar sus recursos; las aman y las vigilan como harían con sus hijos. Les preocupa mucho lo que les ocurrirá después de que las hayan vendido. Lógicamente esto les hace ser reacias a abandonar, pero deben hacerlo, en general para diversificar su patrimonio y no tenerlo concentrado en un solo negocio. No obstante, esta reticencia se manifiesta en un deseo de seguir como gerentes que tienen un interés, no desean deshacerse de él sino transformarlo en dinero («algunas veces para ellos», comenta Buffett, «pero a menudo para sus familias o accionistas pasivos».

Asimismo, Buffett sabe que a causa de esto están perseguidos por la incertidumbre. Pocos de ellos, si es que hay alguno, habrán vendido antes una empresa. La mayoría nunca habrá trabajado para una empresa que no poseyera. Y saben que la mayor parte de los adquirentes corporativos no tratarían sus negocios con el amoroso cuidado con que ellos lo han hecho durante años o, mejor dicho, no los tratarían a ellos como les gustaría ser tratados como empleados.

Por consiguiente, las cartas que Buffett se preocupa de preparar para cada informe anual están diseñadas tanto en beneficio de los accionistas como para llegar a una audiencia mucho más amplia que incluya a potenciales vendedores (o a personas que tengan relación con ellos). Allí es donde principalmente Buffett inocula su virus, un virus más potente desde que puede contraerse a partir de la lectura de los informes anuales a través de internet.

En su carta a los accionistas del año 2000, Buffett volvía a un tema que ha ido tejiendo en prosa a lo largo de muchos años, y decía:

Cuando una empresa que es una obra maestra se ha creado a lo largo de toda una vida —o de varias vidas— de pródigos cuidados y talento excepcional, debería ser importante para el propietario la corporación a la que

se confía que prosiga su historia. Charlie y yo creemos que Berkshire ofre-
ce un hogar prácticamente único. Asumimos muy seriamente nuestras obli-
gaciones hacia las personas que crearon una empresa, y la estructura de
propiedad de Berkshire asegura que somos capaces de cumplir nuestras
promesas. Cuando decimos a John Justin que su empresa seguirá teniendo
su sede social en Fort Worth, o garantizamos a la familia Bridge que su
negocio no se fusionará con otra firma de joyería, estos vendedores pueden
estar absolutamente seguros de que cumpliremos nuestras promesas.

Buffett tiene cuidado en asegurarse de que los individuos que tienen
empresas en venta sean conocedores de que Berkshire Hathaway les ofrece una oportunidad rara y poco habitual. Les ofrece la perspectiva de
sustituir la incertidumbre, el temor y la sospecha por una propuesta conocida. Éste es el ADN del virus de Buffett. La gente que se preocupa por
sus empresas y por su futuro sabe exactamente lo que puede esperar
cuando las venda a Warren Buffett y ellos permanezcan como gerentes de
las mismas.

Las cartas de Buffett dirigidas a sus accionistas le han posicionado como
un líder de personas que preside una compañía que tiene una misión clara
y creíble. Un hombre con una integridad excepcional que defiende los
estándares más elevados de buen gobierno corporativo, que tratará a los
directivos con justicia, que les recompensará apropiadamente y les conce-
derá autonomía, confiando en su criterio mientras desempeñan este papel.
Un hombre que *no cambiará nada* en el modo de dirigir una empresa, excepto, tal vez, el sistema de retribución, pero sólo para que tenga una lógica extraordinaria: «Compramos para mantener lo que compramos, pero no
tenemos ni esperamos tener gente de operaciones trabajando en nuestra
organización matriz». Y un hombre que se presenta a los vendedores con
una garantía férrea de que «este esquema de funcionamiento operacional
perdurará a lo largo de las décadas venideras».

El contraste que ofrece con relación a otros compradores no puede
ser más grande —y Buffett no se muestra remiso en recordar este hecho
a los vendedores—. Él decía a un potencial vendedor que prácticamente
todos los compradores, con la excepción de Berkshire Hathaway, estaban
incluidos en una de dos categorías, cada una de las cuales tenía «defectos
importantes» para el vendedor de una empresa que «representa el esfuerzo creativo de toda una vida y que forma parte integral de su personalidad y sentido de la existencia». Estos compradores serán:

[...] *una compañía localizada en otro lugar pero que hace lo mismo o un negocio similar en cierta medida al tuyo. Este tipo de comprador —independientemente de las promesas que haga— suele tener directivos que creen saber cómo se debe dirigir tu negocio y, más pronto o más tarde, querrán «ayudar» en la práctica. Si la empresa adquirente es mucho mayor, tendrá montones de directivos reclutados a lo largo de los años, en parte por las promesas que les han hecho de que dirigirán las futuras empresas que se adquieran. Ellos tendrán su propio modo de hacer las cosas... y la naturaleza humana les llegará a hacer creer en algún momento que sus métodos de actuación son de primera calidad. O bien se tratará de manipuladores financieros que siempre actúan con grandes sumas de dinero prestado y que planean sacarla a bolsa o a otra corporación tan pronto como los vientos sean favorables.*

Además, Buffett adereza sus informes anuales con otros fragmentos del virus que se concentran en el deseo de los vendedores de diversificar y preservar su patrimonio. Veamos, como ejemplo, a Barnett Helzberg, Jr., el presidente de Helzberg's Diamond Shops, quien, en palabras de Buffett, «poseía un valioso activo que estaba sometido a los caprichos de un único y muy competido sector de actividad, y creyó prudente diversificar las propiedades de su familia».

Como pago por sus activos, Buffett ofrece a los vendedores:

[...] *unas acciones respaldadas por un grupo de empresas sobresalientes. Un individuo o una familia que desee disponer de un único y excelente negocio, pero que también desee posponer indefinidamente el pago de impuestos personales, suele valorar las acciones de Berkshire como una propiedad especialmente cómoda.*

El virus se multiplica

Sin embargo, para asegurarse de que se dirijan a él tan sólo los vendedores que disponen del tipo apropiado de empresa, Buffett coloca un anuncio en sus informes anuales para que la gente pueda verificar si su negocio encaja con sus criterios de adquisición. El primero apareció en 1982, y desde entonces ha repetido el ejercicio, variando el texto tan sólo para modificar los requisitos de tamaño.

El original decía así:

Este informe anual es leído por una audiencia diversa, y es posible que algunos miembros de la misma puedan sernos útiles para nuestro programa de adquisiciones. Nosotros preferimos:

1. *Compras importantes (como mínimo cinco millones de dólares de beneficios después de impuestos).*
2. *Capacidad demostrada de generar beneficios de forma sistemática (las previsiones futuras no nos interesan demasiado, ni tampoco las situaciones de cambio radical).*
3. *Empresas que obtengan unos buenos beneficios sobre el capital neto, poco o nada endeudadas.*
4. *Equipo directivo en activo (no podemos suministrarlo).*
5. *Negocios simples (si hay mucha tecnología no los entenderemos).*

Asimismo, Buffett insta a los vendedores potenciales: «Si usted está dirigiendo una empresa grande y rentable que pueda prosperar en el marco de Berkshire, compruebe nuestros criterios de adquisición y llámeme».

Una vez que el virus ha conseguido que se le preste atención, él sabe que habrá suscitado un compromiso psicológico para, como mínimo, tomar en consideración la idea de venderle su negocio. De hecho, del mismo modo que la perpetuación de los compromisos es algo que Buffett evita abiertamente en la gestión de su capital, por otra parte es el tipo de proceso que busca como líder en sus posibles asociaciones futuras. «Si usted no está interesado ahora, archive nuestra propuesta en su memoria», comunica Buffett a su audiencia.

Sus sistemas inmunes están debilitados. Están predispuestos a la infección.

Ahora, después de haberse comprometido con la idea de que como mínimo tendrán presente a Buffett en su mente cuando llegue el momento de vender, cada vez que un vendedor potencial lea una de las cartas de Buffett, se *alimentará* en su interior la tendencia a buscar apoyo a favor de sus conclusiones previas. El virus empezará a multiplicarse, el compromiso aumentará.

Este proceso será alimentado por todas y cada una de las historias de horror relativas a fusiones de empresas que fracasaron debido a un choque de culturas. Se deleitará con las historias de los equipos directivos que han sido expulsados por los nuevos propietarios, con los relatos de activos desaparecidos, autonomías perdidas, compañías desguazadas y legados destruidos.

> *Usted y su familia tienen amigos que han vendido sus empresas a compañías más grandes, y sospecho que sus experiencias confirmarán la tendencia a asumir la gestión de sus filiales, especialmente cuando la compañía madre conoce el sector, o piensa que lo conoce.*

Y así cada año el proceso se alimentará de historias recogidas directamente de las cartas de Warren Buffett dirigidas a sus accionistas.

Allí, los vendedores potenciales encontrarán testimonios repetidos que dan fe del hecho de que la venta de sus empresas no acarrea necesariamente la sensación de estar vendiendo a sus hijos. Él afirma:

> *Usted conoce alguna de nuestras adquisiciones del pasado. Adjunto a continuación una lista de todas las personas a las que en alguna ocasión hemos comprado un negocio. Le invito a que verifique con ellas nuestro comportamiento en comparación con las promesas que les hicimos.*

Es el testimonio de cómo tipos *iguales que ellos,* que se enfrentaron a la misma *incertidumbre,* encontraron una satisfacción duradera a través de la venta de sus negocios a Berkshire Hathaway.

La prueba social que Buffett hace pública y que les anima a la comprobación funciona mejor para influir en la toma de decisiones de otras personas cuando identifican su comportamiento con el de otros individuos relevantes similares, pero sobre todo *en presencia de incertidumbre.* Las personas que vendieron sus empresas a Berkshire en el pasado son similares a las que pueden vender las suyas en el futuro (Buffett ha descrito sus características personales con todo detalle en sus cartas). Y los clientes potenciales aparecen en situaciones de incertidumbre.

El virus coge desprevenido a su sistema inmunitario y toman la decisión de vender su empresa a Buffett.

LAS SIETE SANTAS SE CONVIERTEN
EN LAS SIETE COMPROMETIDAS

Warren es un tipo poco común porque no sólo es buen analista, sino también un buen vendedor y un excelente conocedor de las personas. Ésta es una combinación poco corriente. Si yo tuviera que adquirir a alguien junto a una empresa, tengo la seguridad de que renunciaría al día siguiente, yo malinterpretaría su carácter o alguna otra cosa, o no entendería que realmente no le guste el negocio y que realmente lo quiera vender y se marche. La gente de Warren trabaja al máximo después de que él haya comprado la empresa, y ésa es una característica poco habitual.

Walter Schloss

Aquí tiene lugar la vuelta de tuerca. Cuando estas personas están auténticamente enganchadas desde el punto de vista psicológico, Buffett las somete a una prueba, un examen que deben superar si quieren disfrutar del refugio que está en oferta en Berkshire Hathaway.

La prueba está contenida en esta declaración: «Después de haber cometido algunos errores, aprendí a entrar en nuevos negocios sólo con personas que me gusten, que admire y en quienes confíe».

El contrato de compra que Buffett prepara es del tipo que todo vendedor sabe que está basado exclusivamente en la confianza y en el conocimiento de que Buffett sólo se asocia a ejecutivos que le «encantaría tener como hermanos, familiares políticos o administradores de confianza».

Cialdini afirma que uno de los modos como los compromisos influyen en nuestra conducta es que a la gente le gusta y cree en aquello que tiene que esforzarse para conseguirlo. Así pues, las pruebas de iniciación, frecuentes en toda cultura humana, ayudan a garantizar la fidelidad y dedicación duraderas de aquellos que pasaron por ellas. Cuanto más dura sea la prueba, mayor será su eficacia.

Trasládese ahora a Berkshire Hathaway, el más exclusivo de los clubes. Para entrar en el mismo, los vendedores tienen que mirar a fondo en su interior; tienen que reafirmar su motivación intrínseca de actuar como propietarios; tienen que afirmar su voluntad de actuar de este modo en el interior de otra organización; tienen que confirmar su semejanza con aquellos a quienes Buffett ya ha bendecido. Para superar el test, tienen que estar hechos de la «pasta» adecuada, y saben que Warren Buffett también sabe, o bien descubrirá con toda seguridad, si ellos son o no son así. Buffett dice:

No deseamos unirnos a directivos que carezcan de cualidades dignas de admiración, independientemente de lo atractivas que sean las perspectivas de su empresa. Nunca nos ha salido bien un acuerdo adecuado con la persona inapropiada.

De ahí que si Buffett decide asociarse a un directivo, esas características en base a las cuales él selecciona se reafirman enormemente por lo que viene a ser una bendición personal de un semidiós de las finanzas.

«Tengo amigos que desean que Warren Buffett vaya a hablar con ellos, que desean dirigir sus negocios muy bien para que él se interese por sus compañías», afirma Randy Watson, de Justin Brands.

«Me encanta estar asociado con él», comenta Bill Child, de R. C. Willey. «Trabajar para él es como hacer hoyo de un solo golpe, o como lograr que un sueño se convierta en realidad. Es una especie de punto culminante de una maravillosa carrera en el mundo de los negocios. Warren es un gran héroe para mí.»

«Me gustaría expresar mi reconocimiento a todos aquellos que han contribuido al desarrollo de nuestra compañía a lo largo de los últimos sesenta y un años», escribía Seymour Lichtenstein, director general de Garan, tras ser adquirida por Buffett en 2002. «Es realmente un reconocimiento a su esfuerzo que Warren Buffett y Berkshire Hathaway hayan decidido realizar esta inversión.»

Gerentes como éste no expresarían tales sentimientos si Buffett fuera el seleccionador de acciones frío, como a veces se le retrata. Solamente el Buffett que es líder afable, leal e imparcial los atraería a su compañía. Cuando llegan allí, los gerentes de este tipo ya no pueden ser denominados los siete santos; quieren vender urgentemente sus negocios a Warren Buffett. Están enormemente interesados en quedarse como directivos y reportarle. Han sido sometidos a una prueba de personalidad. De ahora en adelante, estas personas deberían ser conocidas como *los comprometidos*.

La recompensa de los comprometidos

Chuck lo hace mejor cada año que pasa. Cuando se hizo cargo de See's, con cuarenta y seis años, el beneficio antes de impuestos de la compañía equivalía al diez por ciento de su edad expresado en millones. Actualmente tiene setenta y cuatro años y el ratio ha aumentado hasta el cien por

cien. Tras haber descubierto esta relación matemática —llamémosla Ley de
Huggins— Charlie y yo nos mareamos sólo de pensar en el cumpleaños
de Chuck.

Warren Buffett

La tarea de dirección de Buffett se facilita mucho para sus ritos ini-
ciáticos.

La recompensa del proceso de selección de Buffett es que la excelencia
que él identificó en los directivos que desea al mando de sus empresas permanece y *aumenta* tras la adquisición. Si su compromiso ya era actuar como
propietarios antes de que él les diera su bendición, luego actúan aún más
como propietarios. De ahí en adelante, la definición de sus cualidades personales y gerenciales que les franqueó la entrada en Berkshire (normalmente)
como propietarios, es la que se esfuerzan por cumplir por encima de todo
para permanecer coherentes cuando entran en Berkshire como gerentes.

«El gerente de una empresa dirigida con firmeza suele seguir encon-
trando nuevos métodos para recortar los costes, incluso cuando éstos están
siempre por debajo de los de sus competidores», afirma Buffett, identifican-
do el modo como crece el compromiso personal que está buscando. Sus
directivos, ya comprometidos a dirigir de forma organizada y efectiva, buscan y descubren permanentemente razones que respaldan su filosofía, pasando por alto la tentación de añadir costes que se acumulan alrededor de
otros que no comparten esta mentalidad. Esto deja a las compañías de Buffett como los proveedores de costes bajos en sus respectivos mercados.

Igualmente, y con referencia al imperativo institucional, Buffett dice:
«Charlie y yo hemos intentado concentrar nuestras inversiones en compañías que parecen estar alertadas del problema». Sabiendo esto, Buffett
puede contar con que el compromiso de que sus gerentes actúen como
propietarios se mantenga y se refuerce.

Un ejemplo que resume los tipos de personas con los que Buffett se
asocia será suficiente. En R. C. Willey, una de las empresas de tiendas de
mobiliario de Berkshire, el director general Bill Childs seguía la política
de cerrar sus tiendas los domingos por razones religiosas y deseaba mantener esta política en una región en la que la compañía no había operado
previamente. Buffett se mostró escéptico respecto a que un nuevo establecimiento pudiera funcionar frente a rivales bien arraigados que sí
abrían los domingos. Sin embargo, de acuerdo con la libertad que concede a sus gerentes, dijo a Childs que siguiera su propio criterio.

«Bill se empeñó entonces en una propuesta verdaderamente extraordinaria», afirma Buffett. Compraría él mismo el terreno y construiría la tienda (con un coste de alrededor de nueve millones de dólares), la vendería a Berkshire a precio de coste si demostraba tener éxito, pero liquidaría el negocio a su costa, en caso contrario.

La tienda se abrió, fue un enorme éxito y Berkshire le extendió un cheque por el valor de coste. Buffett añade:

> *Y fíjense en esto: Bill rehusó quedarse con ni siquiera un centavo de interés sobre el capital que había inmovilizado durante dos años. Si un gerente se ha comportado de forma similar en alguna otra corporación, yo no he oído hablar de ello.*

Un subproducto del cuidadoso proceso inicial de selección que incorpora a personas como Bill Childs «es la capacidad que nos ofrece para extender con facilidad las actividades de Berkshire». Buffett expone:

> *Hemos leído tratados de dirección y gestión empresarial que especifican con exactitud el número de personas que deberían reportar a un determinado ejecutivo, pero esto tiene poco sentido para nosotros. Cuando dispones de directivos competentes con gran personalidad que dirigen empresas por las que sienten pasión, te pueden reportar una docena o más de ellos y aún te quedará tiempo para echar una siesta por la tarde. A la inversa, si tienes un subordinado que es falso, inepto o indiferente te encontrarás con más trabajo del que puedas manejar. Charlie y yo podríamos trabajar con el doble de los directivos que tenemos actualmente, siempre y cuando posean las excepcionales cualidades de los actuales.*

EL REMATE

> *Tenemos filtros… realmente podemos decir no en unos diez segundos a más del noventa por ciento de las cosas que surgen, sencillamente porque tenemos esos filtros.*
>
> Warren Buffett

Todavía queda un asunto inconcluso al que prestar atención antes de que estos beneficios psíquicos comiencen a llegar a Berkshire. Se trata del precio al que finalmente se alcanza el acuerdo. Buffett comenta:

Lo triste es que la mayoría de las adquisiciones importantes muestran un enorme desequilibrio. Son beneficiosas para los accionistas de la empresa adquirida; aumentan los ingresos y el estatus del equipo de dirección de la empresa adquirente, y son un «caramelo» para los agentes de inversiones y otros profesionales de ambos bandos. Pero, lamentablemente, suelen reducir el patrimonio de los accionistas de la empresa adquirente, a menudo de forma sustancial. Esto ocurre porque el adquirente suele ceder más valor intrínseco del que recibe.

Esto es así a causa del imperativo institucional, que comunica a las direcciones de las empresas que deben crecer, lo que puede significar que *necesitan* efectuar adquisiciones. Esto les inclina a pagar más de lo debido: es un mercado de vendedores y el precio que reciben es, en realidad, injusto.

Para servir a los intereses de los accionistas de Berkshire, Buffett no puede permitir que suceda esto en sus adquisiciones. Por tanto, restablece el equilibrio de manera que el precio pagado sea justo para *amba*s partes. Por tanto, extrae la dinámica institucional de su parte del proceso, dejando la única dinámica en juego en el lado del vendedor.

Anteriormente omití dos aspectos que Buffett incluye en su anuncio de los informes anuales. Estos son: 1) que prefiere ver «un precio de oferta (no queremos perder nuestro tiempo ni el del vendedor hablando, aunque sea preliminarmente, acerca de una transacción de la que se desconoce el precio)» y 2) que promete «una respuesta muy rápida al posible interés, normalmente al cabo de cinco minutos».

Son estos dos nuevos puntos los que restauran el equilibrio.

Cuando Buffett se compromete a una transacción se asegura de que tenga una base racional. La especificación en el anuncio de que desea de inmediato un precio de oferta restringe cualquier dinámica adicional hacia un compromiso que pudiera concebirse en dicho momento. Cuando el teléfono suena, él suele *conocer* la situación económica del negocio en cuestión (ha analizado previamente a todas las compañías que encajan con sus criterios de adquisición). Sabe que se tata de una empresa que está siendo dirigida por personas que actúan como propietarios (ha comprobado su historial de asignación de capital y su reputación). Sabe que ellos han contraído el virus, que son los comprometidos y que traerán a bordo todo lo que este término implica. Y no quiere verse involucrado en ningún procedimiento de auditoría de compra (*due diligence*) que no sea el que él ya la llevado a cabo.

Una vez se ha adquirido un compromiso, la auditoría de compra provoca el enorme desequilibrio que se pone de manifiesto en la mayoría de las adquisiciones. Buffett afirma:

> *La idea de auditoría de compra que hay en la mayoría de las compañías consiste en enviar a los abogados, hacer que venga un grupo agentes de inversiones y hacer presentaciones y cosas similares. Y yo considero que esto distrae terriblemente, porque el consejo se sienta allí hechizado por todo eso, por todo el mundo que dice lo maravilloso que es esto y cómo han verificado todas las patentes. Si, sin embargo, el afán de tamaño y de acción es lo bastante intenso, el gerente de la empresa adquirente encontrará numerosos argumentos para una adquisición destructora de valor.*

El carácter implacable de «la primera conclusión es la que vale» de esta dinámica ha sido perfectamente ilustrada por Stuart Okamp, quien llevó a cabo un experimento con un grupo de psicólogos clínicos utilizando datos de un caso real. El historial del paciente se reunió en informaciones cronológicas que se presentaron a los expertos en cuatro etapas sucesivas. Después de la primera etapa, los jueces hicieron su diagnóstico clínico inicial. Después de cada sucesiva etapa de *due diligence* se les daba la oportunidad de revisar su diagnóstico. Oskamp descubrió, sin embargo, que cuanta más información se les daba, el número de respuestas modificadas disminuía de forma notable y significativa.

«Este descubrimiento», afirma, «indica que los expertos suelen llegar con frecuencia a conclusiones estereotipadas bastante firmes a partir de la primera información fragmentaria recibida, y luego son reacios a modificar sus conclusiones a medida que reciben nueva información».

Al mismo tiempo, Oskamp midió el grado de confianza que cada psicólogo tenía con su diagnóstico en cada fase del proceso. Descubrió que a medida que se revelaba una nueva capa de información sobre el paciente, estos profesionales se *convencían* de que entendían el caso cada vez mejor. De hecho, el grado de confianza aumentó hasta tal punto que eclipsó al aumento del grado de precisión de sus diagnósticos: «La fase final de información parece haber servido básicamente para confirmar las impresiones previas de los expertos, en lugar de provocar la renovación de la imagen global que tenían de la personalidad del paciente».

Igualmente, «quitar la piel de la cebolla» de una empresa objetivo de adquisición suele servir sólo para reforzar una compromiso previamente adquirido. Para eso sirve el concepto de *due diligence* en la mayoría de las empresas. Con frecuencia, como observa Buffett, la gente «se mete en ella para protegerse. Muy a menudo lo hacen como muleta, sólo para seguir las fases de un acuerdo al que quieren llegar de todas maneras».

Y por supuesto, a medida que los actores de reparto de esta dinámica vislumbran el argumento, revisan su parte del guión en consecuencia y la totalidad del grupo se polariza más en la dirección de interpretar la trama. Buffett comenta: «Si el director general está suspirando visiblemente por una futura adquisición, los subordinados y consultores ofrecerán las previsiones obligadas que racionalicen cualquier precio». Es decir, «tanto su personal interno como sus asesores externos le propondrán las previsiones que hagan falta para justificar su postura. Sólo en los cuentos de hadas se dice a los reyes que están desnudos». Es por eso que, según Buffett, «aunque los acuerdos a menudo fracasan en la práctica, nunca fracasan en previsiones».

A diferencia de la situación anterior, cuando se le presenta a Buffett una oportunidad de adquisición, no tiene por costumbre buscar asesoramiento externo sobre lo acertado de la adquisición. «No pidas al peluquero si necesitas un corte de pelo», explica.

Así pues, Buffett no está expuesto a dinámica alguna en el proceso de adquisición. Como comprador, no tiene ningún plan, *pero los vendedores sí lo tienen*. Él no ha adquirido ningún compromiso; *ellos sí*. Las únicas dinámicas institucionales en juego se encuentran al otro lado de la valla. Por tanto, el equilibrio está en camino de ser restablecido.

Hablemos ahora de un último empujón por parte del virus. La promesa de Buffett de responder a una oferta normalmente en tan sólo cinco minutos es su versión de «la oferta debe tener fecha caducidad». Invoca la noción de escasez, y nuestro sistema de conexiones mentales se ha desarrollado para decirnos que algo difícil de poseer es generalmente mejor que algo fácil de poseer. Por tanto, tenemos una heurística que nos permite juzgar muy rápidamente la calidad de un artículo a través de su grado de disponibilidad.

Si a Buffett y a Munger no les gusta el precio, independientemente de «lo atractivo» que sea el negocio, rechazarán el trato. Puerta cerrada. La oferta no se considerará de nuevo. Como afirma Barnett Helzberg, de la tienda de diamantes que ahora es propiedad de Berkshire: «Básicamente, el modo de negociar con Warren Buffett es que tú no negocias. Él te dice cuál es el trato y ése es el trato». Por tanto, como vendedor, o ajustas el negocio al precio correcto, o te puedes ir olvidando de venderlo a Berkshire Hathaway.

Entonces el precio se va acercando a uno que sea justo. No obstante, en este punto el equilibrio es frágil, porque el precio tiene que ser justo para ambas partes. Actuando desde una posición de fuerza (porque él lo ha hecho así), Buffett no puede permitirse hundir el precio. Él ha diseñado su procedimiento de adquisición para que supere la causa principal de fracaso de la mayoría de las adquisiciones: la incapacidad de suscitar la complicidad y fidelidad de los activos humanos en la transacción. Cuando remedia el segundo gran defecto de las adquisiciones corporativas, el precio pagado, no desea echar por tierra el buen trabajo realizado ofendiendo a las mismas personas que forman parte integral de la franquicia que está comprando. De ese modo no funcionaría. La gente que se une a Berkshire Hathaway tiene que sentirse a gusto con todo el proceso. Por tanto, relaja la disciplina estricta con respecto al precio, por la cual es famoso en sus transacciones en el mercado bursátil. «Me acostumbré a fijarme demasiado en el precio», comenta Buffett: «Solíamos celebrar reuniones de oración antes de subir la oferta un octavo, y eso era un error».

En este nuevo rumbo está siendo ayudado por la ventaja que el nuevo código fiscal ofrece a la propiedad completa frente a la fraccionaria. Observa:

> Cuando una de las empresas que poseemos en su totalidad gana un millón de dólares después de impuestos y se canaliza esta cantidad a Berkshire, no debemos pagar impuestos sobre el dividendo. Y si las ganancias se retienen y fuéramos a vender la filial —lo que no es probable en Berkshire— por un millón de dólares más de lo que pagamos por ella, no deberíamos pagar impuesto sobre las ganancias de capital. Esto se debe a que nuestro coste impositivo sobre la venta incluiría tanto lo que pagamos por la empresa como todas las ganancias que se hayan retenido posteriormente.

A diferencia de lo anterior, si Berkshire obtuviera un millón de dólares de ganancias a través de una inversión realizada en el mercado de valores, en el momento del reparto de las mismas estaría sujeta a unos impuestos estatales y federales de alrededor de 140.000 dólares. Si, por otra parte, esos beneficios fueran retenidos por la compañía en la que se ha invertido y fueran captados posteriormente por Berkshire como ganancia de capital, estarían sujetos entonces a «no menos de 350.000 dólares en concepto de impuestos, dependiendo de la tasa impositiva de ganancias de capital de Berkshire (que oscila entre el 35% y el 40%)».

Así pues, sobre la base de después de impuestos, los mismos flujos de caja son sustancialmente más valiosos para Berkshire si posee la empresa (más del ochenta por ciento de ella, desde un punto de vista técnico) que si invierte en su capital en forma de participación minoritaria. Esto es útil cuando se decide si se discute por algo sin importancia, como un octavo.

No obstante, cuando Buffett enumeraba aquellas tres cualidades que busca en una adquisición (entrar en un empresa con una buena situación económica básica, comprarla a gente en la que pueda confiar, y el precio a pagar), añadía: «no pensaría sólo en el precio sin tener también en cuenta las dos primeras». Para atraer a las *personas adecuadas* a Berkshire Hathaway, junto a las *empresas apropiadas*, no puede permitírselo.

Así que al candidato de la adquisición perfecta se le permite avanzar y asumir su posición en un hogar perfecto.

Las probabilidades de que la adquisición siga funcionando de la misma forma que atrajo en primer lugar a Buffett han aumentado considerablemente. A corto plazo, ha eliminado la persistente incertidumbre que hace naufragar la mayoría de los esfuerzos de integración. Allí donde esto no se aborda, la motivación se debilita y el nuevo entrante en la organización se desanima. A largo plazo, Buffett ha fomentado la compra de su concepto de actuar como propietario en personas que solían actuar antes de este modo, pero que actuarán decididamente en el futuro de esta manera para seguir siendo fieles al compromiso personal que han adquirido de actuar así.

Para observar esta «compra» en acción, pasemos a considerar la gestión de las empresas aseguradoras de Buffett; nos ilustrarán acerca de cómo pone en práctica los principios de dirección y gestión a los que él aspira y servirán, por ejemplo, para mostrar cómo Buffett influye en el comportamiento de aquellos cuyas actividades no supervisa de forma cotidiana.

5

Seguros: el banco de Warren Buffett

Los seguros pueden ser un excelente negocio que suelen exagerar, hasta un nivel poco corriente, el talento para la dirección y la gestión que pueda tener el ser humano —o la falta del mismo.

Warren Buffett

En un mundo incierto, los que sobrevivieron tenían su radar emocional —llámesele instinto, si se quiere— encendido. Y la gente de la Edad de Piedra, que estaba a merced de salvajes predadores o inminentes desastres naturales, confiaban en su instinto por encima de todo. Por tanto, para los seres humanos, al igual que para cualquier otro animal, las emociones son el primer filtro de toda la información recibida.

Nigel Nicholson

Actualmente, alrededor del ochenta por ciento de las ganancias de Berkshire Hathaway proceden del sector asegurador. Evidentemente, Warren Buffett ha hecho de este negocio el núcleo de sus operaciones. Sin embargo, uno se pregunta la razón. Buffett dice lo siguiente:

Las compañías de seguros ofrecen pólizas estandarizadas que pueden ser copiadas por cualquiera. Sus únicos productos son promesas. No es difícil obtener la autorización, y las tarifas son un libro abierto. La marca, las patentes, la localización, la antigüedad corporativa, las fuentes de materias primas, etcétera, no constituyen una ventaja importante y la

127

diferenciación para el cliente es muy escasa para producir el aislamiento de la competencia.

Por tanto, está «maldecido por una serie de características económicas poco prometedoras que conducen a un deprimente panorama general a largo plazo: cientos de competidores, facilidad de entrada, y un producto que no puede diferenciarse de forma significativa». En conclusión, la situación económica del sector «es casi seguro que carecerá de interés», aunque «también es posible que sea desastrosa».

La sombría descripción de los fundamentos del sector no parece cuadrar con la proclama de Buffett de que «entre todos los negocios excelentes» que Berkshire posee, sus empresas del campo asegurador son las que tienen el «máximo potencial». No obstante, él puede hacer esta afirmación porque sus compañías de seguros están gestionadas de una forma completamente distinta.

Para Warren Buffett hay tres aspectos favorables en el ámbito del seguro que le permiten prosperar allí donde otros no lo consiguen. El primero es la presencia de reservas, o la suma de dinero que una compañía de seguros obtiene para invertir, en el período que media entre los cobros de las primas por parte de los asegurados y los pagos en concepto de siniestros. Todos los ingresos generados por encima del coste de estas últimas van a parar directamente a los accionistas de la empresa aseguradora.

El segundo aspecto es que, como dice Buffett, «los canales de distribución no son de dominio exclusivo y se puede entrar fácilmente en ellos y, por tanto, un pequeño volumen de facturación este año no impide que se produzca uno enorme el año próximo». Esto quiere decir que cuando el precio es atractivo en el sector, aquellos que tienen capital para invertir pueden hacer enormes cantidades de seguros con mucha rapidez.

Ninguno de estos dos aspectos es patrimonio exclusivo de las compañías aseguradoras de Warren Buffett, están a disposición de todo el mundo. Pero la existencia del tercer factor significa que, abrumadoramente, son del dominio exclusivo de Berkshire Hathaway: los seguros son un negocio conductual, caracterizado como ningún otro por defectos de comportamiento.

Aunque la lógica indicaría que todos los esfuerzos deberían dirigirse a generar reservas al coste más bajo posible, dado que sólo bajo esta forma se convierte en recurso y sólo bajo esta forma puede superar las desventajas básicas de este sector, el miedo a comportarse de forma coherente con lo anterior —alejarse del negocio de suscripción de pólizas cuando los precios son bajos y no hacer nada a cambio— es mucho más de lo que la mayoría puede afrontar. ¿Cuál es la razón de que no lo hagan? ¿Cuál es la razón de que vayan a la caza y captura de precios bajos y den lugar a las sombrías características del sector que Buffett describe, destruyendo capital a lo largo del proceso?

Sin embargo, más les vale comportarse de este modo. En el momento en que la capacidad del sector escasea —cuando se ha destruido tanto capital por el aberrante comportamiento de los participantes que éstos ya no pueden abordar suficiente negocio para satisfacer la demanda— es cuando lo precios mejoran. Y entonces es cuando su ilimitado sistema de distribución se convierte en un activo del máximo valor para Warren Buffett, un hombre que ha sido capaz de ser fiel a la lógica, que no suele ser propenso al miedo que domina el campo de los seguros y que entonces se planta en el mercado para asignar tanto capital a este sector como le es posible.

CARBURANTE PARA EL COHETE

Mi instinto me decía que en comparación con el sector industrial que conocía, este tipo de negocio [GE Capital] parecía un medio más fácil de ganar dinero. No se tenían que hacer grandes inversiones, construir fábricas, ni curvar metal un día tras otro. Tampoco se debía crecer para poder ser competitivo. Este negocio sólo tenía que ver con el capital intelectual.

Jack Welch

La incursión inicial de Warren Buffett en el sector asegurador se produjo con la adquisición en 1967 de dos compañías de ámbito local, National Indemnity Co. y National Fire and Marine, especializadas ambas en los seguros contra riesgos «catastróficos de la naturaleza». Hasta hoy, la suscripción de las denominadas pólizas de grandes catástrofes sigue siendo el área principal de especialización de Berkshire Hathaway.

Cuando se enfrentan a responsabilidades potencialmente grandes como, por ejemplo, los seguros frente a daños por terremotos, a las compañías de seguros les suele gustar traspasar parte del riesgo a otras empresas del sector —Berkshire Hathaway una de ellas— que aceptan el pago de reclamaciones por siniestros por encima de una cantidad previamente especificada. Esta modalidad se conoce como reaseguro. En ocasiones es el reasegurador quien desea comprar seguros contra grandes catástrofes. Ahí es donde entra Warren Buffett.

National Indemnity es actualmente la compañía de Estados Unidos más importante en el ámbito de suscripción de pólizas de seguros contra grandes catástrofes, y es parte esencial de la participación de Berkshire en este negocio. Por otra parte, Buffett nunca ha olvidado su introducción en el sector de seguros, una mañana de sábado de 1951, por mediación del agente de inversiones de GEICO, Lorimar Davidson. GEICO suscribía pólizas de seguro de automóviles y su presidente, Ben Graham, era el héroe de Buffett, de ahí su visita. GEICO fue al principio un valor importante de la cartera personal de Buffett, luego una inversión de Berkshire Hathaway y, finalmente, en 1996, una filial propiedad de dicha compañía. Actualmente es la séptima compañía aseguradora más importante de Estados Unidos y la décimo octava del mundo.

En 1998 Buffett duplicó el volumen de reservas con la adquisición de General Re, cuyas actividades se concentraban en el campo del reaseguro.

Existe la sensación de que el sector asegurador le viene como anillo al dedo a Buffett. Su cerebro calculador y el hecho de que «automáticamente piensa en términos de árboles de decisión y de matemática elemental de permutaciones y combinaciones», hacen de él un asegurador natural del riesgo. No obstante, no es en el cálculo actuarial del precio del riesgo donde reside la ventaja competitiva de Warren Buffett. Sentado en un cuarto oscuro, y preguntado por el cálculo del precio apropiado de un riesgo determinado, Buffett no lo haría sustancialmente mejor que cualquier otro asegurador competente del sector (aunque posiblemente sí sería el más rápido en dar una respuesta). Aparte de Ajit Jain, un caso especial del que hablaremos en el capítulo 9, no lo haría ninguno de los aseguradores que emplea.

Sin embargo, la realidad es que los aseguradores no ejercen su profesión en cuartos oscuros. Los precios no se fijan en un recinto aislado sino en la algarabía del mercado que favorece poco la concentración. Están sujetos a las debilidades de nuestro aparato cognitivo. Y de *aquí* es de donde procede la ventaja competitiva de Buffett: el capital intelectual que le hace destacar.

Capacidad a la velocidad del pensamiento

Cuando Warren Buffett mide la rentabilidad de una compañía de seguros, compara sus pérdidas por siniestralidad con el volumen de sus reservas de liquidez. Este ratio, considerado a lo largo de una serie de años, ofrece una indicación de los costes de los fondos generados por las compañías de seguros. «Un coste de los fondos bajo significa que el negocio es bueno; un coste elevado se traduce en un negocio poco atractivo.»

Si una compañía de seguros puede mantener unos elevados estándares en sus prácticas aseguradoras, puede generar sistemáticamente capital a bajo coste, que puede invertir en otra actividad diferente. En realidad, si actúa así se le está proporcionando acceso permanente a un préstamo a bajo coste. Ésta es exactamente la estrategia que sigue Buffett: tomar prestado muy barato (a cambio de nada, si es posible) y hacer crecer el volumen de los fondos prestados (en su caso) a una tasa de crecimiento anual acumulativo del 25,4%.

Éste es el banco de Warren Buffett, la fortaleza en la que reside su capital, la posición de fuerza desde la cual él lo asigna, no sólo al sector asegurador sino a otros negocios, y el laboratorio del alquimista en el que lo transforma de bajo coste a alto rendimiento.

No es un banco que esté a disposición de todos, sin embargo. Las características del sector se encargan de ello.

En sectores que ofrecen productos o servicios *commodity*, como el asegurador, hay un factor que destaca por encima de los demás que destruye la rentabilidad: una capacidad excesiva. Y la capacidad del sector de los seguros es de una naturaleza especial, con un componente conductual que lo diferencia de cualquier otro tipo de negocio.

«En la mayor parte de los sectores de actividad, la capacidad se describe en términos físicos», afirma Buffett.

En el mundo de los seguros, sin embargo, la capacidad suele describirse en términos económicos, es decir, se considera apropiado que una compañía no asegure más de X dólares si tiene Y dólares de capital neto. En la práctica, sin embargo, las restricciones de este tipo han demostrado ser ineficaces. Los reguladores y los agentes de seguros tardan en disciplinar a las compañías que fuerzan al límite sus recursos. También consiente que las compañías exageren cuál es su verdadero capital. De ahí que una compañía pueda asegurar una gran cantidad de negocio con muy poco capital si está incli-

nada a ello. Por tanto, el nivel de capacidad del sector en un momento determinado depende en el fondo del estado mental de los gerentes de las compañías de seguros [énfasis añadido].

«La capacidad», dice Buffett, «es un concepto actitudinal, no una realidad física». En el sector asegurador, la capacidad se crea a la velocidad del pensamiento.

Podría decirse que el sector está condenado a la mediocridad: el concepto actitudinal al que Buffett se refiere está condicionado en los seres humanos por emociones y sesgos cognitivos que garantizan, en el sector asegurador como en ningún otro, que la capacidad se cree sobre la base del temor y no de la lógica económica.

LÓGICA SOLITARIA

Estamos convencidos de que es cierto que casi ningún asegurador importante de seguros generales —a pesar de las protestas de todo el sector de que las tarifas son inadecuadas y de que se debería ejercer una gran selectividad— se ha mostrado dispuesto a rechazar negocio hasta el momento en que el flujo de caja ha sido significativamente negativo.

Warren Buffett

En Berkshire nunca suscribiremos pólizas a sabiendas de que incluyen promesas que no podamos cumplir.

Warren Buffett

Buffett dice que hay:

[…] tres normas básicas que cumplir en la dirección de una compañía de seguros:

1. *Aceptar sólo los riesgos que usted sea capaz de evaluar de forma apropiada… y limitarse a asegurar negocios que, después de una evaluación de los factores relevantes, incluyendo remotos escenarios de pérdidas, conlleven la expectativa de beneficio.*
2. *Limitar el negocio aceptado de forma que le garantice que no sufrirá acumulación de pérdidas a partir de un solo acontecimiento o de acontecimientos relacionados que amenacen su solvencia.*
3. *Evitar los negocios que conlleven un riesgo moral: independientemente de la tarifa, usted no puede suscribir buenos contratos con malas*

personas. Aunque la mayoría de los asegurados y clientes son personas
honradas y éticas, hacer negocio con las escasas excepciones a la regla
suele salir caro.

Guiado por estos principios, Buffett comunicó a sus accionistas, en
1989, que las empresas aseguradoras de Berkshire estarían «perfectamente
dispuestas a asegurar un negocio cinco veces mayor que el de 1988 —o
bien solamente una quinta parte, como mucho—». Nada ha cambiado
desde entonces. «No podemos controlar los precios del mercado», dice
Buffett. «Si no son satisfactorios, simplemente hacemos muy poco negocio. Ninguna otra empresa aseguradora importante actúa con la misma
moderación.»

En el sector *commodity* que es el seguro, Warren Buffett se distingue
por su «total indiferencia al volumen». Esto es lógico. Si este negocio
tiene que actuar como su banco, lo primero que debe hacer es proteger
su capital y generarlo a bajo coste. Esto no puede lograrse aceptando
negocios a cualquier precio: se tiene que poseer la determinación mental
para rechazarlos cuando el precio no es el apropiado.

Ojalá esto fuera fácil, pero la cesión de negocio a la competencia
(aunque sea poco rentable) es algo que no se produce de forma natural.
Incluso Buffett tiene que aprestarse para la lucha contra la parte de la
naturaleza humana que valora más algo que está bajo la amenaza de que
alguien nos lo quite. Buffett comenta:

> *A medida que los mercados aflojan y las tarifas llegan a niveles inapro-*
> *piados, nos enfrentaremos de nuevo al reto de aceptar filosóficamente un*
> *volumen reducido. Se necesitará una disciplina de dirección y gestión poco*
> *común, ya que es contrario al comportamiento institucional normal dejar*
> *que otro tipo se lleve el negocio, incluso a un precio insensato* [énfasis
> añadido].

La dinámica institucional en juego está aquí mediada por la reactan-
cia psicológica, o lo que Charlie Munger denomina «síndrome de reacción desmesurada a la privación». Ésta es la sensación que se tiene, en
palabras de Charlie: «A) cuando te quitan algo que te gusta y B) cuando
casi tienes algo que te gusta y "lo pierdes"». De todas formas, afirma
Charlie, el resultado es una emoción «poderosa, subconsciente, automática», que «distorsiona la cognición». Lo hace a través de que se desee más.

Se trata de una sensación extremadamente difícil de soportar. El mismo instinto que empuja a un niño de dos años a ir tras un juguete que le han arrebatado obliga a las empresas a aferrarse o a luchar por el negocio que está a su alcance. Y la mayoría lo hace.

En el caso de los adultos, esta sensación suele estar mediada por justificaciones que hacen aparecer al artículo en cuestión más valioso de lo que era anteriormente. Una de ellas se crea por la noción de que escasea. La mayoría de las compañías de seguros tienen miedo de pasar el negocio a otro, afirma Buffett, por temor de no recuperarlo nunca. Se imaginan que su cuota de mercado es un recurso escaso, y los seres humanos siempre dan más valor a los artículos que son difíciles de conseguir que a otros que se dan en abundancia. Además, se ha demostrado en experimentos sobre este tema que valoramos *al máximo* los artículos escasos cuando tenemos que competir por ellos; la misma emoción que Buffett ha advertido que está en juego cuando una compañía considera la posibilidad de que «otro tipo le quite su negocio».

Como hay pocas compañías dispuestas a dejar escapar el negocio, el resultado suele ser la sobrecapacidad —el precio se deteriora y la rentabilidad sigue su ejemplo (con un desfase temporal que depende de la naturaleza de las pólizas suscritas)—. El problema es que a medida que la rentabilidad se deteriora, las empresas más frágiles del sector se sienten tentadas de remendar provisionalmente el agujero cada vez mayor de sus negocios suscribiendo *más* pólizas a tarifas inadecuadas tan sólo para tener liquidez *hoy*. Es exclusivamente la naturaleza humana la que les hace actuar así. La suscripción de pólizas de seguro es un ejercicio de disciplina temporal. En teoría, las compañías de seguros deberían sentirse satisfechas de renunciar al pequeño premio inicial de la prima, se establezca como se establezca ésta, y dar preferencia a la gran recompensa posterior que adopta la forma de un beneficio procedente de un riesgo cuyo precio ha sido bien determinado. Así es como se genera la reserva de liquidez de bajo coste.

En la práctica, del mismo modo que muchos de nosotros decidimos antes de cenar saltarnos el postre (un pequeño premio inicial) con el objetivo de perder peso (un gran premio posterior), y sucumbimos a la tentación cuando el camarero nos trae la carta de postres, a veces nos parece que cualquier negocio es bueno siempre que aporte liquidez en el día de hoy (mañana, cuando vengan los siniestros ya se valdrá por sí mismo).

Buffett lamenta que se establezca el precio de la prima de los productos de seguro por debajo del valor necesario que refleje los costes de las pérdidas esperadas, ya que admite que «en un negocio que vende un producto *commodity*, es imposible ser mucho más listo que tu competidor más tonto». Así es como empiezan a surgir realmente las pérdidas en el sector, y afirma Buffett: «se han manifestado en el pasado algunos aspectos poco atractivos de la naturaleza humana cuando esto ha sucedido».

Al percibir las dificultades, algunas compañías sucumben a la *get evenitis*[4] de Shefrin y suben la apuesta. En otras palabras, asumen aún más riesgo con la esperanza de llegar a un punto de equilibrio, sin pérdidas; «la lucha por hacer negocio cuando las pérdidas de los seguros alcanzan niveles de récord es probable que les haga redoblar sus esfuerzos en dichos momentos», observa Buffett. «Estas compañías», prosigue, «esperan tener suerte de algún modo en la próxima ronda de negocio y así cubrir déficit anteriores», lo que exacerba aún más los problemas del sector.

Sin embargo, en el marco de un proceso auto-corrector, el aberrante comportamiento descrito más arriba erosiona al final el capital del sector hasta que ya no puede proporcionar suficiente cobertura para satisfacer la demanda. A medida que se va restringiendo la capacidad del sector, el precio mejora, ofreciendo la posibilidad de volver a niveles coherentes con la obtención de beneficios.

No obstante, las flores que florezcan en este desierto pueden tener una vida muy corta. Buffett afirma:

> *Cuando la sobrecapacidad finalmente se corrige a sí misma, el rebote a la prosperidad suele producir un entusiasmo generalizado por la expansión que, al cabo de pocos años, crea de nuevo un exceso de capacidad y un nuevo entorno donde los beneficios están ausentes.*

Éste es un ciclo de conducta que, aunque no es tan predecible como la migración de animales salvajes, desde luego es igual de periódico. Al igual que los animales migratorios, las compañías de seguros se mueven en manada, es más seguro así.

Es el anonimato de la multitud lo que permite a las compañías de seguros unirse en la fase de recesión del ciclo económico (incluso aque-

---

4. *get evenitis:* idea de que la gente no renuncia e intenta compensar las pérdidas de una determinada inversión antes de salir de ella.

llas que se dan cuenta de que se están engañando a sí mismas al atribuir un valor más elevado al negocio de lo que realmente merece ante la amenaza de que se lo quiten). Esta conducta instintiva —instintiva porque tiene sentido desde un punto de vista evolutivo, aunque no es lógica desde una perspectiva económica— es más potente cuando:

- Las percepciones de capacidad de las demás empresas son importantes (sobre lo cual Buffett, convenientemente, no se preocupa: «Yo tengo un marcador interno. Si hago algo que no gusta a los demás, pero yo me siento a gusto con ello, estoy contento. Si los demás elogian algo que he hecho, pero yo no me siento satisfecho, no estoy contento»).
- La disposición a reconocer errores de criterio es un factor para las demás empresas (y da la casualidad de que es la actitud contraria de Buffett hacia los descuidos: «Por supuesto, es necesario profundizar en nuestra historia para encontrar ejemplos de errores, a veces a un nivel tan profundo como dos o tres meses atrás»).
- La disposición a asumir un riesgo está modificada por la perspectiva de parecer estúpido si la decisión va en contra de uno (lo cual Buffett, contrariamente a lo esperable, está satisfecho de asumir: «Charlie y yo estamos dispuestos a pasar por tontos siempre que nosotros pensemos que no hemos actuado tontamente»).

Así pues, actuar en manada no es un tipo de comportamiento en el que Warren Buffett busque cobijo; no siente esta necesidad; no ajusta su comportamiento al de los demás. La falta de apoyos no le da miedo, nunca se lo ha dado. Ésta es la razón de que tenga la determinación de marcharse cuando los precios se deterioran, la razón de que se enorgullezca de la soledad a la que le lleva ser lógico.

Este elemento de su sistema de conexiones es un don genético y hay numerosos ejemplos de este rasgo en su vida personal que serían banales si no fueran indicativos de un comportamiento más importante. Por ejemplo, pide hamburguesa o filete en cualquier restaurante al que acuda. Bebe Coca-Cola en lugar de vino cuando va a lujosos restaurantes acompañado de personas de gustos refinados. Este septuagenario, presidente de una importante corporación, toma continuamente bombones See's y helados Dairy Queen en el estrado de la sala donde se celebran sus reuniones generales anuales.

En el colegio llevaba zapatillas de deporte todo el año, aunque estuviera nevando. «La mayoría de nosotros trataba de ser como los demás», decía un amigo de la época, «yo creo que a él le gustaba ser diferente», aunque en los últimos años se compraba trajes, cinco a la vez, todos del mismo «estilo», que en realidad no era ningún estilo.

Sin embargo, el ejemplo más extraordinario del rechazo de Buffett a ceder a la influencia social sobre la conducta propia puede encontrarse en su sistema de convivencia. En este punto ignora una de las convenciones más importantes de los seres humanos: está casado con una mujer, vive con otra y lleva a cabo actividades de relaciones públicas con ambas.

Si a Warren Buffett no le preocupa apartarse de la multitud, ésta es también una cualidad que busca en el comportamiento de las compañías de seguros que adquiere. «Oímos decir a muchos gerentes de compañías de seguros que están dispuestos a reducir el volumen de negocio para poder asegurar de forma rentable, pero constatamos que son muy pocos los que realmente actúan así», afirma. Buffett encontró una excepción en el caso de Phil Liesche, de National Indemnity:

> *Si el negocio tiene sentido, lo asegura; si no, lo rechaza... Jack Ringwalt, el fundador de National Indemnity Company, infundió esta disciplina aseguradora en el nacimiento de la compañía, y Phil Liesche nunca ha dudado en mantenerla. Estamos convencidos de que tal resolución es tan rara como acertada, y absolutamente esencial para dirigir una empresa de seguros generales de primera clase.*

Tampoco es Buffett dado a la miopía. Él calcula el valor de un dólar gastado hoy frente al coste de oportunidad de no invertirlo personalmente. Cuando el valor de los ahorros presenta una tasa de crecimiento anual acumulativo superior al veinte por ciento, la decisión de disfrutar de la recompensa hoy frente a mañana se toma de forma automática.

Asimismo, Buffett es consciente de la tendencia del ser humano a rebajar tan excesivamente el valor de recompensas futuras que éstas pierden esplendor en comparación con las recompensas del presente. Por ejemplo, él mismo también se ve enfrentado en su propia dieta al reto de tomar postre frente a la fuerza de voluntad de abstenerse del mismo. Buffett se esfuerza de forma parecida a los ejemplos de Pinker cuando indica que pondremos el despertador al otro lado de la habitación para que no podamos apagarlo y dormirnos nuevo, o que apartaremos de nuestra vista y de nuestra mente sabrosos bocados. Cuando procura perder peso, se incentiva a sí mismo con dinero, no para recibir una suma si mantiene la dieta, sino para perderla si no la sigue (jugando con su propia aversión a las pérdidas; este tipo está verdaderamente conectado), y suele extender un cheque por una cifra sustancial a favor de su hija pagable en un fecha determinada del futuro, *a menos* que su peso haya descendido por entonces.

Buffett hace funcionar una porra o garrote mental en sus compañías de seguros para garantizar que mantienen sus ojos firmemente fijados en el largo plazo. Una parte importante del paquete retributivo de los directivos de seguros de Berkshire se basa en el coste final de sus reservas. Así pues, en el momento en que comen con apetito el plato principal, con un ojo puesto en el carrito de los postres que está en la esquina, saben que la prima o bonus que recibirán no estará en proporción al volumen de comida que consuman sino que será inversamente proporcional al peso que tengan cuando suban a la báscula. Ellos también estarán en peligro de perder si comen en exceso.

Con el barro hasta las rodillas

Por supuesto, la resolución tenaz de una compañía de seguros de seguir suscribiendo pólizas, aun cuando los precios hayan caído muy bajo, no indica otra cosa sino que el imperativo institucional está actuando; se ha caído en la trampa. Pero hay otro modo de caer en la trampa que puede estar emboscado en este tipo de situaciones y que ilustra Martin Shubik. En su juego «¿Cuánto pagaría usted por un dólar?», Shubik subasta un dólar al mejor postor de entre los alumnos de una clase. No se permite que haya comunicación entre los postores, y los dos que más ofrezcan tienen que pagar lo comprometido, aunque sólo gana el mejor postor.

Pensemos, por tanto, en el dilema de alguien que ha ofrecido 95 centavos y que calcula que la otra persona que sigue en el juego ha ofrecido un dólar. Si abandona en ese momento, está seguro de que perderá 95 centavos, pero esta pérdida puede reducirse a sólo cinco centavos si sube la oferta a 1,05 dólares (si con ella gana la subasta). El problema es que la otra persona se enfrenta al mismo cálculo. Atrapados «con el barro hasta la rodillas» y con el objetivo de minimizar pérdidas, los contrincantes que se encuentran en situaciones como la descrita continúan golpeándose mutuamente hasta que uno abandona. La oferta llega a menudo a unos cuantos dólares.

Esta situación es análoga a la del sector asegurador. Las compañías están comercializando un producto *commodity* que se diferencia básicamente por el precio. Así pues, cuando fijan los precios, lo que realmente hacen es una puja para ganar clientes. La pérdida de una compañía de seguros, si no gana la competición, es similar a la del perdedor en el juego de Shubik, excepto que en este caso su pérdida corresponde a sus directores generales y se mide en términos de cuota de mercado, magnitud y beneficios psíquicos y materiales, que van cogidos de la mano del tamaño corporativo. Así pues, las compañías de seguros se ven también atrapadas con el barro hasta las rodillas, y se someten unas a otras a base de golpes.

No funciona así Warren Buffett. Lo importante es que Buffett no adquiere este compromiso psíquico y material con el sector. Por tanto, puede marcharse cuando el combate comienza, ya que no obtiene un beneficio psíquico o material del tamaño de Berkshire. El cálculo que realiza no se centra exclusivamente en el ámbito de los seguros sino que es global. Mide la utilización de su capital frente a otros posibles usos y, por tanto, si el entorno del sector asegurador es desfavorable, las cifras no le cuadrarán del mismo modo que podrían cuadrarles a otros que no comparten su punto de vista. Y si el precio no es el adecuado, está satisfecho de no hacer nada.

OCUPADO SIN HACER NADA

> *Un hombre de estado inglés atribuía la grandeza de su país en el siglo diecinueve a una política de «inactividad magistral». Ésta es una estrategia que es bastante más fácil de elogiar por los historiadores que de ser seguida por los participantes.*
>
> Warren Buffett

Peter Ustinov, actor, anecdotista y hombre de ingenio, cuenta una historia de cuando fue a ver la interpretación de un actor de cine en una obra de teatro. Este individuo se había formado en el arte del *method acting* (interpretación por método), un tipo de interpretación que aconseja desgastarse en escena dando expresión física a toda emoción que se esté intentando representar. Ustinov se dio cuenta de que esto distraía mucho la atención. Después de un rato, ya no pudo aguantar más y gritó desde el anfiteatro: «¡No haga nada. Quédese donde está!».

Recuerde que el error fundamental de atribución señala que, para los observadores externos (por ejemplo, Ustinov, sus colegas, el consejo de administración y los accionistas), las características de su forma de actuar no se atribuirán a la *situación* en que usted se encuentre (a la cual usted sí atribuirá su forma de actuar) sino a *sus cualidades personales*.

Todos los que somos controlados en nuestro trabajo sabemos instintivamente que existe este error y, por ello, nos sentimos incómodos cuando parece que no estemos haciendo nada.

Así pues, aunque un asegurador, al igual que Buffett, con la mejor voluntad del mundo, tenga la disciplina de no actuar en manada y/o la capacidad de no sucumbir a la miopía, hacer negocios de seguros —*cualquier negocio*— es muchísimo más fácil que no hacer ninguno. Las compañías de seguros tienen miedo de quedarse quietas. Es profundamente anticonvencional actuar de este modo y, además, favorece la volatilidad de los resultados corporativos que los accionistas detestan.

Sin embargo, como Benjamin Franklin dijo una vez: «Nunca debe confundirse el movimiento con la acción». Warren Buffett no los confunde. «El truco consiste», afirma, «en no hacer nada cuando no hay nada que hacer».

Nunca ha existido un hombre tan satisfecho de dar la impresión de que no hace nada como Warren Buffett. Nunca ha existido un hombre tan satisfecho de actuar de forma original. Y nunca ha existido un ejecutivo de una compañía de seguros tan dispuesto a adoptar lo que los demás temen: «Berkshire acepta gustosamente la volatilidad», dice Buffett, «siempre y cuando conlleve la expectativa de mayores beneficios a lo largo del tiempo».

Al mismo tiempo, nunca ha habido un gerente tan satisfecho de ver que los que trabajan para él tampoco hacen nada. Buffett lo atribuye a que actúan de acuerdo con la situación y no en desacuerdo con ella. Cuando se encoge el volumen de actividad aseguradora en Berkshire, sus directivos «no oirán quejas que vengan de la sede central corporativa», observa Buffett, «ni tampoco se verán perjudicados sus salarios o su seguridad en el empleo».

De hecho, Buffett ha hecho de esto una norma, una especificación cuidadosamente diseñada para provocar el tipo de conducta que persigue, el que reconoce que los seres humanos suelen sacar el máximo partido posible de aquello que tienen a su disposición (somos «ingeniosos, maximizadores evaluativos», como diría Michael Johnson). Buffett señala:

No despedimos a la gente cuando experimentamos una ralentización cí-
clica en una de nuestras operaciones aseguradoras, generalmente rentables.
Esta política de no despedir a la gente es en nuestro propio interés. Es
comprensible que los empleados que tienen miedo de que los despidos
masivos acompañen a importantes reducciones del volumen de primas
produzcan montones de negocio en las duras y en las maduras (preferentemente
en las duras).

ESTABLECIMIENTO DE PRECIOS RACIONALES

Aunque algunas líneas de larga cola (long-tail) pueden ser rentables a
ratios combinados de 110 o 115, los aseguradores siempre descubrirán que
no es rentable fijar los precios tomando estos ratios como objetivo. En su
lugar, los precios deben ofrecer un margen de seguridad razonable que
permita hacer frente a las tendencias sociales que continuamente hacen
brotar costosas sorpresas sobre el sector asegurador.

Warren Buffett

En teoría, la fijación de precios en el sector asegurador debería ser relativamente sencilla. La estimación del riesgo en este campo es similar a un
procedimiento científico en el que pueden aplicarse medidas estadísticas
que han sido ensayadas y testadas durante más de doscientos años.

Aunque todas las compañías de seguros poseen las competencias y
habilidades necesarias para tarifar los riesgos de forma apropiada, en la
práctica el precio correcto para las pólizas a suscribir en el futuro no debe
estimarse solamente con relación a un cálculo actuarial, sino también con
relación a un estimado de la rentabilidad *real* de las pólizas actualmente
en vigor. Para ello, una compañía de seguros debe estimar el volumen de
reservas que debería constituir para cubrir la responsabilidad esperada
que se deriva de los siniestros en curso aún no resueltos. Mientras que las
evaluaciones actuariales de frecuencias de probabilidad son objetivas, la
estimación de las reservas es bastante más subjetiva.

La constitución de unas reservas adecuadas es un elemento esencial
de la situación económica de una empresa aseguradora porque las reclamaciones por siniestros son la partida más importante de sus costes operativos globales. Por tanto, una compañía de seguros debe hacer un cálculo preciso de las reservas necesarias si quiere tener una idea de sus

costes —lo cual utilizará entonces como base de estimación de la rentabilidad del nuevo negocio que está asegurando—. Si este cálculo es incorrecto, también lo será el precio que fije.

Sin embargo, dada la subjetividad que hay involucrada en este proceso, la estimación de las reservas es siempre incorrecta —normalmente en
el sentido de calcularlas demasiado bajas—. Por regla general, las compañías de seguros se engañan a sí mismas al pensar que las reservas son
apropiadas cuando en realidad no lo son, lo que quiere decir que subes-
timan sistemáticamente los costes de su negocio y sobre esta base establecen unos precios demasiado bajos, como Buffett observó en GEICO. Él
señala lo siguiente:

> *Cuando los ejecutivos de las compañías de seguros determinan con retraso*
> *el nivel adecuado de reservas suelen hablar de «refuerzo de reserva», una*
> *expresión que suena a magnanimidad o generosidad. Parece que lo pro-*
> *nuncian como si estuvieran añadiendo capas extra de refuerzo a un balan-*
> *ce que ya es de por sí sólido. Ésta no es la realidad, sino que el término es*
> *un eufemismo para lo que, más apropiadamente, debería denominarse*
> *«corrección de mentiras previas» (aunque no deliberadas).*

Este «autoengaño en las reservas de la compañía conduce casi siempre
a unos niveles de tarificación en el sector que no son los apropiados», indica
Buffett. «Si los agentes principales del mercado no conocen sus verdaderos
costes, los efectos secundarios competitivos afectan a todos, incluso a aquellos que tienen un conocimiento apropiado de cuáles son sus costes».

Exceso de confianza

> *Las personas inteligentes y trabajadoras no están exentas de sufrir los desas-*
> *tres profesionales que son producto del exceso de confianza. Con frecuencia*
> *viajan por los caminos más difíciles que han escogido, confiando en su auto-*
> *valoración de que tienen más talento y una metodología superior.*
>
> Charlie Munger

Existen diversas razones cognitivas que explican por qué las compañías de seguros hacen mal este cálculo, generalmente en el sentido de
subestimar más que de sobreestimar el nivel de reservas. Trataré aquí de

una de ellas —el exceso de confianza— y dejaré las demás para una parte posterior del libro, ya que afectan a la calidad de todas las decisiones tomadas bajo condiciones generales de incertidumbre y no sólo a las del sector asegurador.

Charlie Munger observa que la mayor parte de las personas se consideran conductores que están por encima de la media, aun cuando a nivel acumulado esto no puede ser así. Sin embargo, dicho exceso de confianza se ha descubierto también en tareas de bastante más importancia que la evaluación que hace una persona de sus dotes de conducción. Se trata de una circunstancia que se encuentra en cualquier situación en que los seres humanos tienen que emitir un juicio sobre sus capacidades con relación a los demás.

Por regla general, los psicólogos establecen una serie de preguntas —a menudo trivialidades— cuando diseñan experimentos para testar el exceso de confianza y piden a los que cumplimentan el cuestionario que seleccionen libremente un rango o ámbito para cada respuesta, de modo que tengan un noventa por ciento de seguridad de que la respuesta correcta se encontrará dentro de dicho rango. No obstante, parece que tenemos un sesgo al exceso de confianza y suele ocurrir que la respuesta correcta cae fuera del rango estipulado por exceso en más del diez por ciento de ellas, tengamos o no información sobre el tema.

De forma similar, cuando proceden a estimar las reservas que deberían constituirse para hacer frente a futuras reclamaciones por siniestros, la mayoría de las compañías de seguros son conscientes de la prudencia de ser conservadoras e (implícitamente) seleccionarán un rango o ámbito de estimaciones pensado para captar el resultado real. Pero aunque se esfuerzan por conseguirlo y establecen los límites de confianza en consecuencia, es más que probable que exhiban el mismo exceso de confianza que la mayoría de nosotros muestra en todos los aspectos de la vida (lo que explica por qué los libros, incluyendo éste, nunca se terminan de escribir en la fecha acordada). Lo que ellas creen que es conservadurismo resulta que no lo es; apuntan demasiado bajo y posteriormente fijan un precio demasiado bajo.

Buffett se enfrenta al mismo desafío de estimar las reservas correctamente, y también falla de forma regular, generalmente por el límite inferior. Sin embargo, como entiende el funcionamiento de su aparato cognitivo, Buffett puede ser la única persona del sector que comprenda la naturaleza del exceso de confianza e incorpore esta realidad a la conducta de los directivos de las filiales de sus compañías de seguros. El negocio que parece rentable a la mayoría es un negocio que Berkshire Hathaway rechazará.

11 DE SEPTIEMBRE DE 2001

En Berkshire hemos estimado unas pérdidas de 2.200 millones de dóla-
res en nuestras actividades aseguradoras —una cifra enorme— como con-
secuencia de los atentados del 11 de septiembre. No obstante, Berkshire
las puede soportar fácilmente. Hemos estado presentes desde hace muchos
años en el negocio de las grandes catástrofes y hemos estado preparados,
tanto financiera como psicológicamente, para manejarlas cuando sucedan.
Éste no será el último impacto que recibamos.

Warren Buffett

Buffett lleva consigo otro principio psicológico cuando interviene en el sector asegurador. Utiliza uno de esos sesgos cognitivos que arruina los precios de este sector hasta sus propios límites, una vez que ha sido arruinado. Este sesgo se llama escasez.

La auténtica escasez —y no su imaginada variedad, es decir, el miedo a que el negocio cedido jamás sea recuperado— es lo que Buffett espera (en épocas más normales).

Tiene lugar cuando las reclamaciones por siniestros debilitan tan intensamente a las compañías aseguradoras que éstas se quedan sin los recursos económicos necesarios para suministrar la capacidad que el mercado necesita; sobre una base reguladora y/o fiduciaria. Sencillamente no pueden absorber suficiente riesgo. Esto puede suceder porque los precios se han fijado durante años a un nivel demasiado alto y ahora se sufren las consecuencias, o porque una gran catástrofe o una serie de catástrofes han aplastado al sector, llevándose con ellas a aquellos que fijaron erróneamente los precios de estos riesgos.

La escasez originada tras la caída de las torres gemelas de Nueva York el 11 de septiembre de 2001 fue producto de un acto extremadamente terrible que Buffett no podía haber imaginado y del que no podía haberse alegrado.

Difíciles de aceptar, los desastres de esta naturaleza inspiran, no obstante, la premisa sobre la cual Buffett suscribe todas sus pólizas de seguros. Como él y sus directivos rehúsan asegurar negocios que no ofrezcan la promesa de ser rentables, la fortaleza económica de Berkshire permanece intacta durante aquellos períodos en que los demás están bajo la amenaza de quiebra. Cuando la capacidad del sector se ha drenado, Warren Buffett está preparado para ofrecer cobertura.

Por supuesto, dadas las circunstancias, podrá hacerlo a precios que ahora ofrecen una perspectiva de rentabilidad. La falta de capacidad en sectores de productos o servicios *commodity* empuja los precios al alza. El impacto de más de 40.000 millones de dólares que el sector recibió tras el ataque terrorista sobre Estados Unidos tuvo sin duda consecuencias.

Buffett dijo tras el 11 de septiembre:

> *Las perspectivas a corto plazo —a muy corto plazo— de este negocio son buenas. Nosotros somos el Fort Knox del sector asegurador en una época en que la fortaleza económica es una alta prioridad para los compradores de reaseguros.*

Cuando la capacidad es escasa en el mercado de catástrofes, Berkshire Hathaway ofrece un oasis de protección. Los clientes de Buffett que aún necesitan desprenderse de algunos de sus riesgos son atraídos hacia él como nunca antes lo habían sido. Lo que una vez tenían en abundancia se ha secado de repente. Y como los seres humanos tienen un sistema de conexiones que valora más los artículos cuando van escaseando a través de un proceso de competencia social, hemos estado condicionados a valorarlos todavía más cuando desaparece lo que en otro momento era abundante. Cuando esta emoción agobia a los que tienen necesidad de cobertura, se muestran aún más dispuestos a pagar por ello. Por tanto, tras el 11 de septiembre, los precios de los mercados de reaseguros aumentaron entre un treinta y cinco y un cincuenta por ciento.

Un tipo de escasez similar se manifestó de un modo mucho más normal y bastante más aceptable a mediados de la década de 1980. En aquella época Buffett estaba en su salsa. En 1984 comunicaba a sus accionistas:

> *Durante varios años les he dicho que podría llegar un día en que nuestra importante fortaleza económica marcaría una auténtica diferencia en la posición competitiva de nuestra actividad aseguradora. Ese día tal vez haya llegado. Sin duda ninguna, somos la empresa de seguros generales más fuerte del país, con una posición de capital bastante superior a la de compañías de mayor tamaño.*

Al año siguiente Berkshire aún se encontraba en una situación de poder y los volúmenes de negocio estaban por las nubes:

> *En informes anteriores les he contado que la fuerte posición de capital —la mejor del sector— debería permitirnos un día reivindicar una ventaja competitiva distintiva en el mercado asegurador. Con el endurecimiento del mercado este día ha llegado. Nuestro volumen de primas se ha más que triplicado durante el último año... la fortaleza económica de Berkshire (y nuestro récord de mantener una fortaleza poco corriente en las duras y en las maduras) es ahora un activo principal para hacer buenos negocios.*

Los clientes se abrían paso para llegar hasta su puerta:

> *Previmos correctamente una trayectoria hacia la calidad por parte de muchos grandes compradores de seguros y reaseguros que reconocieron con retraso que una póliza es sólo un pagaré —y que en 1985 no pudieron cobrar muchos de sus pagarés—. Estos compradores se sienten atraídos hoy en día hacia Berkshire debido a su fuerte posición de capital. Pero, en un desarrollo que no previmos, también estamos descubriendo compradores que se sienten atraídos hacia nosotros porque nuestra capacidad para asegurar riesgos sustanciales nos hace destacar del resto.*

El conocimiento que tiene Buffett de la conducta humana era tal que manipuló un tanto la situación. En 1985 comunicó a sus accionistas que: «nuestra mayor compañía de seguros, National Indemnity Company, hace pública su voluntad de asegurar grandes riesgos mediante la publicación de un anuncio en tres números de una publicación semanal de seguros. Pedía exclusivamente pólizas importantes con una prima mínima de un millón de dólares y, sorprendentemente, recibió seiscientas respuestas que generaron una suma total de primas de unos cincuenta millones de dólares». Lo que Buffett no dijo a sus accionistas, sin embargo, fue que la publicidad estipulaba que quienes respondieran tenían que fijar el precio. Si a Buffett no le gustaba, se sobreentendía que no tendrían una segunda oportunidad. Por tanto, creó una ilusión de escasez todavía mayor (este tipo de manipulación no tuvo lugar tras los acontecimientos de septiembre de 2001).

Buffett sabe también que la fortaleza económica merece la pena no sólo bajo condiciones de escasez sino también bajo condiciones de escasez esperada. En 1996 decía lo siguiente a sus accionistas:

Después de una catástrofe de grandes proporciones, los aseguradores po-
drían tener dificultades para obtener reaseguros aunque su necesidad de
cobertura fuera entonces especialmente grande. En estos momentos, Berk-
shire dispondría indudablemente de una capacidad disponible muy sus-
tancial, pero serán, por supuesto, nuestros clientes más antiguos quienes
tengan prioridad. Esa realidad de negocio ha hecho darse cuenta a impor-
tantes aseguradores y reaseguradores de todo el mundo de lo deseable que
es hacer negocios con nosotros. De hecho, estamos obteniendo actualmente
considerables cuotas en «stand-by» procedentes de aseguradores que sim-
plemente se sienten obligados a definir claramente su capacidad para con-
seguir cobertura de nosotros en caso de que el mercado se endurezca.

Por otra parte:

Periódicamente los compradores recuerdan la observación de Ben Franklin
de que es difícil para un saco vacío permanecer erguido, y reconocen su
necesidad de comprar promesas tan sólo de aseguradores que tengan una
fortaleza económica duradera. Es entonces cuando tenemos una ventaja
competitiva importante. Un comprador descubrirá que sólo puede confiar
en unas pocas compañías cuando se concentre de verdad en si un siniestro
de diez millones de dólares puede ser pagado fácilmente por su asegurado-
ra lo largo de los próximos cinco o diez años, y cuando tenga en cuenta la
posibilidad de que unas deficientes condiciones del sector asegurador pue-
den coincidir con unos mercados financieros deprimidos y con incumpli-
mientos por parte de los reaseguradores.

De hecho, Buffett adquirió General Re para aprovechar esta ventaja
competitiva. Es curioso, sin embargo, que a consecuencia de ello acabaría
debilitándose, en lugar de fortalecerse, la ventaja competitiva de Berkshire
(por lo menos a medio plazo).

Con el objetivo de investigar por qué esto es así, pasaremos a la segunda parte de este libro, donde se discutirá la adquisición de General Re
con mayor detalle, se aprenderán algunas lecciones que tienen relación
con esta debacle y se preparará el terreno para presentar en detalle el
modelo de Warren Buffett para la gestión de capital.

PARTE II

Gestor de capital

6

El hombre para todas las épocas

No quiero que piense que tenemos un método de aprendizaje o de conducta para no cometer muchos errores. Tan sólo estoy diciendo que usted puede aprender a cometer menos errores que otras personas —y cómo reparar sus errores más rápidamente cuando los cometa—. Pero no hay modo de que usted pueda tener una vida normal sin muchos errores.

Charlie Munger

Un hombre tiene tantos yos sociales como individuos hay que reconozcan una imagen de él en su mente, puede tratarse de una división del trabajo perfectamente armónica, donde uno es tierno con sus hijos y duro con los soldados o prisioneros que están bajo sus órdenes.

W. James

Tal es la aureola que rodea a Buffett que muchas personas piensan que todo lo que toca lo convierte en oro. Si no ocurre así, se preparan para pasar a la ofensiva. Presentado como un semidiós profético, quieren verle sangrar como cualquier mortal. Y muchos están dispuestos a efectuar el disparo que podría hacerle sangrar.

En los últimos años de la década de 1990 las balas se disparaban desde el campo de la nueva economía. Cuando la cotización de las acciones tecnológicas subió vertiginosamente, Buffett fue acusado de perder la oportunidad de forma espectacular. No estaba en sintonía. Berkshire Hathaway estaba rindiendo por debajo del índice S&P y, durante un tiempo, las heridas parecían profundas. Sin embargo, se curaron con rapidez cuando la burbuja tecnológica explotó y las acciones de Buffett volvieron a ponerse por las nubes frente a un mercado en declive.

Los acontecimientos del 11 de septiembre de 2001 proporcionaron a los escépticos más munición mortífera —entregada esta vez por el propio Buffett—. En el período posterior, General Re le dejó totalmente expuesto al ataque. Buffett dijo a sus accionistas que el 11-S había puesto de manifiesto la existencia de graves deficiencias en los estándares aseguradores de dicha compañía. Buffett comunicó unas pérdidas de 2.300 millones de dólares en el trimestre en concepto de estimación aproximada de reclamaciones relativas a los siniestros originados por el ataque terrorista al World Trade Center. Del total, 1.700 millones de dólares eran atribuibles a General Re.

Buffett reconoció y aceptó las censuras, aduciendo que todas y cada una de sus reglas de oro de conducta para dirigir una compañía de seguros se habían infringido en General Re. *Estaba sangrando.*

General Re debería haber personificado la trinidad de puntos fuertes de Warren Buffett. Ahora, lo que algunos consideran un reconocimiento asombroso había abierto un boquete en la mismísima esencia de su estructura organizativa por lo que se refiere a:

1. Su capacidad para asegurar riesgos.
2. Su estilo de gestión descentralizada.
3. Su competencia para realizar adquisiciones.

Un examen detallado de esta debacle dejará al descubierto dónde reside el error de Buffett. En el proceso se demostrará que Warren Buffett como mortal, no como dios, es un hombre que comete errores. También le describirá como un hombre que gestiona el cambio en el campo de la gestión de capital a través de la reacción y no de la anticipación. Esto califica inmediatamente sus errores de menos dañinos para la prosperidad de Berkshire. Y al describir a Buffett como un hombre que no tiene miedo de efectuar los cambios que tenga que hacer a nivel humano, también se pondrá de manifiesto que es un líder proactivo.

Warren Buffett contraviene el estereotipo. Es varias personas en una. Es el hombre para todas las épocas.

EL DÍA DEL FIN DEL MUNDO

> *Una catástrofe de grandes proporciones no es una sorpresa: ocurrirá una de vez en cuando y no será la última. Sin embargo, no fijamos precios para las mega-catástrofes producidas por obra del hombre y pecamos de imprudentes por no hacerlo. En efecto, nosotros, y el resto del sector, incluíamos coberturas por actos terroristas en pólizas que cubrían otros riesgos —y no recibíamos una prima adicional por ello—. Ése fue un error enorme que yo personalmente permití.*
>
> Warren Buffett

Un año después de adquirir General Re, y tras diversas elaboraciones de la base lógica que había tras esta adquisición, Warren Buffett comunicó finalmente a sus accionistas —pero sólo indirectamente— la verdadera razón de la compra de dicha compañía. En el informe anual de 1999, con sus acciones un cincuenta por ciento por debajo de la cota más alta que habían alcanzado el año anterior, Buffett se ocupaba del tema de las recompras de acciones.

«No readquiriremos acciones de Berkshire a menos que creamos que se están vendiendo muy por debajo de su valor intrínseco, calculado de forma conservadora», dijo, revisando un aspecto relativo a la asignación de capital sobre el que había hecho mención anteriormente en muchas ocasiones. Luego proseguía:

> *Recientemente, cuando las acciones A cayeron por debajo de los 45.000 dólares, consideramos la posibilidad efectuar readquisiciones. Decidimos, sin embargo, posponer las compras, si es que realmente decidíamos efectuar alguna, hasta que los accionistas tuvieran la oportunidad de revisar este informe.*

Los accionistas —y el mercado bursátil— captaron el mensaje. Por primera vez durante el mandato de Buffett en Berkshire Hathaway, sus acciones se estaban cotizando con una rebaja suficiente, de acuerdo con su documentada estimación del valor intrínseco de la compañía, para considerar la recompra de parte de ellas. Lógicamente, en cuanto el público objetivo se enteró del valor de Berkshire, el precio aumentó rápidamente y la recompra ya no fue necesaria

Ahora hagamos los cálculos. Si 45.000 dólares era una rebaja con respecto a su valor intrínseco, esto quiere decir que, al precio de 81.000 dólares al cual Buffett efectuó la compra de la totalidad de las acciones de General Re, las acciones de Berkshire Hathaway se deben de haber estado negociando con un recargo generoso con respecto a su valor intrínseco. Eso fue lo que persuadió a Buffett para llevar a cabo la transacción.

General Re fue fundada en 1921, y en la época de su adquisición por Berkshire Hathaway era una de las tres compañías reaseguradoras más grandes del mundo, operando en treinta y un países y ofreciendo cobertura reaseguradora en más de ciento cincuenta. Estaba presidida y dirigida por Ron Ferguson, un hombre con quien Buffett estaba profesionalmente bien relacionado; Buffett conocía bien la empresa, que fue descrita por muchos como el encaje perfecto para Berkshire (la fórmula de Ferguson para la creación de valor se basaba, por ejemplo, en el volumen y coste de la reserva de liquidez y del rendimiento obtenido de dicha reserva).

Previamente a su adquisición, sin embargo, Warren Buffett había mostrado una aversión hacia la utilización de sus propias acciones como medio de intercambio en una transacción. Lo había hecho antes con mucha moderación y representando solamente una pequeña parte del total de las transacciones que, por lo demás, se habían pagado con los activos líquidos de Berkshire. Dice a sus accionistas:

> *Si no intervienen otros factores, las cotizaciones más elevadas con relación a su valor intrínseco se conceden a las compañías cuyos directivos han demostrado su falta de disposición a emitir acciones en cualquier momento en condiciones desfavorables para los propietarios del negocio. Cuando el comprador hace una venta parcial de su empresa —y a eso equivale la emisión de acciones para efectuar una adquisición— no puede, por regla general, conseguir para sus acciones un precio superior al que el mercado decide concederle* [mientras que la compañía objeto de adquisición generalmente puede negociar un precio íntegro sin descuento].

Añade lo siguiente:

> *El comprador que irrumpe con rudeza de forma anticipada debe ceder dos dólares de valor para recibir un dólar de valor. Bajo tales circunstancias, un negocio maravilloso comprado a un precio de venta justo se convierte en*

una adquisición horrible, puesto que el oro valorado como oro no puede comprarse inteligentemente a través de la utilización de oro valorado a precio de plomo.

Sin embargo, de acuerdo con Buffett, se presenta una oportunidad que evita «la destrucción de valor para antiguos propietarios» cuando se emiten acciones para efectuar adquisiciones. Esto ocurre cuando «las acciones del adquirente se venden a su valor intrínseco o por encima del mismo. En dicha situación, la utilización de las acciones como moneda de cambio puede hacer aumentar el patrimonio de los propietarios de la compañía adquirente».

Eso fue lo que ocurrió en el verano de 1998.

La primera vez que Buffett consideró comprar General Re se remonta a 1986, cuando las acciones de Berkshire cambiaban de manos por unos 32.000 dólares. En julio del año siguiente se reunió con Ron Ferguson para discutir el asunto. Sin embargo, según los documentos legales suministrados para el acuerdo, «durante este período, la relación entre los precios de mercado de las acciones normales de Berkshire y las de General Re era tal que Mr. Buffett no deseó considerar una transacción que supusiera una prima para los accionistas de General Re».

Eso iba a cambiar el 6 de mayo de 1998. «Desde las reuniones anteriores, el valor de las acciones de Berkshire había aumentado con relación al valor de las acciones de General Re», dice la documentación. De hecho, las acciones de Berkshire habían llegado a ser enormemente populares y se habían revalorizado alrededor del 140% desde la primera vez que Buffett echó un vistazo a General Re. El culto que rodeaba a Buffett estaba en pleno auge. Las acciones de gran capitalización, en especial las de aquellas compañías de productos de marca a nivel mundial, estaban haciendo subir el mercado, y el ingenio de Buffett se ponía de relieve a través de los enormes rendimientos que obtenía de sus inversiones en empresas como Gillette y American Express y, en particular, de su gran participación en Coca-Cola, adquirida entre 1988 y 1989. En previsión del próximo acto de «genialidad» de Buffett, los inversores no tenían reparo en pagar una prima con respecto al valor subyacente de Berkshire Hathaway.

Entretanto, Ron Ferguson seguía readquiriendo acciones de General Re con la convicción, sostenida durante varios años, de que se estaban negociando por debajo de su valor intrínseco. Por consiguiente, Buffett se reunió de nuevo con Ferguson —esta vez para discutir la fusión de ambas compañías y las condiciones económicas—. Buffett propuso un ratio de intercambio de acciones y, como conclusión de la reunión, se anunció la fusión de las dos compañías el 19 de junio.

La comunicación de la base lógica de la fusión

La transacción permitirá a General Re atender mejor a sus clientes a través de la aceptación de atractivas oportunidades de reaseguro que ha rehusado o no ha sido capaz de asegurar en el pasado, debido a las restricciones originadas por la volatilidad de sus ganancias. La eliminación de las restricciones mejorará la rentabilidad a largo plazo. La unión permitirá a General Re retener más negocio asegurador en lugar de tener que cederlo a otros reaseguradores, lo cual aumentará los fondos disponibles para la inversión. Berkshire permitirá que General Re se expansione a nivel internacional con la rapidez que desee y le proporcionará capital abundante.

Joint Proxy Statement/Prospectus[5]

Al explicar por qué había negociado el veintidós por ciento de las acciones de Berkshire Hathaway en la adquisición de veintidós mil millones de dólares de General Re, con un veintiocho por ciento de prima respecto a la cotización que el mercado de valores consideraba correcta, Buffett empleó una palabra sacada del léxico de razones lógicas para efectuar una adquisición corporativa, que tan sólo había utilizado en una ocasión anterior, *en la mala adquisición de Waumbec Mills*, que ejemplificó su caída en la trampa del sector textil. Esa palabra era «sinergia», «un término ampliamente utilizado en el mundo de los negocios para razonar una adquisición que, por lo demás, no tiene sentido», según decía Buffett en 1985.

Las sinergias que se ofrecían eran reales, aún están vigentes y se han explotado parcialmente.

Esta adquisición representó una desviación importante de la metodología que Buffett había seguido anteriormente al extender los dominios de Berkshire. General Re no era una empresa dirigida por un propietario. Ni

---

5. **proxy statement:** declaración informativa obligada para las empresas de Estados Unidos cuando solicitan el voto de los accionistas.

tampoco sus directivos actuaban como propietarios. Ron Ferguson y su equipo, como Buffett señalaba, habían renunciado a la volatilidad aceptando menores beneficios a cambio de rendimientos más estables. Esto podría maximizar la cotización de la acción en el corto y medio plazo, pero no a largo plazo. Sin embargo, el equipo directivo de General Re no estaba incentivado para maximizar el valor intrínseco a largo plazo. Tenían opciones sobre acciones. Cuanto más elevado fuera el precio puntual, mejor, y si el mercado bursátil quería crecimiento y/o resultados con tendencia lineal, ellos eran los primeros interesados en proporcionárselos.

Hasta entonces el abordaje de Buffett a las adquisiciones se había basado en el refuerzo de la conducta vigente. Para conseguir que los directivos de General Re actuaran como propietarios hacía falta que él les hiciera *cambiar* de comportamiento. En sus dos primeros años bajo la propiedad de Berkshire, la nueva adquisición falló estrepitosamente. En 1999 Buffett comunicó que Berkshire había incurrido en unas pérdidas aseguradoras del orden de los 1.400 millones de dólares, lo cual había elevado el coste de su preciada reserva de liquidez al 5,8%. Las señales de alarma eran evidentes.

No obstante, todo lleva su tiempo de aprendizaje: la aceptación de que es correcto ceder negocio a la competencia, la sensación de comodidad cada vez mayor con el concepto de apartamiento del rebaño, el aplazamiento de las recompensas iniciales, el sentimiento de satisfacción con el hecho de no hacer *nada*, y quitarse de encima el compromiso resuelto de formar parte del sector asegurador y no del negocio de asignación de capital.

Para diseñar la reorientación del equipo directivo de General Re hacia un nuevo propietario que tenía un imperativo completamente distinto, Buffett puso en práctica las especificaciones mínimas que utiliza en cualquier parte de Berkshire. Lo más importante es que rediseñó los paquetes de remuneración de los directivos y sustituyó sus esquemas de opciones sobre acciones por «planes de retribución por incentivos directamente ligados a las variables de crecimiento y coste de la reserva de liquidez, es decir, las mismas variables que determinan valor para los propietarios».

En el año 2000 las evidencias a corto plazo eran alentadoras de una mejora a largo plazo. Buffett informaba:

> *Las noticias son ahora mucho mejores. Ron Ferguson, junto a Joe Bran-*
> *don, Tad Montross y una plantilla de ejecutivos de gran talento, empren-*

dieron muchas acciones a lo largo del año 2000 para devolver la rentabi-
lidad de la compañía a los niveles del pasado. Aunque nuestro sistema de
fijación de precios no está totalmente corregido, hemos establecido nuevos
precios para negocios que eran seriamente antieconómicos o bien los hemos
abandonado del todo.

Luego se agotó el tiempo.

EL ERROR

Su compañía está dirigida bajo el principio de la centralización de las
decisiones financieras en la alta dirección y el de una extraordinaria dele-
gación de la autoridad operativa en una serie de directivos clave a nivel de
cada compañía individual o unidad de negocio. Este planteamiento produ-
ce un error importante esporádico que podría haberse eliminado o minimi-
zado a través de controles operativos más estrechos. Pero esto nos permite
atraer y retener a algunos profesionales de extraordinario talento —indi-
viduos que simplemente no pueden ser contratados si todo sigue su curso
normal— que descubren que trabajar para Berkshire es casi lo mismo que
dirigir su propia empresa.

Warren Buffett

Buffett pronunciaba estas palabras en 1977, y resultaron proféticas del
fracaso en General Re.

La equivocación de Buffett al adquirir General Re no consistió tanto
en subestimar la posibilidad de que sucediera lo que previamente era
impensable. El 11 de septiembre puso simplemente al descubierto algo
que él había pasado por alto en su evaluación de la compañía. Buffett no
es un hombre de pequeños detalles; no chequea sus adquisiciones a fondo
como hacen la mayoría de los compradores. Su auditoría de compra se
basa en una evaluación personal del hombre que está al mando de la
compañía; si confía en él, confía también en que la compañía que adquiere incorpora todas las características que una auditoría de compra completa pondría de relieve.

De hecho, la ventaja comparativa de su estrategia de adquisiciones se
basa en dirigir el tipo de compañía a la que desea incorporarse la gente.
Tomar personal sobre la base de la confianza y liberarlo después de estre-

chos controles operacionales son las piedras angulares de este planteamiento. En General Re le falló.

El resto de operaciones reaseguradoras de Berkshire también fueron afectadas por el 11 de septiembre. No obstante, Buffett fue capaz de comunicar a sus accionistas que los resultados «siguen siendo muy satisfactorios». ¿La diferencia? «Esa unidad se ha adherido sistemáticamente a las tres normas reaseguradoras que yo proclamé, y hemos sido pagados adecuadamente por los riesgos que hemos asegurado», añadió.

La sorpresa y decepción de Buffett aparecieron cuando se puso de manifiesto por esta tragedia que las actividades aseguradoras de General Re habían sido lamentablemente inapropiadas, no sólo por haber aceptado riesgos a unos precios mal calculados (como uno de los costes derivados de unos beneficios operativos estables Buffett era consciente de ello y estaba en vías de solucionarlo), sino también por acumular la exposición a las pérdidas derivadas de un solo acontecimiento o acontecimientos relacionados y, según dedujo Buffett, por asegurar negocios con clientes de los que no se podía esperar que se condujeran honradamente cuando presentaran las reclamaciones.

General Re no era Ron Ferguson. Al haber participado con General Re en muchos de sus contratos de reaseguro, Buffett conocía perfectamente los estándares aseguradores de la compañía. Lo que ignoraba era la capacidad existente de este negocio para el error humano, que magnificaba las consecuencias del error.

En 1999 Buffett decía lo siguiente a sus accionistas:

> *General Re posee la distribución, la competencia aseguradora, la cultura y —con el soporte de Berkshire— la palanca financiera para convertirse en la compañía de reaseguros más importante del mundo. Conseguirlo requerirá tiempo, energía y disciplina, pero no tenemos ninguna duda de que Ron Ferguson y su equipo pueden hacerlo realidad.*

El punto débil de esta opinión residía en la cultura de la empresa. Parecía estar muy enraizada en Ron Ferguson, pero muy poco extendida en la compañía que dirigía. Sin embargo, Buffett sólo podía haber sabido cuál era el alcance total de las insuficiencias en los estándares de General Re si hubiera peinado el manual de negocio de la empresa con un peine de púas muy juntas. En realidad, es posible que ni siquiera Ferguson conociera este déficit.

Buffett cometió un error parecido cuando invirtió en Salomon Inc. A Buffett y a Munger les gustaba John Gutfreund, el director general de la compañía, le admiraban y confiaban en él. Buffett decía lo siguiente a sus accionistas en 1987:

> *Le conocimos en 1976, cuando desempeñaba un papel clave en la huida de la cuasi-quiebra de GEICO. Varias veces, desde entonces, hemos visto como John apartaba a los clientes de transacciones que habrían sido imprudentes, pero que era evidente que éstos deseaban hacer —aunque su consejo no le proporcionaba emolumento alguno y, en cambio, su consentimiento le habría supuesto unos buenos ingresos.*

Sin embargo, las actividades que se desarrollaban en el interior de Salomon no eran un reflejo preciso de la integridad de su presidente, y la compañía fue casi destruida por la actuación de uno de sus empleados, Paul Mozer, que fue atrapado colocando ofertas falsas de subastas de bonos del Tesoro de Estados Unidos.

Cuando están en vigor las normas de conducta equivocadas, puede ser difícil detectar su juego. Incluso Jack Welch, el rey de los controles operacionales, descubrió esta realidad. Con posterioridad a la compra de Kidder Peabody por parte de GE, se descubrió que Joseph Jett (que había obtenido una premio en efectivo de nueve millones de dólares como «Hombre del Año» en 1993) había explotado fraudulentamente un sistema de remuneración que le animó a barrer para sí en lugar de hacerlo para la compañía para la que trabajaba.

No obstante, no se puede escapar del hecho de que, con General Re, Buffett cometió un error. No fue el primero. Tampoco será el último.

UN CARRERA PROFESIONAL CON ERRORES

> *Un aspecto especialmente estimulante sobre nuestro récord es que fue logrado a pesar de algunos errores cometidos por el presidente anterior a la llegada de Mike Goldberg. El sector asegurador ofrece multitud de oportunidades para el error, y cuando la oportunidad llamaba a la puerta, yo también solía responder.*
>
> Warren Buffett

En la época anterior a que Buffett finalmente reconociera que debía reparar uno de sus mayores errores, la compra en primer lugar de Berkshire Hathaway, estaba preocupado con la perspectiva de la vuelta a las tasas de inflación que habían caracterizado la economía de los Estados Unidos en la década de 1970.

Buffett no se había beneficiado aún al completo de la explosión de conocimiento adquirido que transformaría su punto de vista sobre el mundo, y en aquella época basaba su selección de valores de acuerdo con el panorama de la macroeconomía. Escribía lo siguiente en su carta a los accionistas en 1984:

> Creemos que tenemos por delante un nivel de inflación importante, aunque no tenemos idea de cuál será la tasa media. Además, pensamos que hay una pequeña posibilidad, aunque no insignificante, de inflación desbocada. Dicha posibilidad puede parecer absurda, considerando la tasa a la que ha descendido actualmente la inflación. Sin embargo, estamos convencidos de que la política fiscal presente —caracterizada por un enorme déficit— es extremadamente peligrosa y muy difícil de invertir.

Con este tipo de previsión de inflación desenfrenada en mente, hacía tiempo que Buffett había posicionado la cartera de valores de Berkshire en acciones *commodity* que fuesen una protección frente a los precios en aumento. En 1980 comentaba:

> Tenemos intereses mucho más importantes en el sector del aluminio que en casi cualquier otro de los negocios en los que operamos y que controlamos y sobre los cuales informaremos con mayor detalle. Si mantenemos nuestras participaciones, nuestro rendimiento a largo plazo se verá más afectado por la futura situación económica del sector del aluminio que por las decisiones operativas directas que tomemos con relación a la mayoría de las compañías sobre las cuales ejercemos un control de dirección y gestión.

La suposición era absurda: su previsión estaba equivocada. La inflación nunca se hizo realidad sino que, al contrario, ha estado descendiendo desde entonces en una consideración a largo plazo. Por aquel entonces, si Buffett hubiera introducido este factor en su evaluación de las acciones, la tasa de descuento que empleó para valorar los futuros *cash flows* de los

negocios habría sido mucho más baja. Por consiguiente, no habría sido
tan pesimista sobre las valoraciones realizadas a lo largo del mercado alcista que tuvo lugar durante los veinte años siguientes.

Es difícil de concebir, pero los rendimientos de Berkshire podrían
haber sido sensiblemente más elevados. Sin embargo, la carrera profesional de Buffett ha estado marcada por el error.

Su primer roce con la extensión de su planteamiento inversor más
allá de los límites del mercado de valores de Estados Unidos, con la adquisición de Guinness, acabó en decepción y con la venta de su participación.

Con referencia a una época de la década de 1990, cuando las quejas
del presidente Clinton en relación al precio de los medicamentos hicieron caer en barrena las acciones de las empresas de este sector, Buffett
afirma: «Deberíamos haber tenido suficiente juicio para reconocer que el
sector farmacéutico en conjunto estaba infravalorado». Habría sido una
inversión rentable.

Buffett dice a sus accionistas:

*Algunos de mis peores errores no fueron visibles públicamente. Se trató de
compras de acciones y empresas cuyas virtudes conocí y que, sin embargo,
no las efectúe. No es un pecado pasar por alto una gran oportunidad que
se encuentra fuera del área de competencia propia. Pero yo he pasado por
alto un par de adquisiciones realmente importantes que me fueron servidas
en bandeja y que fui totalmente capaz de entender. Para los accionistas de
Berkshire, incluyéndome a mí mismo, el coste de esta ingenuidad ha sido
enorme.*

¿Por qué los errores cometidos por Buffett no fueron capaces de
reducir a la mediocridad el rendimiento de Berkshire Hathaway? ¿Por
qué, de hecho, algunos de ellos, como la adquisición de General Re,
no han reducido su historial a escombros? Habrá que esperar hasta el
próximo capítulo para disponer de una explicación más completa.
Basta con decir aquí que los errores de Buffett no proceden de prever
el cambio, dominarlo e imponer su supremacía sobre el mismo —lo
cual agravaría el error en caso de que estuviera equivocado—, se producen después de su reacción al cambio y las oportunidades que éste
crea.

GESTIÓN DEL CAMBIO

> *Asimismo, la combinación de General Re con otros negocios generadores*
> *de ingresos aumentará la flexibilidad de General Re en la gestión de sus*
> *inversiones aseguradoras.*
>
> Joint Proxy Statement/Prospectus

Una de las razones tácitas que había tras la adquisición de General Re era efectuar un cambio de acciones libre de impuestos, las cuales consideraba que solían estar sobrevaloradas.

En 1997 Buffett vendió alrededor del cinco por ciento de sus valores en cartera. El año siguiente «recortó o disminuyó sustancialmente» muchas de sus participaciones menos importantes. Esto no era algo nuevo. Ya había vendido sus acciones en el pasado, pero generalmente sólo cuando había a la vista rendimientos superiores en otra parte y se enfrentaba a restricciones de capital para poder explotar dichas oportunidades. Sin embargo, al mismo tiempo que aumentaba la liquidez gracias a estas ventas, también tenía parados quince mil millones de dólares en activos líquidos. Si había puesto sus miras en mejores rendimientos, no necesitaba realizar activos para ir tras ellos.

Lo más probable es que su decisión de vender reflejara su negativo punto de vista con respecto a la valoración de las acciones que tenía. Sin embargo, la venta de sus participaciones más importantes habría dado lugar a unas ganancias de capital sustanciales y a la consiguiente carga fiscal, un tipo de impuesto que Buffett aborrece pagar.

La oportunidad que se presentaba con la adquisición de General Re era que ofrecía a continuación algo prácticamente perfecto. Él podía utilizar la misma valoración de las acciones que poseía, tal como estaban expresadas en la valoración de Berkshire Hathaway, para comprar una compañía que poseía una cartera de inversiones en la que predominaban con diferencia los títulos de renta fija sobre las acciones.

Antes de la fusión, cerca del ochenta por ciento de los cincuenta mil millones de dólares de activos de inversión de Berkshire se encontraba colocado en el mercado de valores. En cambio, a finales de 1997 General Re tenía en acciones solamente alrededor del veinte por ciento de los veinticuatro mil millones de activos de inversión. Así pues, Buffett redujo su exposición a acciones caras desde el ochenta y uno por ciento a aproximadamente el sesenta y uno por ciento sin pagar un centavo en impuestos.

Hasta la fecha en que esto se escribe, y desde la adquisición de General Re, el índice S&P 500 ha caído un veinticuatro por ciento, y los bonos han producido un rendimiento total de alrededor del veintiséis por ciento. No lo hizo en mal momento. Pero la preocupación de Buffett no era el momento oportuno de sus inversiones sino su precio. Su objetivo era incrementar los rendimientos a obtener de la enorme reserva de liquidez que había adquirido con General Re, la cual había sido invertida forzosamente de forma muy conservadora durante la propiedad anterior de la compañía. También tenía sus miras puestas en fortalecer «otros negocios generadores de ingresos» de Berkshire, con el objetivo de permitir que sus actividades aseguradoras, ahora mucho más importantes, fueran más agresivas cuando llegara el momento oportuno.

A pesar del hecho de que el mercado de valores estuvo generalmente sobrevalorado, hacia finales del siglo veinte se había separado claramente en dos partes. Las acciones de la nueva economía disfrutaban de un enorme mercado alcista. Entretanto, los valores de la vieja economía —en especial los del tipo de capitalización pequeña y media— se encontraban en medio de un mercado bajista a gran escala.

Cuando las cotizaciones caen en un mercado a la baja, las compañías encuentran cerrado uno de los caminos para recaudar capital: el mercado de valores. Además, otras formas de financiación, como la deuda corporativa, también pueden ser muy caras. El problema se agravaba, tal y como Buffett dijo a sus accionistas en 2000, «por el hecho de que el mercado de los bonos basura también se secaba a medida que el año avanzaba»:

> En los dos años precedentes, los compradores de bonos basura habían relajado sus estándares, comprando las obligaciones de unas sociedades emisoras cada vez más débiles a unos precios inapropiados. Las consecuencias de esta laxitud se dejaron sentir el último año en una escalada de impagados. En este entorno, los compradores «financieros» de empresas —aquellos que desean comprar utilizando solamente una parte en acciones— no fueron capaces de tomar prestado todo lo que creían que necesitaban. Como nosotros analizamos las adquisiciones sobre la base de utilizar sólo acciones, nuestras evaluaciones no cambiaron, lo que quiere decir que fuimos considerablemente más competitivos.

Warren Buffett se siente satisfecho de reinvertir en sus negocios actuales, siempre y cuando ofrezcan oportunidades de generar altos rendimientos. Pero le encantan los mercados bajistas porque le permiten acelerar el proceso de cambio en Berkshire Hathaway.

En general, el cambio es relativamente frío: en el margen, recolectar la liquidez en exceso de Berkshire y colocarla en nuevos negocios cuyos precios sean atractivos, en la periferia de la variación en empresas como Flight Safety y Executive Jet, en las que el cambio engendra oportunidad, o en el borde posterior de variación en la fabricación de calzado, donde la inercia ofrece un tipo de oportunidad distinta.

Con la adquisición de General Re, sin embargo, Buffett obtuvo más liquidez que en cualquier otra situación anterior. Disponía de valor en abundancia y aprovechó la oportunidad para reorientar la compañía a través de la adquisición (inspire a fondo ahora) de Jordan Furniture, el setenta y seis por ciento de MidAmerican Energy; CORT Business Services, el líder nacional de alquiler de mobiliario; U. S. Liability y sus dos compañías asociadas que, unidas, dan lugar a una aseguradora de riesgos excepcionales de tamaño medio; Ben Bridge Jeweler, un comercio detallista de sesenta y cinco plantas de la Costa Oeste; Justin Industries, la empresa líder de botas vaqueras y principal fabricante de material de construcción de Texas y cinco estados vecinos; Shaw Industries, el mayor fabricante de alfombras del mundo con unas ventas anuales de alrededor de cuatro mil millones de dólares (lo que le convierte en el segundo negocio más importante de Berkshire después de los seguros); Benjamin Moore Paint; Johns Mansville Corp., empresa líder a nivel nacional en la producción de aislamiento industrial y comercial, que ocupa también una posición importante en el campo de sistemas de techado y una diversidad de productos de ingeniería; el noventa por ciento de MiTek Inc., un fabricante de conectores de acero y software de ingeniería de diseño; XTRA Corporation, empresa líder en el campo del alquiler de trailers; casi todo el negocio de prendas de vestir de Fruit of the Loom, una compañía en quiebra, y finalmente Garan, otro fabricante líder de prendas de vestir.

En total, Buffett ha invertido una liquidez de diez mil millones de dólares para efectuar estas trece transacciones. La organización integrada de acumulación de valor se ha puesto a trabajar y Buffett ha transformado Berkshire Hathaway desde lo que se percibió (erróneamente) por muchos como una compañía *holding* para inversiones en el mercado bursátil a una compañía (inconfundiblemente) operativa.

A pesar del hecho de que si el mercado bursátil vuelve a ofrecer valor a nivel general Buffett aumentará su cartera de participaciones minoritarias, la especulación de que esta reorientación de Berkshire Hathaway forma parte de su gran plan de su sucesión tal vez no sea muy desacertada. Aunque Lou Simpson tiene en GEICO un historial envidiable como gerente de inversiones y probablemente asumirá esta función cuando Buffett abandone la escena, el culto que rodea a Buffett como hábil selector de valores morirá con él. El legado que le sobrevivirá, sin embargo, es el ligado a la cultura corporativa que ha establecido dentro de las compañías operativas de Berkshire.

Después de que se haya marchado, esto será lo que sostendrá el crecimiento del valor intrínseco de Berkshire; eso es lo que Buffett ha estado haciendo con la reserva de liquidez de General Re desde 1998. Son unas reservas que ya existían cuando Buffett consideró por primera vez la adquisición de General Re en 1996. Lo que no existía aún era la oportunidad en cuanto a la fijación del precio relativo de ambas compañías y al mercado bajista para los valores de la vieja economía.

Como gestor de capital, por tanto, más que anticipar el cambio, lo que hacía Buffett era reaccionar ante el mismo.

Descubriremos a continuación qué es considerado más proactivo como líder de las personas que gestionan capital en su nombre.

REALIZACIÓN DEL CAMBIO

> *Si las ganancias se hubieran retenido cuando no procedía, es probable también que los directivos se hubieran retenido improcedentemente.*
>
> Warren Buffett

Warren Buffett trabaja sólo con personas que le gustan, en quienes confía, a las que admira y que actúan como propietarias.

Tan importante es esta mentalidad de actuar como propietario cuando se vela por el dinero de los demás que si un gerente deja de hacerlo es mejor que vaya con cuidado, sin importar la relación personal que tenga con Warren Buffett.

Buffett ha descubierto que cuando un directivo deja de concentrarse en el verdadero objetivo es prácticamente imposible corregir su conducta a través de la persuasión. «Yo diría que no es bueno el historial que

Charlie y yo tenemos en cuanto a cambiar, a través de la persuasión, la trayectoria de personas correctas e inteligentes que creíamos que estaban actuando de forma poco inteligente», afirma. Las leyes de la naturaleza humana son de tal índole que Buffett es incapaz de cambiar a dichos individuos (ni tampoco lo desea, lo que quiere es trabajar con ellos). La única opción que le queda a Buffett es el cambio de gerencia, aunque no le guste utilizarla: «los cambios de dirección o gerencia, como los conyugales, son dolorosos, arriesgados y llevan mucho tiempo». Esto contribuye a explicar por qué pone tanto énfasis en el aspecto inicial de este rol que hace referencia a la selección de directivos con los que desea asociarse. Pero prácticamente desde el primer día de su transformación en gerente que también invierte, Buffett ha estado realizando el cambio y haciendo el «trabajo sucio» que acompaña a esta función.

Cuando los directivos de Dempsey, la primera compañía de la que se hizo con el control, se mostraron reacios a dejar de invertir en proyectos que aportaban un bajo rendimiento y a enviarle las reservas de liquidez en exceso, Buffett los destituyó. Se puso al frente a Harry Bottle, recomendado por Charlie Munger, quien, sin miramientos, redujo costes, cerró plantas, liquidó existencias y despidió empleados.

Haciéndose eco de las palabras de Jack Welch: «Podíamos ser humanos y generosos con las personas que dejábamos marchar [...]. Al irse pronto, tenían más trabajos a su disposición», Buffett comentaba lo siguiente sobre el coste humano de esta necesidad: «Si los conservábamos, la compañía habría ido a la quiebra. Yo he seguido de cerca su trayectoria y la mayoría de ellos están mejor ahora».

Cuando Buffalo Evening News tropezó con dificultades cuando competía con Courier Express, Buffett cambió también a su gerente, lo reemplazó en 1980 por un hombre de confianza como Stan Lipsey. Al igual que Harry Bottle, Lipsey aplicó los controles operacionales que Buffett creía necesarios. Buffett no estaba preparado para hacer esto por sí mismo, pero sí que lo estaba para tener un representante que lo hiciera en su lugar.

En 1985, después de que K & W Products, una pequeña filial de Berkshire que fabricaba productos de automoción, hubiera «dado un estrepitoso traspiés», Buffett permitió a Charlie Munger, que supervisaba las actividades de K & W, que incorporara de nuevo a Harry Bottle. Fue nombrado director general y al año siguiente los beneficios de K & W alcanzaron una cifra récord.

En 1999 Buffett tomó la medida excepcional de trasladar un director general de una filial a otra. Brad Kinstler pasó de Cypress Insurance Company a Fechheimer Brothers, una empresa fabricante de uniformes que Berkshire había adquirido en 1996 y que había tenido problemas de alta dirección desde que los dos hermanos fundadores de la compañía abandonaron la escena algunos años antes.

Cuando la empresa filial Home and Auto disminuyó sus estándares aseguradores a principios de la década de 1970, Buffett ascendió por «méritos de guerra» a John Seward. En 1978 se fichó a Frank de Nardo para que enderezara la empresa National Indemnity California Worker's Compensation, que era un desastre. Y cuando GEICO tropezó con problemas parecidos a principios de la década de 1990, una época en que Buffett poseía más de la mitad de la compañía, él se sintió obviamente insatisfecho con el modo en que Bill Synder, el sucesor de Jack Byrne como director general, había extendido la compañía hacia otras áreas no esenciales y realizado una serie adquisiciones. Más adelante, en 1993, Synder decidió «jubilarse precozmente», momento en que Tony Nicely y Lou Simpson se convirtieron en co-directores generales.

Ron Ferguson también se ha jubilado. El nuevo equipo de dirección en General Re lo componen ahora Joe Brandon y Tad Montross.

La faceta sorprendentemente intervencionista del estilo de dirección de Buffett no se limita a aquellas compañías de las que él es propietario único o mayoritario; parece evidente que también ha trabajado entre bastidores en aquellas compañías en las que tiene inversiones importantes.

«En las reuniones del consejo de administración, la crítica hacia la gestión del director general suele considerarse el equivalente social del eructo», comenta Buffett. Cuando asiste a una reunión, Warren Buffett no teme eructar (aunque sopesa hacerlo frente al riesgo de que no le inviten de nuevo).

Cuando el presidente de Coca-Cola, Douglas Daft, anunció su propósito de adquirir Quaker Oats en 2000, la Bolsa de Valores emitió su veredicto público haciendo bajar bruscamente la cotización de la acción para reflejar la destrucción inminente de valor como consecuencia de la transacción. El consejo tomó buena nota de ello y obligó a Daft a que pasara por la vergüenza de retractarse. Según James Williams, miembro del consejo y presidente del comité ejecutivo de Sun Trust Banks Inc., Buffett era el disidente más ruidoso de la reunión en que se discutía la transacción, proclamando que el precio propuesto era demasiado alto.

Los consejos de administración en los que Buffett participa pueden ser animados. El antecesor de Daft, Doug Ivester, fue destituido de su puesto por el consejo de Coca-Cola. Es razonable pensar que Buffett contribuyó decisivamente a tomar esta decisión. Ivester hacía perseguir a la compañía objetivos establecidos centralizadamente que resultaba que no tenían relación con lo que era alcanzable a raíz de la crisis que envolvía a sus mercados emergentes y de la parálisis deflacionaria que se cernía sobre los más desarrollados. En esta dirección las ganancias se retenían con no muy buen criterio e Ivester había cesado de actuar como lo haría un propietario.

Igualmente, Gillette también había soportado una época en que su administración se había desviando del buen camino (lo cual se ampliará en el capítulo 9). Sucesivamente perdió los servicios de Alfred Zeien y luego, poco después, los de su sustituto como presidente, Michael Hawley.

Y en julio de 2002 Coca-Cola anunció que comenzaría a considerar los costes de opciones sobre acciones como gastos, utilizando un método recomendado por Buffett. *Washington Post*, de cuyo consejo de administración Buffett también forma parte, siguió el ejemplo (tan sólo puede ser cuestión de tiempo en Gillette). Donald Graham, presidente y director general del *Washington Post*, daba fe de lo que ya sabemos: «Yo y todos los miembros del consejo y de la dirección hemos estado escuchando a Warren Buffett y creemos que sus argumentos son bastante persuasivos».

▲▲▲▲▲

Warren Buffett comete errores. Gestiona el cambio y realiza el cambio. Es un hombre seguro de sí mismo. «Nunca he tenido dudas de mí mismo. Nunca me he sentido desanimado», afirma. «Siempre supe que iba a ser un hombre rico.»

No obstante, no es un director general que tenga un exceso de confianza en sí mismo.

Buffett aprende de sus errores. Ha graduado la confianza en sí mismo. Acepta la realidad y cambia los gestores de capital cuando tiene que hacerlo. También ha desarrollado un modelo para su propia gestión de capital, que le permite gestionar el cambio a través de la reacción frente al mismo, en lugar de intentar dominarlo como podría hacerlo un individuo excesivamente seguro de sí mismo.

Dice Buffett:

> *El ejecutivo moderno se refiere a su «cartera» de empresas, dando a enten-*
> *der que todos ellos son candidatas a la «reestructuración» siempre y cuan-*
> *do tal maniobra sea impuesta por las preferencias de Wall Street, las con-*
> *diciones de funcionamiento o un nuevo «concepto» corporativo.*

A diferencia de éste, el hombre para todas las épocas tiene un modelo para todas ellas. Por consiguiente, la acumulación de valor prosigue.
Con el objetivo de apreciar mejor por qué esto es así, pasemos al siguiente capítulo, en el cual se expondrá en detalle el modelo de Buffett para la
gestión de capital.

7

El círculo de competencia

En entornos complejos, el experto que triunfa está creando una «simu-
lación» del sistema en su cabeza, que está llena de información proce-
dente de fuentes muy distintas. De algún modo, la diversidad de infor-
mación que hay en su cerebro da lugar a la aparición de una solución al
problema.

Norman Johnson

Tratamos de pensar en cosas que son importantes y conocibles. Hay cosas
importantes que no son conocibles... y hay cosas que son conocibles pero
no importantes, y no tenemos que llenar nuestras mentes con éstas.

Warren Buffett

Cuando decide no equipar a Berkshire Hathaway con un plan estratégico, Warren Buffett se ha robado a sí mismo uno de los instrumentos
esenciales del liderazgo: una hoja de ruta. Paradójicamente, sin embargo,
sigue firme al mando del destino de Berkshire Hathaway, con la seguridad de alcanzar el objetivo que ha establecido para la compañía. Esto se
debe a que ha establecido un círculo de competencia dentro del cual
lleva a cabo su gestión de capital.

Dentro de su círculo de competencia, Buffett sabe cuáles son las
leyes a aplicar en la asignación de capital. Es capaz de determinar la
oportunidad. También lo es de señalar el origen de sus errores para así
enmendar sus normas de toma de decisiones en caso necesario. Y es el

círculo de competencia de Buffett el que le proporciona la sensación de control que todos los seres humanos reclaman cuando se enfrentan a la incertidumbre, y que la mayoría de los directores generales han «descubierto» en la adopción de sus planes estratégicos más convencionales. Buffett reitera:

> *No tenemos un plan maestro. Charlie y yo no nos reunimos para planear estrategias o hablar sobre el futuro de diversos sectores o de temas similares. Sencillamente no pasa esto... Simplemente tratamos de sondear todo el mundo financiero y buscar cosas que comprendamos, donde creamos que tenemos una ventaja competitiva duradera, allí donde nos guste la gerencia y donde el precio sea razonable.*

Buffett es famoso por la objetividad que aplica a sus opiniones relativas a comprensión, ventaja competitiva, dirección y gestión, y precio a que ha aludido más arriba. Da la impresión de que lleva a cabo su análisis y procede a la acción, o a la inacción, sin emoción. Sin embargo, aunque es cierto que la ventaja competitiva de Buffett en la gestión de capital procede de su objetividad, esto no se logra por ser, de algún modo no explicado hasta ahora, una persona carente de emoción. Las emociones no pueden, no deberían, sacarse del proceso de toma de decisiones; son una aportación importante al proceso —especialmente cuando se tata de decisiones arriesgadas con miras al futuro en las cuales Warren Buffett sobresale—. Solamente cuando son demasiado fuertes, las emociones interfieren con la capacidad de hacer un juicio efectivo.

Como responsable de asignar capital —y como ser humano— hay que tener equilibrio. Warren Buffett lo tiene. Toda decisión que toma sobre asignación de capital se toma desde una posición de la máxima seguridad psicológica. Su círculo de competencia es indispensable en este aspecto. Pero él también ha hecho el trabajo preparatorio por anticipado para asegurarse de que se siente cómodo con el comportamiento indicado por la gestión de capital dentro de este círculo y que está de acuerdo con sus dictados. Es el *equilibrio emocional* de Buffett el que, en última instancia, le proporciona la objetividad que eleva y mantiene por encima del promedio su enfoque inhabitual a la gestión de capital.

EL CÍRCULO DE COMPETENCIA

Thomas J. Watson Sr., de IBM, seguía la misma norma: «No soy un genio»... «soy listo en algunas cosas, pero me sitúo alrededor de ellas».

Warren Buffett

He averiguado cuál es el perímetro de mi círculo de competencia. Si me nombran cualquier gran compañía de Estados Unidos, puedo decir en cinco segundos si está o no dentro de mi círculo de competencia, y si lo está es probable que tenga algún tipo de estimación sobre ella.

Warren Buffett

Individuos únicos como responsables de asignar capital, Warren Buffett y Charlie Munger no escudriñan el futuro socioeconómico cuando toman decisiones en nombre de sus accionistas. «Seguiremos ignorando las previsiones políticas y económicas, que constituyen una distracción costosa para muchos inversores y hombres de empresa», afirma Buffett.

Buffett y Munger no creen que la economía se preste a ser prevista en el sentido en que se practican las previsiones. Al igual que el mercado bursátil, en el que también coloca capital, la economía es un «sistema de adaptabilidad complejo» que está equilibrado en estado crítico. Cualquier pequeño cambio en el interior de la economía puede conducir a un resultado proporcional o disparar una avalancha de efectos relacionados que den lugar a un resultado desmesurado. A corto y medio plazo, la dirección y magnitud de los efectos son dictados, por tanto, por contingencias que no pueden ser determinadas.

Para generar unas previsiones que sean significativas en dichos sistemas, afirma Per Bak, «se tendría que medir todo y en cualquier parte con absoluta precisión, lo cual es imposible. Luego se habría de llevar a cabo un cómputo preciso basado en esta información, lo cual es igualmente imposible».

Warren Buffett está de acuerdo y observa lo siguiente:

Hace años nadie podía haber previsto la enorme expansión de la Guerra de Vietnam, los controles salariales y de precios, dos sacudidas petrolíferas, la dimisión de un presidente, la disolución de la Unión Soviética, una

caída de 508 puntos del índice Dow Jones o las rentabilidades de los
Bonos del Tesoro fluctuando entre el 2,8% y el 17,4%.

No obstante, el reconocimiento de su propia incapacidad para predecir estos tipos de acontecimientos no ha impedido a Buffett gestionar de
modo racional el capital a su disposición.

Al definir los límites de la utilización de capital de Berkshire Hathaway, Buffett se refiere a una representación del universo que él
lleva en su cabeza. Es un meta-modelo, una síntesis de la serie de modelos mentales que aplica en su análisis del mundo. Se trata de un
modelo que no opta por lo completo. Es un modelo que reconoce
que algunas cosas que son conocibles no son importantes. Acepta
también que otras cosas que son importantes son no conocibles. Es un
modelo que excluye todo lo demás y se focaliza en lo importante y
conocible.

Buffett prefiere tomar sus decisiones de asignación de capital dentro
del dominio de lo importante y conocible. Ésta es su zona de golpe, si se
quiere, donde se siente feliz de hacer oscilar su bate ante los lanzamientos
que vienen en su dirección. Encierra un universo en el que puede hacer
una evaluación objetiva de las oportunidades que se le presentan, un universo en el que las variables que tiene en cuenta en su proceso de toma
de decisiones son tan patentes que casi puede tocarlas, y donde se siente
tan seguro de ellas que puede erradicar en lo fundamental la incertidumbre.

Para poder administrar este estado de conocimiento adquirido,
Buffett prescribe para sí mismo el círculo de competencia que se
muestra en la figura 2. Lo traza de acuerdo con las instrucciones siguientes:

1. *Establece* lo que sabe a través de la identificación de *verdades*, las
    dinámicas que se encuentran tras ellas y las relaciones existentes
    entre las mismas.
2. Se *asegura* de lo que sabe a través de un proceso de *inversión* me-
    diante el cual busca rebatir sus conclusiones previas.
3. *Comprueba* lo que sabe a través de la búsqueda del *feedback* de las
    consecuencias de sus decisiones.

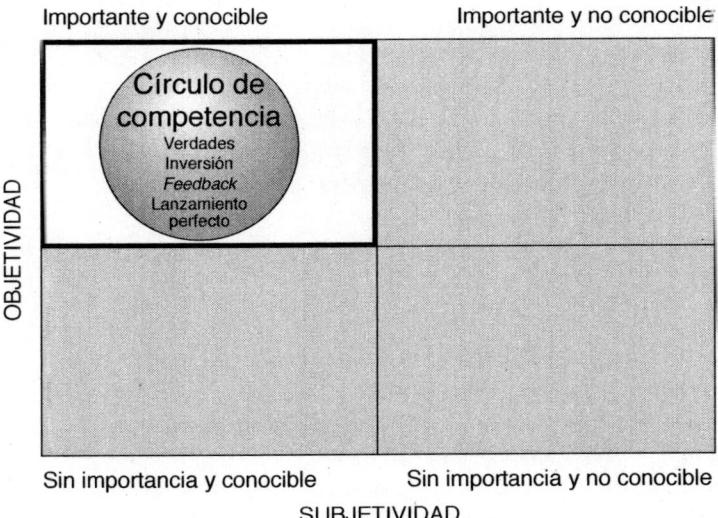

Figura 2. El círculo de competencia

VERDADES

> *Nuestro trabajo consiste realmente en focalizarse en cosas que sabemos que marcan una diferencia. Si algo no marca una diferencia, o no podemos saberlo, entonces lo descartamos.*
>
> Warren Buffett

> *Busco lo que es permanente, y lo que no lo es.*
>
> Warren Buffett

Warren Buffett dice que él y Charlie Munger se consideran «analistas de negocio, y no analistas de mercado, ni analistas macroeconómicos y ni siquiera analistas de valores».

Como tal, cuando Warren Buffett se embarcó en su carrera de inversiones, analizó todas las compañías de Estados Unidos que cotizaban en el mercado de valores. En efecto, empezó por la A y fue avanzando por todo el alfabeto. Comenta lo siguiente:

Cuando se trata de adquirir un conocimiento sobre sectores en general y compañías en particular, lo primero que hay que hacer es leer algo sobre ellas y luego salir y hablar con sus competidores, clientes, proveedores, empleados actuales y pasados, etcétera. Prácticamente todo lo que hemos hecho ha sido a través de la lectura de informes públicos y luego tal vez haciendo preguntas aquí y allá, para determinar posiciones comerciales, puntos fuertes de producto, etcétera.

Warren Buffett

Cada vez más, a medida que llevaba a cabo esta investigación, Buffett fue desarrollando los modelos mentales que le permitirían crear un orden a partir de lo que estaba aprendiendo.

Así pues, aunque reconoce de buena gana que todas las empresas están sujetas al cambio con el paso del tiempo, ha establecido que existen verdades incontrovertibles en el campo del analista de negocios que son aplicables y que es esperable que se mantengan a largo plazo, incluso en el marco de sistemas complejos.

Buffett descubrió estas verdades en las leyes de la economía de la empresa: en la lotería de la intensidad de capital, en los requisitos de capital necesarios para mantener el statu quo y los necesarios para que la empresa crezca, en la inevitabilidad de las fuerzas que hacen converger los valores a corto plazo a los promedios a largo plazo (reversión a la media), y en la protección frente a las proporcionadas por las franquicias, independientemente de cómo éstas se definan.

Las descubrió en la propuesta humana. En el sistema de conexiones mental que gobierna la conducta de los directivos y determina la efectividad de su liderazgo, y en el mismo sistema de conexiones que gobierna la interacción entre la firma y sus clientes, y entre las direcciones de las empresas y sus accionistas.

Las descubrió en la premisa fundamental de creación de valor: que es dependiente de la capacidad gerencial para generar ganancias incrementales sobre el capital, «iguales o superiores a las generalmente obtenibles por los inversores».

Las descubrió en la ecuación de valor: en la que incorpora una combinación de *economía de empresa* y de *propuesta humana* al cálculo que le permite calcular el precio.

Y las descubrió en la característica esencial de sistemas de adaptación complejos, que es que ellos le proporcionarán oportunidades: «El hecho de que las personas sean tan codiciosas, miedosas o disparatadas es predecible. Lo que no es predecible es la secuencia», afirma Buffett. Por tanto, aunque él no sepa cuándo, dónde o cómo se le presentarán las oportunidades, lo que sí sabe es que «es prácticamente seguro que habrá oportunidades de vez en cuando para que Berkshire las aproveche dentro del círculo que hemos marcado».

El círculo de competencia de Buffett rodea aquellos sectores y empresas en los cuales tiene la seguridad de ser capaz de identificar, comprender y prever las dinámicas contenidas en sus verdades. Tal vez, y como era de esperar, restringe a lo simple este universo de lo conocible e importante. «La conclusión puede parecer improcedente», afirma, «pero tanto en los negocios como en las inversiones suele ser bastante más rentable pegarse simplemente a lo fácil y lo evidente que tratar de resolver lo difícil».

Aunque Buffett atestiguará que sus modelos mentales han mejorado a lo largo del tiempo, el tamaño de su círculo de competencia con respecto a los negocios que se siente capaz de valorar no ha cambiado desde esas primeras incursiones. Así son de inmutables las leyes de la economía de la empresa.

Sin embargo, en correspondencia a la explosión de conocimiento adquirido que llegó más adelante, Buffett ha ido afianzando progresivamente el perímetro de su círculo con respecto a su conocimiento del modo en que la conducta humana configura estos fundamentos. Éstas fueron las lecciones que Buffett aprendió cuando pasó de inversor de «colillas de puro» a gestor de capital y, forzosamente, a líder. Él confirma:

Charlie y yo hemos aprendido mucho sobre muchas empresas a lo largo de cuarenta o cincuenta años. Sin embargo, por lo que se refiere a cosas nuevas que se nos presentaban, es probable que fuéramos jueces tan competentes al final del segundo año como lo somos hoy. Pero sí creo que hay un pequeño plus debido a la experiencia —más bien referente al comportamiento de los seres humanos y temas similares que al conocimiento de aspectos concretos de un determinado modelo de negocio.

INVERSIÓN

Es claramente irritante que una mayor reflexión no sea completamente positiva sino que también introduzca algún error adicional. La mejor defensa es la que practican los mejores físicos, quienes sistemáticamente se critican a sí mismos hasta un grado extremo, como el siguiente: el primer principio es que usted no debe engañarse a sí mismo y usted es la persona más fácil de engañar.

Charlie Munger

Existe una escuela de pensamiento que afirma que los seres humanos aceptan toda la información que encuentran inicialmente correcta y posteriormente codifican de nuevo la información que se descubre que es falsa. El comportamiento de Warren Buffett sugiere que él se adhiere a este punto de vista.

Buffett está convencido de que la transformación de un área de conocimiento en círculo de competencia y mantenerlo así, sólo puede lograrse si él insiste constantemente en testar lo que cree que es cierto. Charlie Munger, por ejemplo, dice que tanto él como Buffett «tenemos una gran capacidad para modificar nuestras conclusiones previas». La razón es que ambos tienen la costumbre de poner al revés sus argumentos. Comenta Charlie:

El habito mental de pensar hacia atrás obliga a la objetividad. Una de las formas de pensar hacia atrás sobre algo es considerar tu asunción inicial y decir: «Intentemos rebatirla».

Prosigue:

Por ejemplo, si usted fuera contratado por el Banco Mundial para ayudar a la India, sería muy útil determinar las tres mejores maneras de aumentar la miseria por hombre y año en la India —y luego dar un giro radical y evitarlas—. Así pues, piense hacia atrás y hacia delante. Es un truco que funciona en el campo del álgebra y también en la vida. Si no lo practica, nunca será realmente un buen pensador.

Así pues, Buffett y Munger, dos individuos con una forma de pensar similar y que suelen estar acuerdo en la mayoría de las cosas, superan el potencial que esto tiene para perjudicar su conocimiento adquirido tratando de derribar constantemente sus argumentos, recurriendo para ello a la utilización de todos sus modelos mentales. Si los argumentos aún siguen en pie —Buffett llama a Munger «el abominable no-hombre»— después de haberlos hecho atravesar por estos modelos mentales, entonces es que en realidad podrían tener algún mérito.

FEEDBACK

> *Parte de lo que se debe aprender es como manejar los errores y nuevos hechos que modifican las probabilidades.*
>
> Charlie Munger

El único modo de que Buffett pueda dar validez a las normas de decisión que se originan dentro del círculo de competencia es buscando e incorporando *feedback* de ellas.

«Atormentarse por los errores es una equivocación», afirma Buffett. «pero reconocerlos y analizarlos puede ser de utilidad». Siguiendo esta filosofía, Buffett lleva a cabo sus análisis posteriores a las decisiones, pero no de las que ha acertado (los falsos positivos no le proporcionarán la información que está buscando), sino de las que ha fallado.

Ésta es la razón de que Buffett esté tan dispuesto a confesar su propia condición de mortal. En 1986 decía lo siguiente a sus accionistas en una de sus confesiones habituales:

> *Como pueden ver, lo que les dije el año pasado sobre nuestras responsabilidades por pérdidas estaba lejos de la verdad —y ése es un error cometido durante tres años seguidos—. Si las normas fisiológicas que se aplicaban a Pinocho se aplicaran a mi persona, mi nariz atraería ahora a las multitudes.*

Buffett conserva un marcador interno de su propio rendimiento totalmente honesto, en el que no deja a su psique lugar para ocultarse. Es crucial que cuente en su contra los errores que la mayoría de nosotros nos permitimos por temor a las consecuencias —los errores de omisión.

> *Un error es cuando algo que entendemos está ante nosotros, lo miramos fijamente y no hacemos nada. La contabilidad convencional, desde luego, no los recoge en absoluto. Pero están allí, en nuestro cuaderno de puntuación.*

Él considera el modo en que se forma su puntuación —los golpes de suerte no cuentan.

En entornos en los que el *feedback* sobre las decisiones tomadas es inequívoco y oportuno, como en la meteorología y en el *bridge*, se ha descubierto que los practicantes han desarrollado un excelente sentido de su capacidad de juicio en comparación con los que toman decisiones en escenarios en los que el *feedback* no posee estas características. Buffett —que casualmente es un excelente jugador de *bridge*— quiere graduar su precisión crítica del mismo modo. Quiere reducir el número de errores que comete. Pero, más importante aún, quiere ser capaz de determinar un intervalo de previsión dentro del cual pueda estar relativamente seguro de que allí se producirá el resultado. Ésta es la esencia de la seguridad apropiadamente graduada o calibrada. Aclara la razón de que diga lo siguiente a sus accionistas:

> *Quiero ser capaz de explicar mis equivocaciones. Si vamos a perder su dinero, queremos ser capaces de explicar el próximo año cómo lo hicimos.*

Esto explica también la razón de que Buffett reduzca la ambigüedad que pueda haber en el *feedback* posterior a la decisión siendo sincero consigo mismo.

Después de haber establecido las verdades de su círculo de competencia, haber adquirido la costumbre de poner al revés sus argumentos y haber buscado *feedback* sobre la calidad de las normas de decisión que está empleando, la tarea que tiene ante sí Buffett al utilizar este modelo en su gestión del capital de Berkshire es descubrir valor. La herramienta necesaria que le permite hacer esto es, lógicamente, otra verdad incontrovertible: la ecuación de valor.

ECUACIÓN DE VALOR

> *El valor actual de cualquier acción, bono o negocio viene determinado por las entradas y salidas de flujo de caja —descontadas a una tasa de interés apropiada— que se pueda estimar que se producirán a lo largo de la vida que le queda al activo.*
>
> Warren Buffett

Sencillamente leemos los periódicos, reflexionamos sobre unas cuantas pro-
puestas importantes y nos guiamos por nuestra percepción de cuáles son
las probabilidades.

Warren Buffett

Buffett nos dice que la ecuación de valor descrita en la cita de arri-
ba fue puesta por escrito hace unos setenta años por John Burr
Williams. Con una cierta manipulación de los términos utilizados,
Buffett utiliza la ecuación en toda situación de asignación de capital de
Berkshire.

La aplica a inversiones agrícolas, negocios petrolíferos, bonos, acciones,
billetes de lotería y plantas de fabricación. Ni la llegada de la máquina
de vapor, ni la utilización generalizada de la electricidad, ni la creación
del automóvil cambiaron un ápice la fórmula —ni tampoco lo hará
internet—. Basta insertar las cifras correctas y se podrá clasificar el
grado de atractivo de todos los posibles usos del capital a lo largo del
universo.

Hay dos elementos en esta ecuación para todo: 1) la previsión de
futuros *cash-flows* y 2) la certeza asociada a la producción de este *cash*
flow previsto, junto a la determinación de la tasa a la que los *cash flows*
o flujos de liquidez se descuentan a su valor actual. Cuanto mayor sea
el riesgo de un proyecto (por ejemplo), mayor debería ser la tasa de
descuento a aplicar en la ecuación, y menor el valor del negocio para
cualquier producción dada de liquidez. No se conoce un negocio si no
se pueden hacer estimaciones respecto a 1) y 2). Aquellos que Buffett
cree que es capaz de estimar definen su círculo de competencia.

El riesgo al que se enfrenta cualquier inversor, comenta Buffett, es
que el rendimiento sobre la inversión no le proteja de su capacidad de
compra frente a la inflación, más un coste de oportunidad que puede
medirse a través del rendimiento que el inversor podría haber obtenido
en otro tipo de inversión. Al mismo riesgo se enfrenta cualquier individuo que coloque capital y aunque, según Buffett, esto no puede calcularse «con precisión matemática, sí se puede estimar con un grado de precisión que sea de utilidad».

Frecuencias estables y la precisión
del conocimiento adquirido

Con una excepción muy importante que describiré en el capítulo 9, cuando persigue este grado de precisión, Buffett se siente inexorablemente atraído hacia *rangos* de probabilidad cuantificables y conocibles como los que existen en el sector de los seguros generales, en los que el se siente tan cómodo fijando precios. El universo de lo importante y lo conocible no puede ser tal a menos que Buffett pueda especificar las probabilidades contenidas en el mismo. Lo que busca son frecuencias estables.

Una analogía útil en este aspecto nos la proporciona el póquer. Se trata de un proceso complejo que contiene una gama de posibles resultados, al igual que cualquier operación empresarial. En cualquier mano en concreto, la probabilidad de que una determinada combinación de cartas sea la ganadora sólo puede *estimarse* de forma imprecisa. Sin embargo, si miles de manos están en juego al mismo tiempo, estas probabilidades «ocultas» —las frecuencias estables del juego— se ponen de manifiesto. Son cantidades conocibles.

Esta forma de consideración por parte de Buffett es igualmente cierta para compañías impermeables al cambio. En las empresas que hacen básicamente lo mismo una y otra vez, las frecuencias estables se pondrán de manifiesto separadas de la complejidad de la economía en que operen. No serán probabilidades fijas, pero sí un rango conocible. Tampoco un rango inmutable, pero sí un rango en el que se puede prever el cambio.

De las inversiones que cotizan en bolsa, por ejemplo, Coca-Cola y Gillette se encuentran entre las marcas líderes y mejor conocidas del mundo por las personas que se despiertan sedientas cada mañana y/o necesitan un afeitado. Colocan al alcance de la mano del deseo productos asequibles y de fácil distribución, y respaldan esto con un refuerzo y una dependencia psicológica constantes a través de la publicidad. En efecto, juegan con cartas que proceden siempre de la misma baraja, donde las normas se mantienen igual y donde la cadena de acontecimientos se mantiene al mínimo. Esto permite a Buffett podar el árbol de decisión de su previsión y agregar probabilidades que pueden calcularse con un grado de certeza importante.

Las empresas de este tipo podrían describirse más apropiadamente como un continuo que como un árbol con ramas. El propio Buffett las describe como *Las Inevitables*. Comenta:

Quienes realizan previsiones pueden diferir un poco en su predicción exacta de las ventas que generarán estas empresas de bebidas refrescantes a base de cola o de material para el afeitado los próximos diez o veinte años. Tampoco pretende, nuestra charla sobre la inevitabilidad, quitar importancia al trabajo fundamental que estas compañías deben seguir llevando a cabo en áreas como fabricación, distribución, envase y embalaje, e innovación de producto. Al final, sin embargo, ningún observador sensato cuestiona que Coca-Cola y Gillette dominarán sus respectivos mercados a nivel mundial durante toda la vida de una inversión.

Las otras empresas franquicia de propiedad exclusiva de Buffett presentan básicamente los mismos fundamentos, aunque de un modo más débil. En el mundo sólo hay unas cuantas compañías con las que Buffett se sienta cómodo describiéndolas como Inevitables. «Por tanto, a las Inevitables de nuestra cartera», afirma, «les añadimos unas cuantas *Altamente Probables*», ajustando por deducción la certeza reducida que tiene en la previsión del momento y volumen de sus flujos de liquidez, y calculando el riesgo asociado.

«La experiencia señala», añade, «que los mejores rendimientos los suelen obtener compañías que están haciendo hoy algo bastante similar a lo que hacían hace diez o veinte años». A su propio modo, las Altamente Probables —NFM, GEICO, Borsheim's, Executive JET, etcétera— ocupan el continuo que Buffett está buscando. «Con respecto a los negocios en que pensamos, yo creo que las barreras actuales son tan sostenibles como las que observaba hace treinta años», afirma. A cubierto de un cambio importante, sacando siempre secuencialmente cartas de la misma baraja a lo largo del tiempo, se zafan de las estadísticas de lo conocible que permiten la estimación adecuada de lo importante en la ecuación de valor. Sus *economías de empresa* no presentan una defensa tan sólida frente a la reversión a la media, pero sí la presenta su propuesta humana.

Ésta es la objetividad que Buffett está buscando: procesos de negocio que generen historiales estadísticos que le permitan aplicar una seguridad graduada para producir previsiones que se puedan cumplir; una gama de éstas que se puedan especificar, incluyendo riesgos que se puedan evaluar. A partir de ello, incorporando el rendimiento a diez años de los bonos (normalizados al ciclo económico), descuenta el promedio ponderado de estas previsiones a su valor neto actual. Luego espera.

ESPERAR EL LANZAMIENTO PERFECTO
(THE FAT PITCH)

> *Intentamos practicar el tipo de disciplina de Ted Williams. En su libro The*
> *Science of Hitting, Ted explica que dividió la zona de strike o golpeo en*
> *77 celdas, cada una de ellas del tamaño de una pelota de béisbol. Si se*
> *balancea el bate solamente ante pelotas que van a las «mejores» celdas se*
> *podría batear a 0,400; si las bolas impactan en su «peores» celdas, la es-*
> *quina inferior de la zona de strike, el promedio se reduciría a 0,230. En*
> *otras palabras, esperar el lanzamiento perfecto significaría un viaje al salón*
> *de la fama del béisbol; balancear el bate indiscriminadamente significaría*
> *un billete para las ligas menores.*
>
> Warren Buffett

Hay que tener en cuenta que Buffett resuelve la ecuación de valor en su cabeza. Charlie Munger dice que nunca ha visto realmente a Buffett efectuar un cálculo de descuento de flujos. En esencia, ése es el grado de inteligibilidad que debería tener.

Buffett tiene una hoja de cálculo Excel en su cabeza, lo cual ayuda, pero habría tan pocas variables en su ecuación y tan poca ambigüedad que el cálculo matemático es sencillo. Él no está buscando una precisión absoluta. «Es mejor calcular un resultado aproximadamente correcto que otro equivocado de forma precisa», sostiene. No ha reducido esto a una ciencia numérica. Dice: «Leo a Ben Graham y Phil Fisher, leo informes anuales de empresa e informes sectoriales, pero no hago con ellos ecuaciones con letras del alfabeto griego». Es más bien una cuestión de conocer la gama de posibles resultados. Cuando esto es así, el resto sigue.

Para Buffett, asignar capital a proyectos que ofrezcan un valor neto actual positivo en la zona de golpe es una rutina. Munger explica:

> *He oído decir a Warren desde muy joven que la diferencia entre un buen*
> *negocio y uno malo es que un buen negocio genera una decisión fácil tras*
> *otra, mientras que uno malo ofrece alternativas horrorosas —decisiones*
> *que son extremadamente difíciles de tomar—. Por ejemplo, no es difícil*
> *para nosotros decidir si queremos abrir o no una tienda See's en un nuevo*
> *centro comercial en California. Es seguro que tendrá éxito.*

De hecho, Buffett dice que el fondo de comercio de See's «ha crecido, de forma irregular pero muy sustancial, a lo largo de setenta y ocho años.

Y si dirigimos el negocio de la forma adecuada, probablemente continuarán los crecimientos de este tipo durante otros setenta y ocho años, como mínimo».

Igualmente, Buffett se siente satisfecho de dejar en GEICO que su director general, Tom Nicely, se despliegue como él desea, y declara que «no hay límite a lo que Berkshire está dispuesto a invertir en las nuevas actividades de negocio de GEICO». La situación económica de la empresa es de tal naturaleza que la relación coste/valor de invertir en ella se sitúa cómodamente en la esfera de la figura 2, donde Buffett desea colocar capital. Las oportunidades para hacerlo son los lanzamientos frente a los cuales Buffett se siente satisfecho de permitir a sus directivos que balanceen el bate.

Sin embargo, aun con lo importante que es reinvertir en los negocios actuales, las decisiones de asignación de capital que realmente han merecido la pena en Berkshire Hathaway —las grandes ideas— han sido bastante menos rutinarias. Buffett y Munger reconocen que en dichas asignaciones de capital con la suficiente importancia para determinar la prosperidad de toda una corporación, también es mucho más difícil adquirir una ventaja a través de cientos de decisiones más inteligentes que las del vecino. No hay tantas oportunidades de valor a gran escala para las que Buffett crea que también es posible emitir un juicio fiable *respecto al valor*. Munger comenta:

> *No se les da a los seres humanos un talento tan grande que les permita saberlo todo sobre todo en todo momento. Pero sí que se les da aquellos que se esfuerzan en ello —los que analizan detenidamente el mundo en busca de una apuesta cotizada incorrectamente— para que de vez en cuando puedan encontrar una.*

«Por tanto», comunica Buffett a sus accionistas, «nosotros adoptamos una estrategia que nos exigía ser inteligentes —y no demasiado inteligentes— sólo unas cuantas veces».

Buffett y Munger difieren en el número de veces que han sido inteligentes a lo largo de su carrera profesional conjunta —Buffett estima que alrededor de veinticinco; Munger unas quince—, pero sin ellas el rendimiento de Berkshire habría sido simplemente normal y corriente. Las grandes ideas, como la adquisición inicial de See's y GEICO, son los «lanzamientos perfectos» de la figura 2 que Buffett espera. Es tan evidente que deberían estar en la zona de golpe que su descubrimiento no exige ningún esfuerzo mental.

«Cuando se tiene una gran idea, se sabe», explica Buffett. Hace cincuenta años, por ejemplo, cuando investigó Moody's en busca de colillas de cigarro puro, las evidencias que no exigían esfuerzo mental se ofrecían claramente a su paso. Cuando el valor se definía con relación a activos tangibles, la tangibilidad que Buffett busca era un supuesto que se daba por sentado. «Tengo media docena de fotocopias de estos informes que conservo porque era muy *evidente* que eran *increíbles*», afirma. Aunque Buffett ha reemplazado la ecuación de la colilla de cigarro puro por la más compleja ecuación de valor, su círculo de competencia aún le permite identificar el «lanzamiento perfecto» que podrá golpear para que llegue hasta la grada.

Buffett sabe que estos lanzamientos se efectuarán de vez en cuando. Cuando esto ocurra, disfrutará de una ventaja considerable sobre jugadores de béisbol como Ted Williams. «Al contrario que Ted», observa Buffett, «no se nos puede retirar si nos resistimos a tres lanzamientos que no lleguen a la zona de golpeo».

Buffett no se siente obligado a actuar. «Pero», añade, «si dejamos pasar todas las bolas de hoy, no hay seguridad de que las siguientes que nos lancen sean más de nuestro gusto». Asimismo, aunque Buffett está seguro de que si él y Charlie tuvieran que ocuparse de la evaluación de numerosos «lanzamientos perfectos» en un corto espacio de tiempo, su estimación se demostraría razonablemente satisfactoria, también observa:

> *No tenemos posibilidad de tomar cincuenta o ni siquiera cinco decisiones de este tipo en un año. Aunque nuestros resultados a largo plazo puedan resultar buenos, en cualquier año concreto corremos el riesgo de parecer extremadamente estúpidos.*

Aquí está el problema. La filosofía que respalda la gestión de capital de Buffett, afirma, «frecuentemente nos conduce a un comportamiento poco convencional tanto en la gestión de inversiones como del negocio en general».

La voluntad de Buffett de rechazar la oportunidad cuando la ecuación de valor no tenga sentido puede llevar a largas épocas de letargo. Su entusiasmo compensatorio por apostar cuando sabe que las probabilidades están a su favor, posiblemente enormes sumas, provoca también volatilidad en los resultados de Berkshire. A corto plazo, tanto si desperdicia oportunidades claras en acciones tecnológicas, por ejemplo, como si falla en General Re, es fácil que Buffett parezca desacertado.

Al mismo tiempo, percibe correctamente las consecuencias de no detectar ni conectar con el «lanzamiento perfecto»: «Si durante varios años Charlie y yo no llegáramos a ninguna parte en nuestros intentos de asignación de capital, la tasa de crecimiento de Berkshire disminuiría de forma significativa», observa. La presión que sufriría para que llevara a cabo una gestión de capital más normal (¡no te quedes parado, haz algo!) significa que Buffett puede ser advertido por sus accionistas si simplemente se pone el bate al hombro.

Enfrentado a esta intensa presión, observa sagazmente:

> El comportamiento no convencional es la ruta a seguir. Como grupo, las ratas pueden tener una imagen pésima, pero ninguna rata en concreto ha tenido nunca mala prensa.

La censura que provoca el comportamiento poco convencional de Buffett es indicativa de imaginables consecuencias adversas, en caso de que dicha conducta no consiga los resultados esperados. Y esto engendra un problema por lo que se refiere a la precisión de la cognición de Buffett y a su objetividad.

Cuando las consecuencias imaginables suscitan fuertes emociones, el criterio humano suele llegar a ser extremadamente *insensible* a las diferencias en probabilidades. Buffett declara: «A Charlie y a mí nos gusta cualquier propuesta que tenga una lógica matemática convincente», y ha basado su gestión de capital en su capacidad para adoptar cualquier propuesta de este tipo. Si no fuera capaz de solucionar las consecuencias emocionales de dicho planteamiento y perdiera de vista las probabilidades sobre las que se basa el análisis, las consecuencias serían desastrosas.

MANTENIMIENTO DEL EQUILIBRIO EMOCIONAL EN LA ZONA DE GOLPEO

> La capacidad de sentirse incómodo ante la mera perspectiva de experiencias traumáticas, antes de que éstas se produzcan, y de motivarse por ello a tomar precauciones realistas frente a dichas experiencias, es indiscutible-

mente un mecanismo psicológico tremendamente importante y útil, y pro-
bablemente explica muchos de los logros únicos del hombre. Pero también
explica algunos de sus fracasos más llamativos.

Joseph LeDoux

Sólo hago las cosas que comprendo.

Warren Buffett

Los experimentos que ponen de manifiesto el efecto de las emociones fuertes sobre la toma de decisiones incluyen sujetos a los que se les
dan descargas eléctricas dolorosas de intensidad variable, pero con probabilidad conocida. En la fase de cuenta atrás hasta la descarga, se miden sus
reacciones fisiológicas al shock inminente (la química de sus emociones),
y se ha descubierto que sus respuestas emocionales están correlacionadas
con sus expectativas sobre la *intensidad* de la sacudida y no sobre la *probabilidad* de recibirla.

El motivo de ello es que no podemos considerar las decisiones sin
incluir las emociones. Durante gran parte del siglo veinte el campo de la
psicología denegó esta realidad. Entonces estaba dominada por el concepto de que la cognición «fría» y la emoción existían aisladas una de
otras y se sostenía que cuando ambas se encontraban, las emociones representaban «una interrupción a una forma de ser, por lo demás lógica (y
preferida)».

Hasta ahora se ha sostenido que la objetividad que Warren Buffett
aplica en su toma de decisiones puede explicarse por su capacidad para
extraer la emoción de dicho ejercicio. Esto no puede ser cierto. Por sí
sola, la cognición es incapaz de desencadenar la acción. Después del análisis sólo procedemos a actuar a la luz de las reacciones afectivas o emocionales que suscita el análisis. Tomamos decisiones porque sus posibles
consecuencias se perciben como buenas, malas, seguras, arriesgadas pero
que merecen la pena, inteligentes, estúpidas ¡pero que más da!, porque se
creen correctas o equivocadas, etcétera.

Estos son los marcadores emocionales que acompañan a toda decisión, la movilización de un estado emocional que precede a la acción. Las
capacidades para planificar de forma cognitiva, evaluar los méritos y consecuencias de una decisión y construir consecuencias imaginables son
inseparables. Las personas que tienen deteriorada su capacidad para generar emociones anticipadoras suelen ser muy incompetentes para tomar

decisiones con miras al futuro. Los pacientes con lobotomía frontal, por ejemplo, que son incapaces de evocar respuestas emocionales frente a acontecimientos no presenciados pero imaginados, viven confinados en el presente, son extraordinariamente impulsivos y corren riesgos injustificados. Suelen perder muy rápidamente su dinero en los juegos en que se ven enfrentados a la opción de sacar al azar cartas de una baraja de alto riesgo que paga generosamente premios pero sólo muy de vez en cuando, o de una baraja de bajo riesgo que paga menos pero con mayor frecuencia. A pesar del fuerte deseo que tienen de ganar y de un profundo conocimiento del juego, son incapaces de experimentar la ansiedad que normalmente debería acompañar a la asunción de riesgo. Así pues, consideran la primera opción descrita como menos arriesgada de lo que verdaderamente es.

Por tanto, si se tienen que hacer estimaciones precisas frente a la incertidumbre, las emociones no pueden eliminarse del proceso. Sin embargo, para seguir siendo sensibles a las distribuciones de probabilidad contenidas en la incertidumbre y evaluarlas de forma razonable, las emociones deben mantenerse en equilibrio. Buffett afirma:

> *Muchísimas personas tienen coeficientes de inteligencia más elevados, y muchísimas personas trabajan más horas, pero yo abordo los temas de forma racional. Tienes que ser capaz de controlarte a ti mismo; no puedes dejar que las emociones se interpongan en tu mente.*

El círculo de competencia de Buffett comunica una gran parte de su equilibrio emocional. Dentro del mismo *conoce* lo conocible. Allí domina el proceso de gestión de capital. Lo más importante de su círculo de competencia es que se *siente* al mando y, emocionalmente, esto es muy valioso. «Imagine el coste que representaría para nosotros», dice a sus accionistas, «si hubiésemos dejado que un temor de causa desconocida pospusiera o alterara la utilización de capital».

Para poder estar doblemente seguro de que retiene esta sensación de seguridad, Buffett también ha preparado el terreno por anticipado. Percibe como benignas todas las consecuencias imaginables de su conducta poco convencional: tiene accionistas que son también sus socios; incorpora un margen de seguridad en toda decisión que toma, y aunque Berkshire Hathaway tiene algún endeudamiento en su balance, desde el punto de vista de cómo afecta esto a la voluntad de Buffett de ser agresi-

vo en su gestión de capital, Berkshire es básicamente una compañía libre
de deudas. Es hora de pasar a la figura 3.

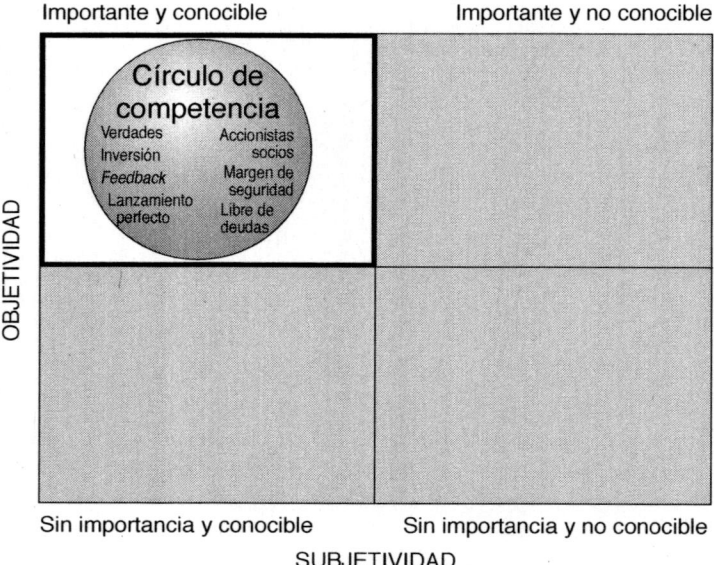

Figura 3. Mantenimiento del equilibrio emocional en la zona de golpeo

ACCIONISTAS-SOCIOS

*Eysenck exponía que la gente extremadamente ansiosa presta atención a
los estímulos asociados a amenazas e interpreta los estímulos y situaciones
ambiguas como amenazantes.*

George F. Lowenstein

*Realmente me gusta mi vida. Me la organicé de modo que pudiera hacer
lo que quisiera. Me evado del trabajo, y cuando estoy allí creo que tengo
que echarme de espaldas y pintar el techo.*

Warren Buffett

Cuando Buffett fundó Buffett Partnership Ltd., en 1956, dijo a los
que le respaldaron: «Todo lo que quiero es entregar una tarjeta de puntuación cuando salga del campo de golf. No quiero que me sigáis ni que
observéis mis errores mientras juego». Ésa es básicamente la forma en que

dirige Berkshire Hathaway. Buffett quiere ser él, y no sus accionistas, quien analice y corrija sus errores. «Cuando las personas toman decisiones y se sienten vigiladas se ponen nerviosas y, en ese estado, son más propensas a concentrarse en lo posible que en lo probable. Con este tipo de actuación, suelen tomar decisiones que pueden defenderse más fácilmente a posteriori en lugar de tomar las que sean más apropiadas.» Esto significa que tienden hacia lo convencional. Pero lo convencional es lo promedio, y Warren Buffett no quiere ser como el promedio.

En la gestión de Berkshire, Buffett trata incluso al más pequeño accionista como un propietario de la empresa igual a él. Por tanto, para sentirse cómodo siendo poco convencional, debe tener el permiso de sus accionistas para actuar de modo original. Es crucial, y con un diseño que se expondrá en el próximo capítulo, que Buffett sea capaz de atestiguar que «Berkshire ocupa posiblemente el primer lugar entre las grandes corporaciones americanas en cuanto a porcentaje de acciones que son propiedad de personas que tienen una perspectiva a largo plazo». Estas personas comprenden las operaciones que realiza Buffett, aprueban las políticas de su presidente, comparten sus expectativas y le permiten que se focalice en lo lógico en lugar de hacerlo en lo defendible.

«No estamos bajo ninguna presión para hacer tonterías», dice Buffett. «Si cometemos tonterías, es porque cometemos tonterías, no porque alguien nos haga cometerlas».

MARGEN DE SEGURIDAD

Confrontados al reto de destilar los secretos de la inversión acertada en sólo tres palabras, nos aventuramos con el lema margen de seguridad.
Benjamin Graham

Aún creo que éstas son las tres palabras apropiadas.
Warren Buffett

Tras la adquisición de General Re, su mayor error cometido hasta la fecha, incluyendo la pérdida más importante e inesperada en la historia del sector asegurador, Buffett aún era capaz de manifestar: «somos tan fuertes como cualquier otra compañía aseguradora del mundo, y las pérdidas sufridas a causa del ataque, aunque han castigado nuestras ganancias actuales, no son significativas con relación al valor intrínseco de Berkshire».

Al esperar que la prima sobre el valor intrínseco de la cotización de Berkshire aumentara en relación al descuento sobre el precio de General Re, Buffett incorporaba un colchón a su compra. Mantuvo también un colchón frente a la adversidad a través de su adhesión a los estándares aseguradores en las empresas de seguros de Berkshire Hathaway que garantizan su seguridad económico-financiera frente a pérdidas ocasionales excepcionalmente importantes.

«Teníamos un margen de seguridad y resultó que lo necesitamos», decía Buffett a sus accionistas tras el 11 de septiembre. Emplea un margen de seguridad en toda decisión que toma, no sólo en el aseguramiento del riesgo o la subdivisión de gestión del capital que está invirtiendo, que es la preocupación de Graham. Tampoco es el actual principio de margen de seguridad el mismo que utilizaba cuando negociaba con colillas de cigarros puros. La protección que Buffett persigue entre el precio que puede pagar por una acción y su valor acostumbraba a residir en el descuento a que se vendía en relación al valor de los activos de su balance. Ahora que sólo compra e invierte en negocios totalmente operativos, el principio se ha transformado en *evaluación objetiva de valor intrínseco*. Es decir, el margen de seguridad de Buffett está incorporado en su ecuación de valor —en sus previsiones y en el intervalo de las mismas—, y no introducido a posteriori. Esto explica la razón de que sea capaz de utilizar la tasa libre de riesgo de los bonos a largo plazo como su tasa de descuento. No tiene que reforzar esto para incorporar el riesgo, y éste es un elemento esencial para la identificación del «lanzamiento perfecto».

Es crucial que Buffett no sea capaz de calibrar su margen de seguridad en caso de colocar su capital en proyectos sujetos a una variación importante. La introducción del cambio en el cálculo sería análoga a la de la adición de nuevas cartas a la baraja en el juego del póquer. Si esto ocurriera, se esfumaría la distribución de probabilidades previamente identificable de resultados positivos con la que Buffett cuenta —sólo para hacerse evidente una vez más si empezáramos de nuevo el proceso de iteración—. Sin embargo, si con la regularidad apropiada se añadiera un número suficiente de cartas a la baraja, el sistema nunca se normalizaría en uno que se prestara a la previsión en el modo en que Buffett entiende el término.

LIBRE DE DEUDA

> *Rechazaremos oportunidades interesantes en lugar de sobrecargar nuestro balance. Este conservadurismo ha penalizado nuestros resultados, pero es el único comportamiento que nos hace sentir cómodos, considerando nuestras obligaciones hacia nuestros asegurados, impositores, prestamistas y los muchos tenedores de acciones que han comprometido a nuestro cuidado una parte muy importante de su patrimonio.*
>
> Warren Buffett

> *El estrés hace sugestionable a la gente.*
>
> Charlie Munger

Juntamente con su principio de margen de seguridad, Buffett se protege también de la ansiedad mediante la utilización de muy poca deuda en su compañía. «Deberías conducir tus asuntos de modo que si ocurren los acontecimientos más extraordinarios, estés todavía en disposición de participar al día siguiente», afirma, y la concentración de entre quince y veinticinco grandes ideas excluye asumir los pagos de intereses que la mayoría de las compañías considerarían apropiados. Muchas compañías que asumen deuda que no encaja con su perfil de riesgo no pueden aparecer en el partido del día siguiente, no porque su propuesta fundamental sea defectuosa, sino a causa de que problemas transitorios de liquidez les hacen incurrir en impagos.

Por tanto, Buffett afirma:

> *No queremos que sea tan sólo probable el cumplimiento de nuestras obligaciones, queremos que sea seguro. Así pues, nos adherimos a políticas —tanto en lo relativo a deudas como en todos los demás asuntos— que nos permitan lograr unos resultados aceptables a largo plazo bajo situaciones extremadamente adversas, en lugar de unos resultados óptimos bajo una serie de situaciones normales.*

Esta «restricción» ha obstaculizado los resultados de Berkshire. Buffett comunicaba a sus accionistas en 1989:

> *En retrospectiva, es claro que unos ratios de apalancamiento significativamente más elevados en Berkshire, aun así convencionales, habrían producido*

unos rendimientos sobre el capital considerablemente mejores que el 23,8%
que hemos promediado en realidad. Incluso en 1965, tal vez pudimos haber
estimado que había un 99% de probabilidades de que un mayor apalanca-
miento no nos conduciría a nada malo. En consecuencia, podríamos haber
considerado solamente un 1% de posibilidades de que alguna conmoción,
interna o externa, provocara un índice de deuda convencional que nos situa-
ra en algún lugar entre la angustia temporal o el impago.

Sin embargo, desde el punto de vista de Buffett, él no ha cometido
ningún error. «No nos habrían gustado estas noventa y nueve probabilidades contra una, y nunca nos gustarán».

Al perseguir el rendimiento adicional que proporcionaría el apalan-
camiento, Buffett también habría tenido que asumir lo que él describe
como «una pequeña posibilidad de angustia o deshonra». Al asegurarse
de que está libre de esta imaginable consecuencia concreta, se concede a
sí mismo la seguridad emocional de esperar a los lanzamientos perfectos
sin temer las consecuencias de que pueda identificar equivocadamente
uno o dos de ellos como tales.

GESTIÓN DE CAPITAL BIEN INFORMADA

Si las opciones sobre acciones no son una forma de remuneración, ¿qué son
entonces? Si la remuneración no es un gasto, ¿qué es sino? Y si los gastos
no debieran incorporarse al cálculo de las ganancias, ¿dónde deberían in-
corporarse?

Warren Buffett

Las referencias al EBITDA nos producen escalofríos. ¿Creen los directivos
que es el ratoncito Pérez quien paga las inversiones de capital?

Warren Buffett

Durante el movimiento intelectual de la Ilustración, en el siglo die-
ciocho, se puso de manifiesto una representación del universo que dio
sentido a la relación de causa y efecto por primera vez en la historia humana. Fue un pequeño paso que derivó hacia las técnicas de previsión
que permitirían calibrar el riesgo y el rendimiento y facilitar el adveni-
miento del capitalismo moderno. La «luz» de la Ilustración se encendió

cuando los intelectuales fueron capaces de utilizar leyes de la naturaleza recién descubiertas para crear una simulación del sistema en sus cabezas, que fue capaz de explicar el mecanismo que respaldaba las consecuencias observables.

El círculo de competencia de Buffett es un sistema de este tipo. La precisión del conocimiento adquirido ha sido igualmente mejorada y su gestión de capital documentada.

Stan Lipsey, lugarteniente de Buffett en Buffalo Evening News, dice que Buffett «puede tomar un sistema complejo y hacerlo simple. He enviado a Warren Buffett una serie de personas que tienen problemas en sus negocios. Han viajado hasta Omaha; han regresado y han dicho:"Lo hizo todo tan sencillo"».

El círculo de competencia de Buffett explica por qué. Él ha rechazado el ruido. Se concentra en lo importante y lo conocible. Los conoce. Causa y efecto están iluminados para él, infundidos con nuevos conocimientos acerca del comportamiento humano que no estaban a disposición del hombre del Renacimiento. En este estado de ilustración que otorga a Buffett —«el oráculo»— su infalible capacidad para perforar la realidad y disipar la opinión general acerca de opciones sobre acciones y EBITDA, por ejemplo. Es esta ilustración la que le ha permitido traducir su círculo de competencia en normas de toma de decisiones que le permiten actuar como propietario. En la tercera parte de este libro describiremos dichas normas y las pondremos a disposición de todo aquel director general que persiga emular a Buffett.

PARTE III

Actuar como propietario

8

El manual del usuario

La comprensión del valor intrínseco es tan importante para los ejecutivos como lo es para los inversores. Cuando los ejecutivos están tomando decisiones de asignación de capital es esencial que actúen de forma que aumenten el valor intrínseco por acción y eviten las maniobras que lo disminuyan. Este principio parece obvio, pero lo transgredimos constantemente. Y cuando se produce una asignación de capital indebida, los accionistas salen perjudicados.

Warren Buffett

Una serie de personas me han preguntado cuáles son los secretos del negocio de los Blumkins. No son muy esotéricos. Todos los miembros de la familia: 1) se aplican con un entusiasmo y una energía que harían parecer a Ben Franklin y Horatio Alger estudiantes fracasados; 2) definen con extraordinario realismo sus áreas de competencia especial y actúan con resolución en todos los asuntos que caen dentro de ella; 3) ignoran las propuestas incluso más atractivas que caen fuera de dicha área de competencia especial, y 4) tienen siempre un comportamiento de primera con todos aquellos a quienes tratan.

Warren Buffett

Como directivo, el doble beneficio que Buffett recibe por permanecer dentro de su círculo de competencia se deriva de la sabiduría con que coloca su capital y del vínculo de confianza que esto ha cultivado entre él y sus accionistas. A su vez, esto deja a discreción de Buffett la gestión del capital de los accionistas.

Es importante que esto sea así. Una compañía es la materialización de sus decisiones de asignación de capital. Tanto en términos psicológicos como económicos, una vez que se han tomado dichas decisiones puede ser difícil y costoso anularlas —y pueden tener una relevancia adversa sobre la naturaleza de la futura gestión de capital—. En un mundo en el que él no sabe cuándo, dónde ni cómo se presentará la oportunidad, excepto que lo hará, Warren Buffett coloca capital donde cree que es apropiado, cuando lo considera apropiado y al ritmo que considera apropiado.

Lleva a cabo esta asignación de capital en un estilo pragmático dictado por los preceptos de precio frente a valor en lugar de hacerlo de acuerdo a un gran plan. Buffett se ha rendido al mercado cuando ha tenido que hacerlo, se ha apartado del juego cuando ha sido necesario y ha cedido terreno cuando las condiciones así se lo han impuesto. Limitado solamente por la circunferencia de su círculo, también ha saltado sobre la oportunidad y el riesgo cuando ambos se han ofrecido en la combinación adecuada.

Mañana hará lo mismo. En proporción a la magnitud y la naturaleza de las oportunidades presentadas, Berkshire cambiará su configuración una vez más, posiblemente a algo que se parezca a una manifestación anterior o más probablemente a una nueva forma, puesto que su futuro no está determinado por negocios heredados.

Berkshire Hathaway es, pues, un producto del entorno irregular en el que opera, y no una imposición de la voluntad de Warren Buffett sobre el mismo. De esta forma, la conducta de Berkshire Hathaway, aunque extremadamente inusual, es, no obstante, lógica desde un punto de vista evolutivo. Es crucial que cuando Buffett se abre camino cuidadosamente a través de este entorno, sin estrategia, lleva a sus accionistas con él —de lo contrario no sería capaz de actuar así—. Piensa como un propietario. Actúa como un propietario. Así piensan y actúan ellos también.

«Cuando el temperamento apropiado se une a la estructura intelectual apropiada», afirma Buffett, «entonces se tiene un comportamiento racional».

LA ESTRUCTURA INTELECTUAL APROPIADA

Hemos estado utilizando capital desde que tenía once años. Ése es nuestro negocio.

Warren Buffett

No nos rendimos en Dunkerque, y no nos vamos a rendir ahora.

Anónimo, director externo de Marconi

Warren Buffett dice a sus accionistas que uno de los argumentos favoritos de los directivos para emitir acciones cuando efectúan una adquisición es: «Nosotros tenemos que crecer». Pero él pregunta:

¿Quién es «nosotros»? Para los accionistas actuales, la realidad es que todos los negocios se contraen cuando se emiten acciones. Si Berkshire emitiera mañana acciones para una adquisición, Berkshire poseería todo lo que posee ahora más el nuevo negocio, pero la participación de los accionistas en empresas tan inigualables como See's Candy Shops, National Indemnity, etcétera, se vería automáticamente reducida.

Lo único que sin duda crece en este contexto es el dominio gerencial. Por tanto, para emular a Warren Buffett, lo primero que un director general debe hacer es adoptar la mentalidad adecuada. Puede haber ascendido desde dentro como directivo operacional, pero si su predisposición como director general es *dirigir y gestionar*, el imperativo institucional influirá en cualquier debate «racional» sobre el manejo de la firma.

Por ejemplo, un aspecto del imperativo institucional no tratado hasta ahora es el hallazgo frecuente en los estudios de toma de decisiones de grupo que hace que el proceso de deliberación —«como si estuviera gobernado por la primera ley del movimiento de Newton», según nos recuerda Buffett— sirva tan sólo para polarizar más las opiniones del grupo en la dirección de sus sesgos previos a la deliberación.

En un estudio de este tipo, Schkade et al, se preguntaba primero a los individuos que llegaran a un veredicto sobre una serie de casos legales. A continuación reunieron a los mismos individuos en jurados para que continuaran deliberando sobre los casos y descubrieron que, tras la deliberación, el veredicto económico del jurado solía ser más elevado, a menudo bastante más elevado, que el veredicto promedio del mismo jurado cuando sus miembros lo emitieron individualmente. La manifestación de este cambio a una mayor severidad, como lo denominan Schkade y sus colegas, posiblemente es consecuencia de la existencia de una ventaja retórica sistemática disfrutada por miembros del grupo. En este caso era la ventaja retórica disfrutada por aquellos miembros de la sociedad que abogan por unas compensaciones económicas más altas.

Por consiguiente, todos los directores generales deben establecer dónde radica la ventaja retórica dentro de las compañías que dirigen. En la compañía británica de telecomunicaciones Marconi, la ventaja retórica reside en su conversión a empresa líder del sector. Se aferró tenazmente a una estrategia de crecimiento que al final la llevó al borde del desastre, como a tantas otras del sector. «Los directivos tienen dificultades a veces para ponerse en la piel de sus accionistas-propietarios», observa Buffett.

Es claro en Berkshire Hathaway que Buffett no está predispuesto a perseguir una estrategia prefijada, sino a asignar capital. Para actuar como propietario, primero se debe pensar como propietario. Y Buffett incorpora explícitamente esta ventaja retórica al proceso de deliberación que precede a su gestión de capital. La estructura intelectual a la cual se adhiere en este aspecto considera por orden los siguientes puntos:

1. «¿Tiene más sentido pagar [el capital] a los accionistas que conservarlo dentro de la compañía?»
2. «Si lo pagamos, ¿es mejor hacerlo a través de recompra de acciones o de dividendo?»
3. «Si se tiene el capital y se piensa que se puede crear más de un dólar, ¿cómo se crea valor con el mínimo riesgo?»
4. «El coste de cada transacción que hacemos se mide a través de la segunda mejor transacción posible en un momento determinado —incluyendo una mayor actividad en los negocios en los que ya estamos involucrados.»

La tarea de Buffett en el buen gobierno corporativo es calcular el valor intrínseco actual de la empresa, que lógicamente incluye el valor intrínseco de oportunidades de inversión actuales y un valor de opción sobre oportunidades que aún no están en perspectiva. Los resultados de este cálculo, que él compara con el valor al cual se negocian las acciones de Berkshire en el mercado, informa a Buffett del mérito relativo de la retención de capital frente al pago o reparto a los accionistas.

Si el capital es retenido, él considera detenidamente el riesgo asociado a los flujos de caja que pueda producir. Y define su coste de capital como un coste de oportunidad.

En otras palabras, al gestionar la empresa Buffett aplica a modelos mentales contenidos en su círculo de competencia. La lección para cualquiera que pretenda emular la gestión de capital de Buffett es hacer lo mismo.

Establecer un círculo de competencia. Esto es exactamente lo que Buffett busca en sus ejecutivos como, por ejemplo, los Blumkins, a los que se refería al principio de este capítulo. Es exactamente lo que un director general debería hacer.

Su círculo de competencia debería contener algunos de los elementos esenciales de Buffett: verdades, la ecuación de valor, la paciencia para esperar la llegada de valor y un conocimiento íntimo de cómo funciona su aparato cognitivo; debería estar infundido y rodeado por una serie de modelos mentales, y debería desempeñar su papel en la transmisión de equilibrio emocional.

Sin duda, el círculo de competencia de cada director general será sustancialmente diferente del de Buffett por lo que se refiere a lo que se considera importante y conocible. «Estoy seguro de que Bill Gates aplicaría los mismo principios», dice Buffett, «él entiende la tecnología del mismo modo que yo entiendo Coca-Cola o Gillette».

Toda gestión de capital debería tener lugar dentro del círculo. Los responsables de la gestión deberían tener la sensación de que están actuando cómodamente dentro del mismo. Y los directores generales tienen que saber lo suficiente acerca de su construcción para advertir cuándo están acercándose a su perímetro.

Sólo de esta forma pueden, los directores generales, situarse en posición de decidir el mejor uso del capital de sus accionistas. Una vez que piensen como propietarios, estarán preparados para actuar como tales. Para ello, la «estructura intelectual apropiada» debe combinarse con la actitud o «temperamento apropiado».

EL TEMPERAMENTO ADECUADO

> *No queremos maximizar el precio al que se negocian las acciones de Berkshire. Lo que queremos, en cambio, es negociarlas dentro de un estre-cho intervalo centrado alrededor de su valor de negocio intrínseco.*
>
> Warren Buffett

Por razones que se harán evidentes más adelante en este capítulo, y todavía más en el siguiente, el objetivo primordial de Buffett cuando se comunica con sus accionistas es favorecer la eficiencia del mercado en la fijación de la cotización de la acción de Berkshire Hathaway, es decir, garantizar, hasta donde él sea capaz, que tenga una estrecha relación con su valor intrínseco.

Buffett sabe que «las direcciones de las empresas no pueden determinar las cotizaciones de mercado». Sin embargo, reconoce que «pueden, a través de sus manifestaciones y políticas, fomentar una conducta racional entre quienes actúan en el mercado». Por tanto, Buffett informa de forma completa e imparcial acerca del panorama y los resultados operativos de Berkshire Hathaway. Dice lo siguiente:

> *Cuando Charlie y yo leemos los informes anuales de las compañías, no tenemos interés en las fotos del personal, las plantas de fabricación o los productos. Desconfiamos mucho de la metodología contable que es impre-cisa o poco clara, puesto que con mucha frecuencia esto significa que la dirección quiere esconder algo. Y no deseamos leer los mensajes preparados por los departamentos de relaciones públicas o consultorías externas. En vez de ello, esperamos que el director general de la compañía explique con sus propias palabras lo que está sucediendo.*

Prosigue:

> *Lo que hace falta comunicar son datos que ayuden a los lectores con cul-tura financiera a responder tres preguntas clave: 1) ¿Cuánto vale aproxi-madamente esta compañía? 2) ¿Qué probabilidad tiene de cumplir sus obligaciones futuras? y 3) ¿Hasta qué punto están haciendo un buen tra-bajo sus directivos, teniendo en cuenta las condiciones específicas de la compañía y del mercado?*

Y sostiene:

> *Lo que Charlie y yo querríamos bajo dichas circunstancias sería disponer de todos los hechos importantes acerca de las actividades actuales, así como del punto de vista sincero del director general de las características económicas a largo plazo del negocio. En la información presentada esperaríamos encontrar muchos detalles financieros y comentarios sobre los datos significativos que necesitáramos interpretar.*

Por consiguiente, Warren Buffett reduce el ratio ruido/señal que Berkshire Hathaway dimana hacia el mercado en el que se fija su cotización. Buffett ofrece a la comunidad inversora los datos que ésta precisa para elaborar una opinión informada con respecto al valor. Y él dice las cosas tal como son.

«El test principal del rendimiento económico gerencial es el logro de una alta tasa de beneficios sobre el capital empleado (sin endeudamiento indebido, trucos contables, etcétera) y no lo es el logro de aumentos sistemáticos de las ganancias por acción», sostiene Buffett. Por tanto, proporciona a los accionistas de Berkshire la información que precisan para elaborar una opinión con respecto a si él ha superado esta prueba y, lo más importante, si es probable que la supere en el futuro. Observa lo siguiente:

> *Desde nuestro punto de vista, muchas empresas serían mejor entendidas por sus accionistas propietarios, así como por el público en general, si los directivos y los analistas financieros modificasen el énfasis principal que ponen sobre las ganancias por acción y sobre las variaciones anuales de las mismas.*

Buffett no busca disfrazar los resultados de Berkshire para el consumo público. «Muchos ejecutivos no consideran los principios de contabilidad generalmente aceptados (GAAP- *Generally Accepted Accounting Principles*) como un estándar a cumplir, sino como un obstáculo a vencer», dice, y manifiesta que «las consecuencias contables no influyen en nuestras decisiones operativas o de asignación de capital».

Como corolario, Buffett dice también a sus directivos que «no deberían permitir que ninguna de sus decisiones se vea afectada, ni siquiera levemente, por consideraciones de tipo contable. Queremos que nuestros ejecutivos piensen en lo que verdaderamente cuenta, y no en cómo será contado o medido».

Buffett exige a sus accionistas que no extrapolen los resultados actuales cuando éstos son insosteniblemente positivos. En cambio, fomenta que esperen una reversión hacia lo que él considera que es la media de Berkshire. «Podemos tener años en los que sobrepasemos el quince por ciento», les dice, «pero con toda seguridad tendremos otros en los que estaremos bastante por debajo de esta cifra —incluyendo los años con rendimientos negativos—, y harán que baje el promedio».

También favorece la capacidad de los accionistas para imaginar los *desafíos* incorporados en el crecimiento acumulado. Les comunicaba lo siguiente en 1998:

> *Charlie y yo haremos lo máximo posible para aumentar en el futuro el valor intrínseco a una tasa promedio del quince por ciento, una cifra que consideramos la más elevada de entre los resultados posibles. Entretanto, ustedes deberían saber lo que implica una ganancia promedio del quince por ciento a lo largo de los próximos cinco años: significa que tendremos que incrementar el patrimonio neto en 58.000 millones de dólares.*

A la inversa, Buffett también se esfuerza al máximo para garantizar que los accionistas de Berkshire sean capaces de imaginar los *beneficios* del crecimiento acumulado. En el capítulo 1 intenté vencer la dificultad que muchos de nosotros tenemos para conceptualizar la fuerza del crecimiento acumulado —nos quedamos atascados en la parte inicial del cálculo, donde las cifras son pequeñas— a través de la evocación de la imagen de mi hijo, que había crecido hasta ser más alto que el Empire State Building.

Warren Buffett rechaza simplemente repartir sus reservas. Desde la publicación del informe anual de 2000, ha respaldado esta postura con una medición que resume el crecimiento del valor contable de Berkshire desde 1964 frente al crecimiento del valor de mercado del S&P 500, con dividendos reinvertidos a lo largo del mismo período. Indica Buffett a sus accionistas: «una pequeña ventaja a nivel anual a nuestro favor es capaz, si se mantiene a lo largo del tiempo, de generar una ventaja a largo plazo que puede ser cualquier cosa menos pequeña». Las cifras correspondientes a la carta de Buffett de 2001 son 194,936 % frente a 4,742% respectivamente.

Buffett comparte su más reciente reflexión sobre lo que puede conseguirse en Berkshire con las cartas de que dispone, incluyendo la revisión de objetivos mantenidos durante mucho tiempo.

> *Creo que la probabilidad de que logremos un crecimiento de ganancias del quince por ciento a lo largo de un prolongado período de tiempo es tan próxima a cero que no merece la pena considerarla. Las empresas que tenemos son buenos negocios en conjunto. Funcionarán bien. Pero no llegarán a los niveles del quince por ciento de crecimiento por año. Así pues, estos negocios presentarán una buena tasa de crecimiento. Sobrepondremos adquisiciones a ellos que harán aumentar la tasa global. Pero no podemos mantener un quince por ciento a lo largo del tiempo.*

Cuando cuenta las cosas tal como son, rara vez habla Buffett de la cotización de Berkshire Hathaway. De hecho, restringe sus comentarios en este aspecto a las escasas ocasiones en que precio y valor intrínseco por acción se han separado a un nivel que supera su margen de seguridad. Buffett quiere que sus accionistas piensen en los fundamentos del valor intrínseco, y que no tengan fijación por las maquinaciones de una cotización cuya predicción a corto plazo Buffett cree que es imposible y que además distrae la atención y es peligrosa. Dice lo siguiente:

> *Charlie y yo esperamos que ustedes no piensen que son meros poseedores de un trozo de papel cuyo precio oscila diariamente y que es candidato a ser vendido cuando algún acontecimiento económico o político les pone nerviosos. Esperamos que, en cambio, se vean como parte propietaria de un negocio en el que esperan permanecer indefinidamente, como podrían hacerlo si fueran propietarios de una granja o casa de apartamentos formando sociedad con otros miembros de su familia.*

La comunicación de Buffett con la comunidad inversora no se lleva a cabo a través de un departamento de relaciones con el inversor. Se reúne con los inversores solamente una vez a año. No habla con analistas. No celebra conferencias con ninguna de las partes. Los escasos analistas de empresas de inversiones en valores mobiliarios que efectúan investigaciones sobre sus acciones no reciben orientación o ayuda alguna por parte de Buffett. Sus informes trimestrales dirigidos a los accionistas son breves y, aparte de la carta ocasional en el ínterin, rara vez hace un comentario público sobre las actividades de Berkshire. Sin embargo, puramente a fuerza de honestidad, transparencia y coherencia, Buffett consigue su objetivo. «A largo plazo», dice, «ha existido una relación más coherente entre el valor de mercado de Berkshire y el valor de negocio que la que haya existido para cualquier otra acción negociada públicamente con la que yo esté familiarizado».

Lograr este objetivo no es la obsesión de un hombre excepcional. Comenta a continuación:

> *Si los tenedores de acciones de una compañía y los presuntos compradores atraídos por ella son propensos a tomar decisiones irracionales o basadas en la emoción, periódicamente irán apareciendo algunas cotizaciones bastante absurdas. Las personalidades maníaco-depresivas producen evaluaciones maníaco-depresivas. Tales aberraciones pueden ayudarnos en la compra y venta de las acciones de otras compañías. Pero pensamos que, tanto en su interés como en el nuestro, se debe minimizar para Berkshire su existencia en el mercado [énfasis añadido].*

El interés de tener las acciones de Berkshire Hathaway cotizadas de forma eficiente es consecuencia de lo siguiente:

- «Recibimos nuestra recompensa como propietarios, no como directivos de empresa», dice Buffett a sus accionistas.
- Crea un mercado imparcial para las acciones de Berkshire, lo cual es vital para la relación que desea mantener con sus accionistas.
- Evita el efecto que una fijación incorrecta de la cotización de una compañía puede tener sobre la conducta de sus directivos.

A continuación ampliaremos los dos primeros puntos, y dejaremos para el próximo capítulo un comentario más extenso del punto final.

RECOMPENSAR EL COMPORTAMIENTO CORRECTO

Charlie y yo no nos consideramos más ricos o más pobres por lo que haga la cotización de la acción. Nos sentimos más ricos o más pobres según sea la marcha del negocio. Analizamos el negocio con relación a su valor y no al precio de la acción, porque la cotización no significa nada para nosotros.

Warren Buffett

Nada podría ser más estimulante que participar en un mercado alcista en el que los premios que reciben los propietarios de las empresas estén perfectamente separados de la marcha laboriosa pero gris de las propias empresas.

Warren Buffett

Cuando Warren Buffett dice que él y Charlie Munger reciben su recompensa como propietarios y no como ejecutivos de empresa, no quiere decir que la mayor parte de su patrimonio está materializado a través de la propiedad del capital social en acciones de Berkshire Hathaway. Quiere decir que reciben el premio por el crecimiento del valor intrínseco de Berkshire Hathaway, el cual, por configuración, queda estrechamente reflejado por el rendimiento de la acción.

Dada la presencia del imperativo institucional, Buffett reconoce que es obligada la alineación de los intereses de ejecutivos y accionistas. Para él la fuente de esta alineación procede de dentro. La actuación como propietario se encuentra en la esencia de Buffett como ser humano y la recompensa económica por actuar de ese modo, basada de forma predominante en su propiedad de Berkshire Hathaway, sirve sólo de prima adicional. Sin embargo, por ser un aplicado estudioso de la naturaleza humana, el consejo preceptivo de Buffett a los demás sería que si el paquete retributivo es incorrecto, es probable que también lo sea el comportamiento que induce.

Por ejemplo, Buffett dice:

Ha constituido una ventaja enorme para GEICO disponer de un plan que es bastante más racional que el que le precedió. Dicha ventaja no hará otra cosa que crecer con el paso del tiempo. Eso se debe a que la retribución es generalmente la forma que tenemos de hablar a los empleados. Les indica lo que no-

sotros pensamos que es la medida racional de la productividad y el rendimien-
to empresarial. Con el paso del tiempo, esto es absorbido por miles y miles de
personas. Es el mejor modo de que «compren» nuestros objetivos.

Sin embargo, cuando se supone que el alineamiento de los intereses
de directivos y accionistas puede lograrse vinculando la remuneración de
los directivos con el rendimiento de la cotización de las acciones de la
compañía, nos hemos olvidado de responder a la pregunta implícita en la
estructura de premios de Warren Buffett: ¿se mantiene un equilibrio entre valor intrínseco y valor de mercado?

La hipótesis del mercado eficiente afirma que sí se mantiene dicho
equilibrio y, por tanto, la pregunta nunca se ha hecho. Por consiguiente,
muchos ejecutivos «comienzan con el supuesto muy generalizado», dice
Buffett, «de que su tarea permanente es fomentar la máxima cotización
de la acción posible».

Si el mercado bursátil no es *siempre* eficiente, este supuesto no puede
estar más lejos de la realidad. Por consiguiente, a menos que una compañía esté valorada de forma eficiente en la bolsa de valores, la utilización
de la acción como premio en un paquete retributivo debe ponerse en
situación de espera. En el ínterin las compañías deberían perseguir, como
hace Buffett, la recompensa del comportamiento útil. Esto quiere decir
que la remuneración se debe basar en el valor intrínseco y en los cambios
de dicho valor.

El foco de atención de un director general —colocado allí a través del
sueldo si tiene que ser así— debería dirigirse firmemente hacia el negocio y *no hacia la cotización de la acción*. «Charlie y yo dejamos que nuestras
acciones nos indiquen a través de los resultados operativos —y no a través de sus cotizaciones diarias, o incluso anuales— si nuestras inversiones
tienen éxito», comenta Buffett. La misma norma debería aplicarse a la
remuneración del director general. Buffett indica:

> *Como dijo Ben Graham: «A largo plazo el mercado es una báscula, a*
> *corto plazo, una máquina registradora de votos. Siempre he considerado*
> *que es más fácil evaluar los pesos dictados por los fundamentos que los*
> *votos impuestos por la psicología».*

Por su parte, Buffett considera que es relativamente fácil evaluar los
pesos impuestos por los fundamentos con respecto al valor intrínseco de

Berkshire Hathaway, en especial el valor presente de sus operaciones actuales. El elemento más estimulante de esta ecuación es resolver qué tasa de rendimiento obtendrá con el capital entrante. Puesto que la compañía media no está tan aislada frente al cambio como lo está Berkshire Hathaway, Buffett deduce que es probable que estas tareas sean más difíciles para el comité de remuneración media y, por tanto, el cálculo del valor intrínseco no será fácil y será aparente la precisión que existe en un mercado bursátil. «Un negocio que tropieza constantemente con cambios importantes también tropieza con muchas posibilidades de cometer errores importantes», afirma Buffett.

En cada eslabón de la cadena de los múltiples acontecimientos que determinan la suerte de una compañía reside una probabilidad de fracaso. Cuantos más eslabones, mayor será la probabilidad de decepción final. Esto no debe ocasionar problemas al arte de evaluar o planificar el negocio de que se trate, aunque sin duda reducirá su valor intrínseco, siempre que el número de múltiples acontecimientos y de probabilidades asociadas a cada uno sea conocible con cierto grado de certeza, o siempre que se pueda especificar un intervalo con un grado de precisión en el molde de Buffett.

Cuanto mayor sea la serie de posibles valores para cada variable, más amplia será la dispersión en la estimación del valor intrínseco. *Esto no es un problema; es simplemente un reflejo de la realidad.* Los problemas comienzan cuando negamos esta realidad.

El propio Buffett reconoce que «el valor intrínseco es necesariamente una estimación».Y apunta que él y Charlie podrían diferir en un diez por ciento en sus estimaciones del valor intrínseco de Berkshire Hathaway. De ahí se deduce que la tarea del director general y del consejo de administración en este aspecto sea calibrar esta confianza, establecer el rango del valor intrínseco y remunerar sobre la base de los cambios en el mismo (medidos a lo largo de un período de tiempo que sea lógico).

Esto es estimulante.Y no es tan cómodo como utilizar una cotización obtenida de la bolsa de valores. No obstante, «si no se está seguro de entender y de ser capaz de evaluar el propio negocio bastante mejor que el Señor Mercado, no se forma parte de este juego», afirma Buffett.

Por supuesto, para hacer esto se tiene que pensar como un inversor —siempre que este inversor sea Warren Buffett—. La recompensa entre paréntesis es una que Buffett ya disfruta. Comenta lo siguiente:

Charlie y yo vemos constantemente directores generales que, en cierto modo, no saben qué pensar acerca del valor del negocio que están adquiriendo. Por tanto, salen fuera y contratan banqueros de inversiones.

Aprender a reflexionar sobre la ecuación de valor resolverá este problema y muchos más:

Si se aprende a pensar de forma inteligente acerca de cómo invertir con éxito en las empresas, se llegará a ser un mejor ejecutivo de empresa que si no se tiene un buen nivel de conocimiento y comprensión de lo que es necesario para invertir con éxito.

Cuando los valores intrínsecos y de mercado mantienen un equilibrio irregular, los comités encargados de la remuneración podrían considerar el incentivo a los directivos con el otro instrumento favorito de alineación, las opciones sobre acciones. Allí donde las opciones sobre acciones se emplean actualmente, Buffett aconseja que se estructuren detenidamente —«en ausencia de factores especiales, deberían tener incorporado a ellas un factor de ganancias retenidas o de coste de oportunidad de activos no productivos— y que se fijen los precios de forma realista. Observa lo siguiente:

Cuando los ejecutivos se enfrentan a ofertas por sus compañías, siempre señalan hasta qué punto pueden no ser realistas las cotizaciones de mercado como índice del valor real. Pero, ¿por qué, entonces, deberían ser estas mismas cotizaciones deprimidas las valoraciones a las cuales los directivos venden partes de sus empresas a ellos mismos?

Aunque Buffett no está en contra de que los ejecutivos de sus filiales tengan acciones de Berkshire, él no utiliza las opciones sobre acciones en sus paquetes de remuneración. Cuando las opciones son ofrecidas a personas que no tienen la responsabilidad del rendimiento corporativo global, aquéllas infringen su principio de incentivo de premiar tan sólo resultados que están dentro del ámbito de actuación de los directivos.

«Es absurdo imaginarse a alguien de aquí que trabaje mucho en algún puesto de importancia menor pensando que su esfuerzo influirá en el valor de la acción, cuando nuestro valor de mercado conjunto es de noventa mil millones de dólares», dice Buffett. (También es peligroso que esta persona decida vivir a costa de los esfuerzos de los demás.)

Y prosigue:

> *Es posible que su esfuerzo aumente el número de nuevos asegurados —o la satisfacción de los mismos—. Por tanto, si podemos encontrar sistemas de remuneración basados en estos aspectos, estaremos bastante más en sintonía con lo que realmente hacen. Y ellos saben que es más lógico.*

Lo más importante para la forma de pensar de Buffett es que las opciones sobre acciones tampoco superan el test de alineación sobre una base más seria. Explica:

> *Irónicamente, la retórica sobre las opciones las suele describir como deseables porque sitúan a directivos y propietarios en el mismo barco financiero. En realidad, los barcos son bastante diferentes. Ningún propietario ha escapado jamás de la carga de los costes de capital, mientras que el poseedor de una opción a precio establecido no soporta costes de capital en absoluto. Un propietario debe sopesar las ventajas y desventajas, el poseedor de la opción no tiene desventajas.*

Esta característica de las opciones puede ser especialmente peligrosa en la gestión de capital. En el próximo capítulo, donde es más apropiado, se expondrá más a fondo el tema.

FIJAR OBJETIVOS ALCANZABLES

> *Para una corporación importante, predecir que sus ganancias por acción crecerán a largo plazo a un quince por ciento anual, por ejemplo, es buscarse problemas. Eso es así porque una tasa de crecimiento de dicha magnitud sólo puede mantenerla un porcentaje muy pequeño de grandes empresas.*
>
> Warren Buffett

> *Aunque inversores y directivos deben tener puestas sus vistas en el futuro, sus recuerdos y su sistema nervioso suelen quedar anclados en el pasado.*
>
> Warren Buffett

Warren Buffett ha permitido que sea su círculo de competencia el que determine la estabilidad y autocontrol de los diferentes negocios que integran Berkshire Hathaway. Las empresas aseguradoras, su piedra angular, le conceden acceso a liquidez de bajo coste —«de una forma que no pueden hacer otros sectores, como el editorial o el del acero»— y él puede, si así lo desea, «hacerlas funcionar a menos velocidad gran parte del tiempo y disfrutar, sin embargo, de prosperidad a largo plazo». Al incorporar este fundamento en su gestión del capital de Berkshire, Buffett ha sido capaz de hacer crecer su valor intrínseco a una tasa que se aproxima al veintiséis por ciento anual.

Sin embargo, hasta hace muy poco, durante la época de este logro, la tasa objetivo de rendimiento a largo plazo establecida por Buffett ha sido «tan sólo» del quince por ciento al año. A medida que Berkshire ha crecido de tamaño, Buffett ha sido cada vez más franco y directo acerca de la expectativa apropiada de lo que puede ofrecer.

El propio Buffett fue quien estableció este objetivo a la luz de que el rendimiento medio de las acciones se sitúa alrededor del doce por ciento. Ésta es la frecuencia estable, la verdad; es lo que se genera en una economía dinámica de libre mercado en la que los rendimientos por debajo de la media quedan «fijos» —por los que temen por sus puestos de trabajo, en el mercado del control corporativo, o vía quiebra— y en la que los rendimientos por encima de la media se enfrentan a ataques despiadados.

De ello se deduce que el rendimiento a largo plazo de las acciones es aproximadamente el mismo. A lo largo de un período de tiempo suficientemente largo, el rendimiento que un inversor puede obtener de una acción debería igualarse al rendimiento que un directivo puede obtener de la misma —otra verdad—. «Si las empresas ganan un seis por ciento sobre el capital durante cuarenta años y usted mantiene la acción durante cuarenta años, usted no va a obtener un rendimiento muy diferente del seis por ciento —aunque la haya adquirido en un principio con un enorme descuento—», afirma Munger, haciéndose eco del punto de vista de Buffett expuesto en el capítulo 1. Así pues, Buffett no se sacó de la manga, como por arte de magia, el objetivo del quince por ciento.

Buffett reconoce que, para poder ofrecer un servicio a aquellos que ahorran con él, tiene que superar el rendimiento promedio que puedan obtener de la inversión efectuada en una cesta de acciones de otras compañías:

Cuando me reuní con mis siete socios fundadores el 5 de mayo de 1956, les entregué una breve comunicación titulada «Las Reglas Básicas», que incluía la siguiente frase: «Tanto si hacemos un buen trabajo como uno deficiente, éste se medirá frente a la experiencia general existente en el campo de las acciones».

Nada ha cambiado desde entonces, y con los fundamentos de Berkshire y su círculo de competencia, Buffett estima que debería ser capaz de asignar capital de un modo más eficiente que el director general medio. De ahí el quince por ciento mantenido durante tanto tiempo y las revisiones actuales de dicha cifra. Esto es lo que Buffett considera alcanzable a largo plazo desde una óptica realista, e intenta por todos los medios recordar a sus accionistas que, a pesar de su historial récord hasta la fecha, una tasa de crecimiento a largo plazo por encima del quince por ciento es inalcanzable y no se debería aspirar a ella. Todo el que piense de otro modo, «debería enfocar su carrera profesional hacia el mundo de las ventas, pero evitar el de las matemáticas», aconseja Buffett. Por ejemplo, dice:

Examinemos, por ejemplo, el historial de las doscientas compañías con mayores beneficios entre 1970 y 1980 y tabulemos cuántas de ellas han aumentado sus beneficios por acción a un ritmo de un quince por ciento anual desde dichas fechas. Observaremos que muy pocas lo han conseguido. Les apuesto una suma importante a que menos del diez por ciento de las doscientas compañías más rentables en el año 2000 obtendrán un crecimiento del quince por ciento anual en sus beneficios por acción a lo largo de los próximos veinte años.

ACEPTAR LA VOLATILIDAD

Charlie y yo hemos preferido siempre un rendimiento del quince por ciento irregular que un rendimiento del doce por ciento uniforme.

Warren Buffett

Buffett indica que el historial de asignación de capital de un gerente debería juzgarse a lo largo de un período de cinco años, como mínimo. Asimismo, él nunca abrigaría la idea de comprometerse con el objetivo de una creación de valor anual. Reconoce que el proceso de fermentación que es un negocio no puede controlarse con tanto detalle. El flujo de liquidez que genera es irregular por naturaleza; tiene que serlo porque reacciona junto y frente a un mundo que es complejo por naturaleza e intrínsecamente impredecible. Buffett ha acumulado sus resultados esperando la aparición de oportunidades inesperadas en su zona de golpeo.

En lugar de conformarse con las oportunidades que se ofrecen en el presente en el borde de la zona de golpeo, que deben aprovecharse si se pretenden unos resultados corporativos uniformes y estables, Buffett ha seleccionado lo mejor que puede ofrecer un mundo irregular. Y acepta la volatilidad que acompaña a esta lógica. Es una ventaja en actitud.

En ninguna parte es esto más evidente que en las actividades aseguradoras de Berkshire Hathaway, donde Buffett es franco acerca de su falta de convencionalismo y convincente en cuanto a su sentido del negocio:

> *Dense cuenta de que no estamos esparciendo riesgo como suelen hacer las compañías de seguros, sino que lo estamos concentrando. La mayoría de las empresas aseguradoras son económicamente incapaces de soportar tales oscilaciones. Y cuando poseen la capacidad, les suele faltar el deseo.*

Observa:

> *Unas oscilaciones importantes en las ganancias perjudican tanto las calificaciones crediticias como los ratios P/E (precio por acción/ganancias por acción), incluso cuando la empresa que produce tales oscilaciones tiene unas expectativas de beneficios satisfactorios a lo largo del tiempo. Esta realidad de mercado provoca a veces que un reasegurador haga maniobras costosas, entre ellas abandonar una parte importante del negocio que asegura, o rechazar buenos negocios sencillamente porque amenazan con la incorporación de mucha volatilidad.*

Esto no quiere decir que Buffett haga caso omiso de los resultados actuales. «En la mayoría de los casos, son de gran importancia», afirma. Analizar los resultados actuales es parte del proceso de afianzamiento permanente de su círculo de competencia. «Pero», añade, «*nunca* queremos que se consigan a costa de nuestro desarrollo de puntos fuertes competitivos cada vez más importantes».

«Simplemente medimos si estamos creando más de un dólar de valor por dólar invertido, y si ese cálculo es favorable, cuantos más dólares invirtamos más feliz seré», afirma Buffett. Si este cálculo no es favorable, no hará nada.

> *Tú haces cosas cuando las oportunidades se presentan. Yo he pasado por épocas de mi vida en las que he tenido muchas ideas, y he pasado por rachas prolongadas de sequía. Si tengo una idea la semana próxima, haré algo. Si no, no haré nada en absoluto.*

Esto significa que siempre está preparado: «Nuestro principio básico es que si quieres cazar elefantes raros que se mueven con rapidez, siempre deberías llevar contigo una escopeta cargada», comenta Buffett. En otras palabras, el capital tiene que estar bien gestionado y, si es necesario, cultivado de forma oportunista:

> *Al contrario que muchas otras personas del mundo de los negocios, yo prefiero financiar en previsión de la necesidad que en reacción a ella. Una empresa obtiene los mejores resultados económicos posible mediante la gestión del activo y del pasivo de su balance. Esto quiere decir la obtención de unos rendimientos de sus activos lo más altos posible y de unos costes de su pasivo lo más bajos posible. No tenemos capacidad para prever tasas de interés y —manteniendo nuestro habitual espíritu libre de prejuicios— creemos que nadie puede. Por tanto, simplemente pedimos prestado cuando las condiciones no parecen gravosas y esperamos encontrar más adelante una expansión inteligente u oportunidades de adquisición.*

Una oportunidad de este tipo es la que se presentó en mayo de 2002 cuando Buffett obtuvo el primer préstamo del mundo con interés negativo, o lo que él denomina un Squarz. El Squarz, a través del cual Buffett recaudó cuatrocientos millones de dólares, paga a sus poseedores un tres por ciento de interés anual. Además, los que compran el valor reciben una garantía de adquisición de acciones de Berkshire Hathaway en un plazo de cinco años con un quince por ciento de prima respecto a su precio en la fecha de emisión del Squarz. A cambio de este privilegio, los poseedores del Squarz pagarán a Berkshire una cuota del 3,75% anual sobre las garantías.

«A pesar del precedente», afirma Buffett, «un valor con cupón negativo parecía posible en el entorno presente de tasas de interés». Fue capaz de persuadir a los inversores de que prestaran dinero a Berkshire porque la compañía volvía a estar de moda. Básicamente, lo que hizo Buffett fue aprovecharse de una oportunidad puntual para recaudar capital emitiendo acciones en el futuro a bajo coste. Entretanto, se concedía a sí mismo la oportunidad de crear valor sobre el capital recaudado por encima de lo que le había costado. El Squarz funciona de la misma manera que una reserva de liquidez de bajo coste, pero sólo existe porque era el momento oportuno para Buffett.

Excepto en el caso del Squarz, Buffett observa que «su política de financiar primero, comprar o ampliar después, penaliza casi siempre las ganancias a corto plazo». Así lo hace también su voluntad de crear una ventaja competitiva a costa de los resultados presentes. Eso no le preocupa. Al permanecer dentro de su círculo de competencia y evitar el imperativo institucional, el capital «parado» en manos de Buffett conserva un valor intrínseco bastante por encima del indicado por sus rendimientos a corto y medio plazo. Buffett afirma que «si encontramos el tipo adecuado de gran negocio dentro de los próximos cinco años, más o menos, la espera habrá merecido la pena».

Los accionistas de Berkshire Hathaway tienen confianza en la capacidad de Buffett para cazar el gran negocio ideal y no gastar la pólvora en salvas hasta que aquél aparezca en el horizonte. Por consiguiente, ellos y los compradores del Squarz, están dispuestos a «pagar» por el valor de la opción que Buffett crea mostrándose preparado y a ingresarlo en forma del valor de las acciones de Berkshire. Asimismo, también ingresan valor de Berkshire con la expectativa del *futuro* aprovechamiento de una ventaja competitiva que está incorporada en el presente. El director general cuya retribución está ligada al valor intrínseco no tiene nada que perder por imitar a Warren Buffett.

Buffett concluye:

> *Es evidente que exponemos a Berkshire a la obtención de rendimientos irregulares. Eso es perfectamente aceptable para nosotros. Con demasiada frecuencia las compañías de seguros (así como otras empresas) siguen estrategias estándar con el objetivo de «uniformar» las ganancias. Al aceptar la perspectiva de la volatilidad, esperamos obtener unos rendimientos a largo plazo más elevados que los que tendríamos siguiendo la previsibilidad.*

CONSEGUIR ACCIONISTAS-SOCIOS

Si las compañías focalizan sus reflexiones y comunicaciones en los resultados a corto plazo o en las consecuencias de la bolsa a corto plazo, atraerán en gran medida a accionistas que también se concentran en los mismos factores. Y si tratan a los inversores cínicamente, es muy probable que al final este cinismo les sea devuelto por la comunidad inversora.

Warren Buffett

Nosotros somos, sin duda, la compañía líder en la medida en que nuestros accionistas piensen y actúen como propietarios.

Warren Buffett

Buffett dice que no entiende al director general de una compañía que desea una gran actividad bursátil. «Eso puede lograrse solamente si muchos de sus propietarios están saliendo constantemente», observa. «¿En qué otra organización —escuela, club, iglesia, etcétera— se alegran los líderes cuando se marchan los miembros?»

Si éste fuera el caso, entonces Buffett no sería capaz de cumplir su función como ahorrador corporativo —la función apropiada del mercado bursátil—. Si la rotación de las acciones de Berkshire Hathaway se aproximase durante un año a la de la compañía promedio de entre las listadas en el índice S&P 500, sus accionistas no estarían ahorrando con él, estarían especulando a través de él.

No obstante, Buffett se da cuenta también de dos cosas:

1. «Obtener accionistas de calidad no es pan comido. La entrada de miembros en un "club" de accionistas no puede ser filtrada por la capacidad intelectual, la sensibilidad moral o el atuendo apropiado. Por tanto, la eugenesia del accionista, podría parecer una empresa imposible.»
2. La liquidez es un factor importante para muchos accionistas. «Por supuesto, algunos propietarios de Berkshire necesitarán o desearán vender de vez en cuando.»

Al explicar las cosas como son, Buffett mata ambos pájaros de un tiro.

Si dirigiéramos una empresa que no cotizara en bolsa integrada por unos pocos socios, nos sentiríamos frustrados si estos socios y sus sustitutos qui-

sieran dejar la sociedad con frecuencia. Nosotros dirigimos una compañía
que cotiza en bolsa y nos sentimos igual.

Pero si los inversores desean despedirse, Buffett dice que él intenta «a
través de nuestras políticas, rendimiento y comunicaciones, atraer a nuevos accionistas que entiendan nuestras actividades, compartan nuestros
horizontes temporales y nos midan como nosotros nos medimos».

Él denomina a estas «políticas y comunicaciones» sus «anuncios». Del
mismo modo que dice a las agencias de publicidad que trabajan para las
compañías filiales de Berkshire que una persona tiene que estar expuesta
siete veces a un anuncio para que el mensaje empiece a calar, Buffett
quiere ser capaz de condicionar a sus accionistas del mismo modo. Si él
puede seguir atrayendo el tipo de accionista que alinea su filosofía con la
de Buffett, esto le permitirá obtener un compromiso de ellos del mismo
modo que obtiene un compromiso duradero y cada vez mayor de aquellos directivos que le venden sus negocios.

«Igualmente importante», añade Buffett, si él «puede seguir siendo poco
interesante para los que tienen expectativas a corto plazo o poco realistas»,
es que las acciones de Berkshire deberían «venderse sistemáticamente a
precios que tuvieran una relación razonable con el valor de negocio».

Así pues, los nuevos inversores estarán animados por el hecho de que
lo que están comprando es lo que conseguirán —cualquier aumento de
valor intrínseco desde su punto de entrada se verá reflejado en el valor de
mercado de la acción—, lo cual fomenta la adopción de una perspectiva
a largo plazo. Y a los inversores a corto plazo no se les presentará una
valoración anómala que ellos perciban que puedan explotar.

Por consiguiente, Buffett puede atestiguar que «el porcentaje anual de
rotación de las acciones de Berkshire es una pequeña parte del que existe en las acciones de otras corporaciones americanas importantes». Esa
pequeña parte es de alrededor del tres por ciento. Teniendo en cuenta
que, durante la mayor parte del período en que Buffett ha medido la
rotación, él y Munger han poseído casi la mitad de las acciones de Berkshire, esto significa que *en promedio* cada accionista mantiene su participación durante más de dieciséis años.

Afortunadamente, esto mantiene registrados a los accionistas de Berkshire el tiempo suficiente para que el condicionamiento que sufren por
parte de Buffett surta efecto. Y «si están informados apropiadamente», comenta Buffett, los accionistas de Berkshire «pueden manejar una volatilidad

excepcional en los beneficios siempre que las oscilaciones vengan acompañadas de la perspectiva de unos mejores resultados a largo plazo».

«Por tanto, podemos pedir a nuestros directores generales que dirijan y gestionen para maximizar el valor a largo plazo», prosigue, «en lugar de hacerlo para los beneficios del próximo trimestre». A diferencia de ello, observa que «muy pocos directores generales de compañías que cotizan en bolsa operan bajo un mandato similar, principalmente porque tienen propietarios que se focalizan en perspectivas a corto plazo.

COSECHAR LA CONFIANZA

Capital Cities posee unas extraordinarias propiedades y una extraordinaria dirección. Estas competencias de dirección y gestión se extienden asimismo a las operaciones y al empleo del capital corporativo. Aunque el control nos daría la oportunidad —y la responsabilidad— de dirigir y gestionar las actividades y los recursos corporativos, no seríamos capaces de ofrecer una gestión en ninguno de estos dos aspectos igual a la que actualmente se lleva a cabo. En efecto, podemos obtener mejores resultados de gestión a través de la ausencia de control que del propio control.

Warren Buffett

Como consecuencia natural, el círculo de competencia de Buffett y su historial han engendrado una gran dosis de confianza entre él y los accionistas de Berkshire. El director general para quien esto es nuevo debería reconocer que una confianza de este tipo sólo puede establecerse a largo plazo. «No importa cuánto sea el talento o el esfuerzo, algunas cosas llevan tiempo», comenta Buffett, «no se puede engendrar un bebé en un mes con nueve mujeres embarazadas». Los directores generales deberían admitir también que la confianza puede destruirse en un instante: «A partir de que la dirección de la empresa se muestra insensible a los intereses de los propietarios accionistas, sufrirá durante mucho tiempo a causa del ratio precio/valor ofrecido por sus acciones».

Asimismo, Buffett observa:

Un ejecutivo que sistemáticamente da la espalda a las recompras, cuando éstas son claramente en el interés de los propietarios, pone de manifiesto

más de lo que él mismo sabe de su motivación. No importa con qué fre-
cuencia o con cuánta elocuencia pronuncie rimbombantemente alguna fra-
se inspirada por el departamento de relaciones públicas del tipo «maximi-
zar el patrimonio del accionista», el mercado descuenta correctamente los
activos que se han dejado en sus manos. Su corazón no está escuchando lo
que dice su boca —y, al cabo de un tiempo, tampoco lo hará el mercado.

La actitud de Buffett como accionista cuando está al mando la dirección adecuada es que no necesita controlar el comportamiento de ésta; al
director general se le da libertad de actuar cuando se le tiene confianza.
«Los ejecutivos de primera clase con los que nos hemos alineado [en el
ámbito de nuestras inversiones cotizadas]», atestigua Buffett, «pueden
concentrar enteramente sus esfuerzos en la dirección de sus negocios y
en la maximización del valor a largo plazo para los propietarios».

Por convenio, los accionistas de Berkshire Hathaway tratan a Buffett
de la misma manera. Así pues, aunque Buffett haya sufrido recientemen-
te dos reveses que habrían puesto a prueba la forma de pensar de cualquier director general, su determinación para gestionar el capital en la
forma que él cree correcta no se ha debilitado.

Entre junio de 1998 y marzo de 2000, la cotización de las acciones de
Berkshire Hathaway descendió a la mitad. En el camino, deshizo toda la
superioridad que había mostrado frente al índice S&P 500 desde 1984, lo
que contribuyó en gran medida a deslucir la aureola que había llegado a
rodear a Buffett. Se vio obligado a hacer la siguiente confesión a sus accionistas:

> *Tuvimos el peor rendimiento en valores absolutos bajo mi puesto y, en*
> *comparación con el S&P, también el peor rendimiento relativo. Mi «única*
> *asignatura» es asignación de capital, y la nota que he obtenido en 1999*
> *es, sin duda, un insuficiente.*

Luego, en 2001, después de que la división de reaseguros sufriera un
enorme impacto, división en la cual Berkshire tenía más exposición que
cualquier otra empresa del sector a los acontecimientos catastróficos, Buffett se vio obligado de nuevo a ofrecer otra disculpa.

En ambos períodos Warren Buffett estaba fallando de modo poco
convencional. Como ya sabía, apareció como extraordinariamente estúpido. El test estaba en marcha.

El *Financial Times* opinaba lo siguiente tras el pésimo resultado de 1999:

> *Oh, Warren. El hombre calificado en ocasiones como el mayor inversor del mundo... ha comenzado a fingir un tono de «colegial en dificultades» en sus ávidamente leídas cartas a los accionistas.*

Esto apuntaba a lo que se consideraba que constituía el mayor riesgo para Berkshire Hathaway:

> *Lo más preocupante para Buffett sería que la actuación del arrepentido colegial empezara a hacer chirriar la fidelidad de los inversores de Berkshire Hathaway, para quienes la brecha existente entre la sabiduría inversora del presidente y su rendimiento inversor a corto plazo nunca ha sido tan grande.*

El significado de este artículo era claro. Aunque Buffett declare que «los giros en las ganancias de Berkshire no nos preocupan lo más mínimo», añade también: «sin embargo, nos sentimos muy *cómodos* cuando tenemos accionistas/socios que también pueden aceptar la volatilidad» [énfasis añadido]. Y la última vez que Buffett experimentó un alto grado de incomodidad, liquidó Buffett Partnership.

Desde 1969 y durante más de treinta años, Buffett se mantiene firme. Como gerente de Berkshire Hathaway puede actuar como su propietario porque tiene accionistas que piensan como propietarios. Y sigue tomando decisiones basadas en la fuerza de la lógica *porque tiene un mandato para actuar de ese modo.*

El círculo de competencia de Buffett transmite el equilibrio emocional que necesita para su gestión del capital de Berkshire. «No tengo estrés en absoluto, cero», afirma Buffett. Él tiene el control. Ha reducido su gestión de capital a certezas próximas. Tiene ejecutivos que están intrínsecamente motivados para actuar como propietarios. Ha diseñado normas de conducta que introducen y mejoran esta motivación. Y se mantiene dentro de un círculo de competencia en el que se siente al mando.

Los accionistas de Berkshire bendicen este plan. Se sienten felices de confiar sus ahorros a Buffett, satisfechos de que actúe a favor de sus mejores intereses y de que no haga falta cambio alguno.

El círculo de competencia de Buffett es una solución emergente a los problemas que conlleva la gestión de capital, entre ellos la alineación que debe existir entre directivos y propietarios. Esa solución no puede hallarse necesariamente a través del análisis de sus partes, sino exclusivamente a través de la comprensión del funcionamiento interactivo del conjunto.

El círculo está infundido con modelos mentales. Ellos lo engendraron y, de hecho, respaldan el proceso dinámico que mantiene y, ocasionalmente, modifica su circunferencia. La diversidad es vital en este aspecto. Y es en esta diversidad donde Buffett da testimonio de la alternativa a su círculo de competencia.

Invocando el espíritu del matemático Carl Jacobi —cuyo mandato fue, según observa Munger, «Poner al revés. Dar siempre la vuelta»— Buffett ha considerado cómo tendría que comportarse para gestionar impropiamente el capital de Berkshire y romper el vínculo de confianza existente entre su gerente y sus propietarios. La conclusión a la que ha llegado es que tendría que habitar en un círculo de competencia ilusoria.

En lugar de adherirse a lo importante y conocible, no se preguntaría lo que es conocible. En lugar de *establecer* lo que sabe a través de la búsqueda de verdades, tendría que *persuadirse* a sí mismo de lo que «sabía». En lugar de *asegurarse* de que sabe invirtiendo o dando la vuelta a sus argumentos, tendría que *convencerse* a sí mismo de lo que propone saber. En lugar de *comprobar* la veracidad de su modelo a través de la búsqueda de *feedback*, tendría que vivir con la *negación* de las consecuencias.

Puede parecer difícil comportarse de una forma tan perversa, pero no es así. La construcción del círculo de competencia ilusoria llega a los seres humanos de forma tan natural que Buffett ha *encerrado* su gestión de capital en su alternativa normativa.

Es crucial que Buffett no haya sido capaz de identificar las normas de conducta aplicables a su círculo de competencia y a su mantenimiento sin saber cómo funciona la mente para construir su inverso —sin buscar las lecciones del fracaso.

Con Buffett actuando como ilustrador, por tanto, exploraremos en el capítulo 9 ese otro aspecto esencial de su manual del usuario, una exposición de los principios que gobiernan el círculo de competencia ilusoria. Esto nos permitirá analizar el mecanismo y las consecuencias de la gestión de capital *estrecha de miras* en contraposición a la gestión de capital *bien informada*.

9

El círculo de competencia ilusoria

La parte elemental de la psicología —la psicología del juicio equivocado, como yo la denomino—, es algo muy importante que hay que aprender. Consta de unos veinte pequeños principios que interactúan entre ellos, por lo que es ligeramente complicado. Pero el meollo es increíblemente importante. Personas extraordinariamente inteligentes cometen errores totalmente estúpidos por no prestar atención a esto.

Charlie Munger

En general, pienso que se puede ganar más del estudio de los fallos que de los éxitos en el mundo de los negocios. Mi socio, Charles Munger, dice que todo lo que quiere saber es dónde se morirá —para no ir nunca.

Warren Buffett

En los años en que el negocio textil de Berkshire Hathaway agonizaba, Ken Chace abordaba a Buffett con planes cuidadosamente elaborados para reformar y ampliar la actividad en este campo. Buffett los rechazó todos. Comentaba al respecto:

Los beneficios prometidos por estas inversiones textiles eran ilusorios. Muchos de nuestros competidores, tanto nacionales como extranjeros, estaban intensificando el mismo tipo de gastos y, cuando fueron bastantes las compañías que actuaron así, los menores costes logrados fueron el punto de referencia para unos menores precios a nivel de todo el sector.

El círculo de competencia de Buffett le ofreció una perspectiva de la que Chace carecía: el punto de vista de alguien que no está metido en la lucha diaria frente al punto de vista del que está metido hasta el fondo en el meollo del asunto. Buffett observa:

> *El director general de una compañía con varias divisiones dará instrucciones a la subsidiaria A, cuyas ganancias sobre el capital incremental se espera que sean del cinco por ciento como media, para que entregue todas las ganancias disponibles con el objetivo de que puedan invertirse en la subsidiaria B, cuyas ganancias sobre el capital incremental se espera que sean del quince por ciento.*

Éste es el punto de vista desde fuera del director general. Presenta una imagen clara y objetiva de dónde debería asignarse el capital. Pero prosigue:

> *Si su historial a largo plazo con el capital incremental es del cinco por ciento —y las tasas de mercado son del diez por ciento—, es probable que imponga una política de dividendos para los accionistas de la compañía madre que siga simplemente algunas pautas de reparto históricas o propias del sector.*

Éste es el punto de vista desde dentro, al que le falta perspectiva.

Buffett califica esta tendencia a la modulación entre el punto de vista desde dentro y el de fuera como «conducta esquizoide». Su tarea en el liderazgo de aquellos que gestionan capital en el interior de Berkshire es conectarlos con el punto de vista exterior que existe en todos ellos cuando ponen el dinero a trabajar en su buen gobierno de las filiales de la compañía. Si Buffett puede impedir la conducta esquizoide dentro de Berkshire, como al final hizo con Chace, entonces se reducirá el imperativo institucional que aconseja a los directivos reinvertir allí donde no hay probabilidades de creación de valor y se enviará a Omaha más capital sobrante.

Buffett hace esto a mediante la aplicación de su perspectiva objetiva en la conducta de sus directivos, al estilo de «Ken, nunca superarás el promedio histórico». Lo más importante es que él la aplica a su propia conducta.

Buffett posee y opera franquicias a causa de la reversión al valor promedio con el tiempo; se asocia con individuos que tienen la personalidad adecuada porque la naturaleza humana se opone al cambio; sólo oscila el bate ante los lanzamientos perfectos porque el mercado suele ser eficiente; sólo adquiere buenos negocios porque cuando «una gestión con reputación genial aborda un negocio con reputación de mala situación económica, es la reputación del negocio la que permanece intacta», y estructura sus adquisiciones de un modo concreto porque las fusiones exitosas son difíciles de llevar a cabo. Al imponer estas restricciones operativas sobre sí mismo, Buffett está reconociendo la importante probabilidad previa de fallo en caso de comportarse de forma diferente. Y al contrario que Ken Chace antes de que Buffett fuera capaz de cambiarle, e innumerables directivos que permanecen inmersos en la refriega diaria, Buffett siempre tiene en cuenta las probabilidades previas antes de sacar su cartera en nombre de los accionistas de Berkshire.

El punto de vista desde fuera de Buffett —su perspectiva global y objetiva sobre la tarea que tiene ante sí— le define como gestor de capital y como líder. Su círculo de competencia transmite esto. Le permite soltar las riendas y confiar en que las leyes naturales gobiernen las consecuencias.

Otros directores generales no son tan confiados. Hasta el punto en que hemos llegado desde el Renacimiento, algo está podrido en el estado actual de la gestión de capital. Dice Buffett:

> *Adam Smith creyó que todos los actos que se producen en un mercado libre estaban guiados por una mano invisible que dirigía a una economía a maximizar su progreso. Nuestro punto de vista es que los mercados tipo casino y la gestión explosiva de la inversión actúan como un pie invisible que pone la zancadilla y reduce la marcha de una economía que avanza.*

En esta coyuntura de la evolución del capitalismo, hemos derribado los muros del intelecto pero no hemos conquistado todavía los obstáculos de la psicología y la emoción, simplemente hemos izado escaleras de mano frente a ellos. Haríamos bien en compartir las perspectivas de Buffett respecto a por qué esto es así.

EL CÍRCULO DE COMPETENCIA ILUSORIA

> *Pascal decía, en esencia: «La mente del hombre es a la vez la gloria y la*
> *vergüenza del universo». Tiene esta enorme fuerza. Sin embargo, posee*
> *también esos fallos clásicos que a menudo provocan que llegue a conclusio-*
> *nes equivocadas.*
>
> Charlie Munger

> *Si tenemos un punto fuerte, éste se encuentra en el reconocimiento de*
> *cuándo estamos actuando correctamente dentro de nuestro círculo de com-*
> *petencia y de cuándo nos estamos acercando al perímetro*
>
> Warren Buffett

En el análisis que hizo de los fallos de la argumentación de Ken Chace a favor de potenciar las actividades textiles de Berkshire Hathaway,
Buffett da una pista con respecto a por qué muchos directivos se sienten
satisfechos de reinvertir en sectores de actividad en los que la probabilidad previa de crear valor es baja:

> *Considerada individualmente, la decisión de inversión de capital de cada*
> *compañía parecía rentable y racional; considerada en conjunto, las decisio-*
> *nes se neutralizaban mutuamente y eran irracionales (al igual que sucede*
> *cuando todos los que contemplan un desfile deciden que podrán verlo un*
> *poco mejor si se ponen de puntillas). Después de cada ronda de inversio-*
> *nes, todos los jugadores tenían más dinero puesto en el juego y los rendi-*
> *mientos seguían siendo anémicos.*

La adopción del punto de vista de dentro y la consideración de un
problema a nivel individual en lugar de hacerlo en su contexto global,
son actitudes instintivas. Buffett sabe esto porque ha identificado dos
problemas en la gestión de capital.

El primero reside en la naturaleza del entorno en el que debe hacer
sus previsiones; el segundo en el cerebro que utiliza para hacerlas. Estos
dos problemas amenazan con encontrarse en la notable capacidad que
tiene este órgano para erradicar la incertidumbre que los sistemas complejos contienen por naturaleza.

Erradica la incertidumbre porque puede: los sistemas complejos pueden ser intrínsecamente impredecibles, pero también son sumamente
comprensibles. Erradica la incertidumbre porque lo necesita: para dar un

paso adelante hacia lo hasta ahora desconocido, los seres humanos se sienten obligados a estar en el asiento del conductor. Y erradica la incertidumbre porque tiene una capacidad de procesamiento limitada.

Cuando se enfrenta a una avalancha de información, el cerebro de Buffett no es diferente al de cualquier otra persona. Sólo es capaz de procesar y reaccionar a una pequeña parte de los datos que tiene ante él; es «limitadamente racional».

Recordando su carrera profesional en el campo de la inversión antes de crear Buffett Partnership, Buffett dice.

> *Cuando volví a trabajar a Nueva York percibía que estaba sometido constantemente a más estímulos. Si tienes la cantidad normal de adrenalina empiezas a reaccionar a ellos. Esto puede llevarte a tener un comportamiento chiflado después de un tiempo.*

Este «comportamiento chiflado» amenazó con su presencia porque, por legado evolutivo, su cerebro ha aprendido a superar su restringida capacidad a través de superar a las emociones (de ahí la adrenalina de Buffett) y a las heurísticas, tal como se representa en la figura 4.

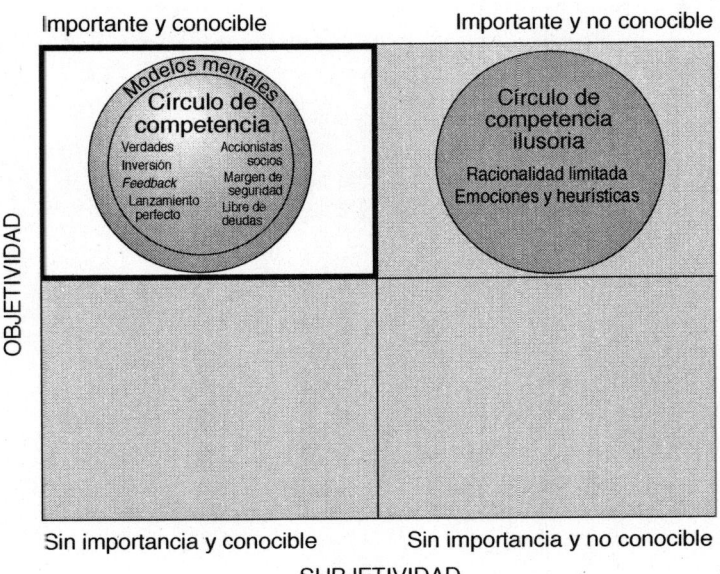

Figura 4. El círculo de competencia y su inverso

Las emociones compensan por el hecho de que carecemos de «un mecanismo exhaustivamente racional que separe lo relevante de lo irrelevante y sopese en consecuencia los aspectos relevantes». En otras palabras, las emociones evolucionaron *porque somos* limitadamente racionales. En medio de la confusión de información que se disputa nuestra atención, ellas nos indican a qué tipo de información deberíamos hacer caso.

Esto es lógica evolutiva, pero el factor impulsor de la selección en la evolución es la supervivencia. En los llanos de la sabana se manifestó en nuestra capacidad para reaccionar ante el peligro y la oportunidad, y el propósito era salvaguardar nuestro bienestar y aparearnos. Actualmente, la conservación de la especie y la procreación están razonablemente aseguradas y las preocupaciones de la mayoría de los seres humanos son cualitativamente distintas. Sin embargo, nuestros cerebros no han olvidado que el principal objetivo de los organismos que los alojan es replicar genes y por esta razón las emociones pueden adaptarse mal en el campo post-industrial, donde el capital debe ser asignado.

Las heurísticas comparten un problema similar. En lugar de realizar grandes cálculos analizando problemas escritos a mano, lo cual exige una importante capacidad de procesamiento cerebral, hemos aprendido por defecto a recurrir a los atajos. Éstos fueron ensayados y testados en un entorno diferente y nos proveen con sesgos cognitivos que influyen en el modo en que procesamos la información. Charlie Munger afirma:

> *La red neural básica del cerebro ha llegado hasta aquí a través de una gran evolución genética y cultural. Emplea una aproximación rudimentaria tipo atajo. No obstante, no es buena.*

La conciencia de las emociones y de las heurísticas en sí mismo y la observación de su existencia en otras personas explica la razón de que Buffett filtre la información frente a la que tiene que reaccionar como gestor de capital para que encaje en los límites de su racionalidad. «Nuestros filtros son filtros contra las consecuencias de nuestra propia falta de talento», confirma Munger, y convenientemente, el círculo de competencia de Buffett se representa ahora en la figura 4 rodeado por los modelos mentales responsables de su construcción y mantenimiento.

La «racionalidad filtrada» de Buffett es una respuesta a la racionalidad limitada. Actúa como un antídoto para lo que Charlie Munger ha calificado de «efecto de acontecimiento extraordinario». Los sesgos cognitivos y las emociones raras veces existen aislados; prefieren actuar de común acuerdo. Cuando lo hacen, pueden, por ejemplo, llevar a la gente a un círculo de competencia ilusoria en el cual llegan a «conocer» lo no conocible. Las consecuencias de esto para la calidad de las decisiones tomadas en el campo de la gestión de capital se pueden imaginar con facilidad.

Esto comienza con la retrospectiva y el orgullo desmesurado de la figura 5.

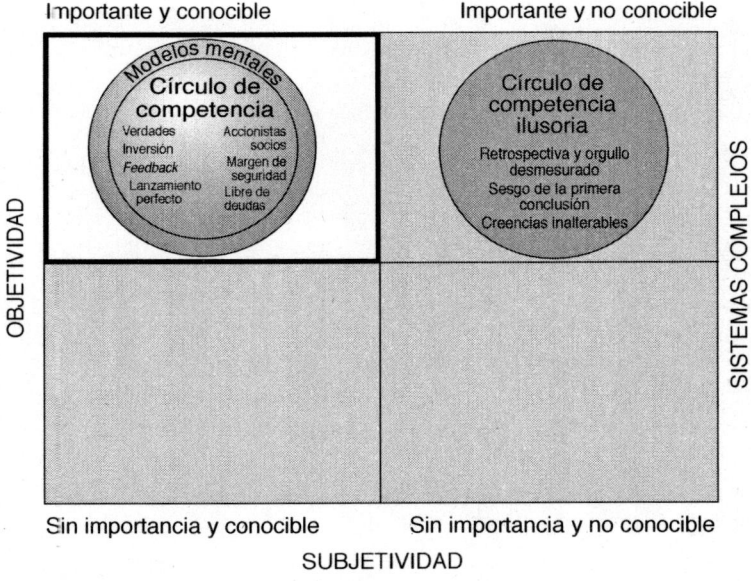

Figura 5. El círculo de competencia ilusoria

RETROSPECTIVA Y ORGULLO DESMESURADO

En el mundo de los negocios, lamentablemente, el espejo retrovisor está siempre más claro que el parabrisas: hace unos años nadie relacionado con los medios empresariales —ni entidades de crédito, ni accionistas, ni analistas financieros— vio el deterioro económico que estaba en reserva para el sector (pero denme unos cuantos años y me convenceré a mí mismo de que sí lo vi).

Warren Buffett

Buffett reconoce que la «previsión» necesaria para persuadirnos de un círculo de competencia que no tenemos resulta barata. Todo lo que necesitamos es retrospectiva.

El concepto de un pasado libre de sorpresa es indicativo de un futuro libre de sorpresa y fácilmente podemos persuadirnos a nosotros mismos de que conocemos lo no conocible.

Warren Buffett es muy sensible a esta posibilidad en su proceso de toma de decisiones. Afirma:

> *Cuando analizo grandes acontecimientos históricos, nada de lo que veo me da muchas pistas respecto a cuáles de ellos señalan cambios importantes en la rentabilidad de las empresas. ¿Preveíamos hace treinta años lo que ocurriría en el sector de fabricación de televisores u ordenadores? Por supuesto que no.*

Y señala un fallo del círculo de competencia ilusoria añadiendo: «ni tampoco lo previeron la mayoría de los inversores y fabricantes que entraron con entusiasmo en dichos sectores».

SESGO DE PRIMERA CONCLUSIÓN

> *Charles Darwin acostumbraba a decir que siempre que se tropezaba con algo que contradecía una conclusión que apreciaba, se veía obligado a anotar por escrito el nuevo hallazgo en el plazo de treinta minutos. De lo contrario su mente trabajaría para rechazar la información disonante, de la misma forma que el organismo humano rechaza los trasplantes.*
>
> Warren Buffett

Dentro de su círculo de competencia, Warren Buffett garantiza que sabe lo importante y conocible a través de la inversión de sus argumentos, porque es consciente de que está en nuestra naturaleza convencernos a nosotros mismos de que sabemos lo que pretendemos saber. Ésta es «una tendencia automática en psicología», dice Munger, «que suele denominarse *sesgo de primera conclusión*».

Uno de los modos de conseguir esto es sometiendo a tests poco sólidos las hipótesis sostenidas en nuestras narraciones del pasado. Una vez nos hemos decidido por una versión del pasado con la que nos sentimos satisfechos, no solemos andar buscando las razones de que podríamos estar equivocados. Munger aconseja:

> *Se deben tener múltiples modelos, porque si sólo se tienen uno o dos, la naturaleza de la psicología humana es tal que se torturará la realidad para que encaje con los modelos disponibles o, por lo menos, así se creerá.*

A la recepción de un *feedback* positivo, atribuimos los éxitos a nuestra competencia y les infundimos previsión de futuro. «La inclinación natural del hombre es aferrarse a sus creencias, en especial si están reforzadas por la experiencia reciente», observa Buffett.

Cuando fallamos, desechamos el fracaso. Identificamos la fuente exacta del error para que pueda ser corregida la próxima vez —inconscientes de que la retrospectiva y el orgullo desmesurado son los informantes de este proceso, de modo que sí habrá una próxima vez— o proclamamos la intervención de la mala suerte. «En los consejos de administración de las corporaciones», dice Buffett, «los triunfos se pregonan, pero las decisiones estúpidas se disimulan».

Si se establecen normas de decisión que en realidad pueden ser deficientes, pero que nuestra mente nos convence de que son buenas, y si buscamos evidencias a su favor, restringiendo la búsqueda y/o ignorando evidencias que puedan revelar su inadecuación, seguiremos siendo profundamente ignorantes de sus defectos. El problema con esta forma compleja del sesgo de primera conclusión es que secuestra a los responsables de asignar capital y los lleva fuera de su círculo de competencia. Buffett observa:

> *Cerca del 99% de los directivos de empresa piensan que si son extraordinarios en algo, lo serán en cualquier cosa. Son como el pato en un estanque cuando llueve —prosperan—. Empiezan a pensar que ellos son los únicos causantes de su ascenso. Así que se dirigen a algún lugar donde no está lloviendo y no hacen nada ni nada ocurre. Entonces suelen despedir a su segundo de a bordo o contratar un consultor. Rara vez se dan cuenta de que lo que realmente ocurre es que han abandonado su círculo de competencia.*

Buffett observa, por ejemplo, que muchas empresas han empleado una gran parte de sus beneficios sobre una base poco atractiva, o incluso desastrosa, desde el punto de vista económico. Prosigue:

> *Los directivos que yerran con regularidad informan sobre la lección que*
> *han aprendido del último fallo cometido. Luego suelen buscar futuras lec-*
> *ciones (parece que los fallos vayan directamente a sus cabezas).*

El sesgo de primera conclusión puede transformar un cambio de conducta en un cambio de actitud. Si los directores generales actúan dentro de un círculo de competencia ilusoria, se convencerán a sí mismos de que conocen lo no conocible. Para no ser víctima de esto, Buffett atestigua: «Si no podemos encontrar cosas dentro de nuestro círculo de competencia, no ampliaremos el círculo. Esperaremos».

«Predecir la situación económica a largo plazo de compañías que operan en sectores rápidamente cambiantes es algo que se encuentra bastante más allá de nuestro perímetro», dice Buffett, y mantiene que:

> *Por lo que se refiere a Microsoft e Intel, no sé a qué se asemejará este*
> *mundo dentro de diez años. Podría dedicar todo mi tiempo del próximo*
> *año a pensar en tecnología y no llegar a ocupar el puesto 100, el 1.000,*
> *o ni siquiera el 10.000 de la lista de los tipos más inteligentes del país en*
> *el análisis de este tipo de empresas.*

Esto no quiere decir que Buffett no pueda ganar dinero en acciones tecnológicas si se lo propusiera —incluidas la de Microsoft—. Buffett, amigo íntimo de Bill Gates, por supuesto que podría. Sin embargo, Buffett reconoce que el peligro no reside necesariamente en uno o dos valores que pueda calcular mal, sino en la escalada de participación que podría arriesgar si acierta en uno o dos de ellos.

«Nada anestesia tanto la racionalidad», dice Buffett, «como grandes dosis de dinero ganado sin esfuerzo». Observa:

> *Si los demás afirman que poseen dotes de predicción en sectores de activi-*
> *dad que cambian con rapidez —y al parecer han convalidado sus afirma-*
> *ciones a través del comportamiento de la bolsa—, nosotros no los envidia-*
> *mos ni los emulamos. En cambio, seguimos fieles a lo que entendemos. Si*
> *desvariamos, lo habremos hecho sin darnos cuenta, no porque estemos in-*
> *quietos ni porque hayamos sustituido la racionalidad por la esperanza.*

CREENCIAS INALTERABLES

> *Demóstenes dijo: «Lo que un hombre desea, eso será también lo que crea». Bien. Demóstenes tenía razón. Los individuos varían con respecto a la intensidad del mecanismo psicológico de la negación. Pero la cognición errónea derivada de la negación impregna la realidad con la que se tiene que tratar.*
>
> Charlie Munger

> *Tony Nicely, director general de GEICO, sigue siendo el sueño de un propietario. Todo lo que hace tiene sentido. Nunca se hace falsas ilusiones ni distorsiona la realidad, como hacen muchos gerentes cuando ocurre lo inesperado.*
>
> Warren Buffett

«He sido director de un montón de compañías a lo largo de los años y en ellas no se suele dedicar demasiado tiempo a hacer balance de las cosas», afirma Buffett. Dentro de su círculo de competencia, por otra parte, Buffett *revisa* que sabe lo que pretende saber, porque está en la naturaleza del hombre que no hace esto vivir con el rechazo del *feedback* negativo que debería informarle de que algo no encaja con su modelo del mundo.

Sobre el tema de las adquisiciones corporativas, Buffett dice:

> *He observado que muchos gerentes ávidos de adquisiciones estaban aparentemente fascinados por el cuento de su infancia que habla de la princesa que besa a la rana y ésta se convierte en un apuesto príncipe. Recordando el éxito de la princesa, pagan caro el derecho de besar sapos corporativos, esperando transfiguraciones maravillosas.*

Estos ejecutivos existen en el círculo de competencia ilusoria. Warren Buffett ha estado allí. Comenta al respecto:

> *En mis primeros tiempos como directivo, yo también me cité con varios sapos. Eran sapos baratos, pero mis resultados eran equiparables a los conseguidos por otros compradores que cortejaron a sapos muy caros. Yo los besaba y ellos croaban. No obstante, después de varios fracasos de este tipo, al final recordé un consejo útil que una vez me dio un golfista profesional: «La práctica no te hace perfecto; la práctica te hace permanente».*

Ésta es la forma compleja del sesgo de primera conclusión en acción. Sin embargo, Buffett llevó a cabo análisis a posteriori de sus primeras incursiones en la adquisición de empresas en su totalidad. En lugar de persuadirse a sí mismo de que estaba empleando la norma correcta, descubrió que estaba utilizando la equivocada. Pensó que podía transformar un negocio deficiente gracias a su dirección y gestión clarividente. Su filtro de *feedback* le decía que no podría. «A partir de entonces», comenta, «revisé mi estrategia y traté de adquirir empresas buenas a precios justos en lugar de empresas justas a buenos precios».

Buffett fue bastante sincero en la evaluación de su propio comportamiento para poder escapar del círculo de competencia ilusoria. Sin embargo, nuestro sistema inmunitario psicológico nos suele hace caer en esta trampa. Los seres humanos *necesitan* la ilusión de su capacidad o competencia, porque nos alimentamos de la ilusión de control que la acompaña. Nuestros cerebros han sido diseñados para fabricar los argumentos ganadores que justifiquen los actos que nuestras mentes inducen. Nos sentimos obligados a convencer al mundo de que somos razonables, racionales y comprensivos. Necesitamos convencernos a nosotros de lo mismo; necesitamos respuestas y a veces cualquier respuesta será válida. Warren Buffett sabe esto.

Después de muchos años de censurar los excesos corporativos ocurridos por doquier, Buffett perdió temporalmente el juicio en 1986 y se compró un jet. Irónicamente, decía lo siguiente a sus accionistas:

> *Que Berkshire le saque partido al dinero que ha costado el avión es una pregunta abierta, pero yo trabajaré para lograr un triunfo empresarial que pueda ser atribuible (no importa cuán discutiblemente) al mismo. Temo que Ben Franklin ya me tenía calado cuando decía: «Es muy práctico ser una persona razonable, porque te permite encontrar o fabricar una razón para todo lo que uno tiene en mente hacer».*

Una vez se han formado tales creencias, suelen convertirse en inalterables. «La negociación con uno mismo rara vez da lugar a una pelea de taberna», indica Buffett.

Éste puede ser el tipo de psicología que busca Buffett en sus franquicias: enraizada fidelidad de marca —mental y conductual— hacia un producto o propuesta de servicio. Pero no es el tipo de psicología que desea ver en un responsable de asignar capital. De ahí que la condición más importante que Buffett pone a los gestores de capital sea: «Lo que vale para la mayoría de las personas no es cuánto saben; sino lo realistamente que definen lo que no saben».

El único modo de romper el ciclo de argumentos ganadores y la formulación de creencias inalterables es dejar de vivir en la negación de la incompetencia. La persona que quiera definir un círculo de competencia en el estilo Buffett tiene que reconocer sus errores —en el estilo Buffett.

A la luz de un relato que le contó uno de los expresidentes de General Re, Buffett indica:

> Cada año, sus directivos le decían que «si no hubiera sido por el huracán de Florida» o «si no hubiera sido por los tornados del Medio Oeste», habrían tenido un año extraordinario. Al final, reunió al grupo y les sugirió que crearan una nueva empresa —la Si no hubiera sido por, Compañía de Seguros— en la cual de entonces en adelante colocarían todo el negocio que no quisieran considerar. En cualquier empresa, de seguros o de otro tipo, la expresión «si no hubiera sido por» debería suprimirse del léxico. Si usted va a participar en el juego, debe tener en cuenta también los tantos en contra. Cualquier directivo que sistemáticamente diga «si no hubiera sido por» y luego informe de las lecciones que ha aprendido de sus errores es posible que esté pasando por alto la única lección importante, es decir, que el verdadero error no es el acto en sí, sino el actor [énfasis añadido].

La fuerza del círculo de competencia de Buffett es la objetividad que transmite a su proceso de toma de decisiones. No a todos los directivos se les concede la cualidad de ser tan objetivos. Carecen de la perspicacia de Buffett. Asimismo carecen del diseño de Buffett. No importa cuál sea su círculo de competencia, algunos de sus juicios son necesariamente subjetivos. La clave para los participantes es reconocer que la subjetividad está en su máximo necesario en presencia de la profunda incertidumbre que los círculos de competencia ilusoria han desarrollado, lo cual es la razón de que tal círculo exista y se sitúe en el extremo derecho de la figura 5, en el terreno de los sistemas complejos.

SUBJETIVIDAD INFORMADA

No tenemos medio —ni tampoco nadie más lo tiene— de calcular las probabilidades ciertas de coberturas de las grandes catástrofes.

Warren Buffett

Del mismo modo que un hombre con una herramienta tiene que conocer sus limitaciones, un hombre que trabaja con su aparato cognitivo tiene que conocer también sus limitaciones.

Charlie Munger

Warren Buffett ha hecho de la suscripción de pólizas de seguros de grandes catástrofes, que protegen frente a riesgos muy importantes y no estandarizados, como huracanes y terremotos, una especialidad de Berkshire. Esto debería constituir una cierta sorpresa.

El precio apropiado de una póliza de gran catástrofe no puede determinarse del mismo modo que se fija el precio de la mayoría de los seguros, ni tampoco del mismo modo que a Buffett le gusta asignar capital. Por tanto, Buffett debe adoptar el marco alternativo disponible para conceptualizar probabilidades, el de grados de creencia justificados por la evidencia. Éste es el marco que los responsables de tomar decisiones utilizan de forma natural cuando tienen que hacer cálculos acerca de acontecimientos carentes de un historial estadístico que permita la identificación de frecuencias estables.

En teoría, esto es ilógico. Los seres humanos son estadísticos intuitivos. Ponemos al día de forma racional nuestras creencias sobre probabilidades a medida que se incorporan nuevas variables a una ecuación, a medida que varía la relación existente entre las variables o a medida que nuestro conocimiento de las variables existentes y las relaciones mejora. Basándose en innumerables observaciones de la frecuencia con la que la presencia de nubes oscuras presagia lluvia, por ejemplo, o de la frecuencia con la que una tranquila y calurosa tarde anuncia la visita de los mosquitos, los seres humanos han desarrollado una capacidad natural para el razonamiento probabilístico. Sin embargo, la desventaja es que los acontecimientos sobre los cuales se han desarrollado nuestros instintos eran frecuencias estables y no acontecimientos únicos. Cuando un problema provoca una estructura o marco de grados de creencia podemos ser embaucados para incumplir las leyes básicas de la probabilidad porque deferimos a las emociones y a las heurísticas que pueden apropiarse de nuestra cognición.

Tres heurísticas concretas amenazan con distorsionar nuestra forma de pensar con respecto a las consecuencias probabilísticas cuando tenemos que ser subjetivos. Podríamos estar inclinados a emitir juicios basados en la prominencia, la disponibilidad y la representatividad. Es decir, podríamos sobreestimar la frecuencia de un acontecimiento a causa de su prominencia actual en nuestra conciencia, porque es fácil traer a la mente ejemplos anteriores del mismo o porque se parece a otros (si parece un pato y grazna como un pato...). De ahí en adelante, corremos el peligro de convencernos a nosotros mismos de nuestra propia sagacidad.

Buffett observa en el sector de grandes catástrofes que «las expectativas pueden basarse en poco más que juicios subjetivos». Además, el riesgo del que él asegura es el material de aquellos sistemas complejos del extremo derecho de lo importante y conocible. Indica:

> *Los aseguradores de catástrofes no pueden simplemente extrapolar la experiencia pasada. Si existe verdaderamente un «calentamiento global», las probabilidades variarían, puesto que minúsculos cambios en las condiciones atmosféricas pueden producir cambios críticos en las pautas meteorológicas.*

En el sector de las grandes catástrofes, esto significa que Buffett está operando realmente en esa parte del terreno financiero donde merodean las competencias ilusorias.

La subjetividad advertida, sin embargo, es subjetividad informada. Buffett afirma: «No importa lo que otros puedan hacer [en el terreno de las grandes catástrofes], nosotros no suscribiremos pólizas con cuotas inadecuadas a sabiendas». Sin embargo, acto seguido, confiesa lo siguiente:

> *Sin darnos cuenta hicimos esto a principios de la década de 1970 y, después de más de veinte años, recibimos periódicamente facturas importantes derivadas de los errores cometidos en aquella época. Yo creo que aún tendremos algunas sorpresas de ese negocio durante los próximos veinte años. Participé activamente en esas primeras decisiones de reaseguro, y Berkshire pagó un matrícula muy cara para mi formación en el mundo empresarial.*

Como sabemos, el exceso de confianza es algo común y corriente cuando el *feedback* de las decisiones es lento. La falsa ilusión de competencia es también más evidente en presencia de auténtica incertidumbre. Buffett fue víctima de ambas circunstancias en el negocio de las grandes catástrofes. Sin embargo, una vez le llegó el *feedback*, reconoció que tenía que modificar su planteamiento.

Da la casualidad de que en el período que media entre el aseguramiento de riesgos mal estimados y la averiguación de las consecuencias, Buffett aprendió también el funcionamiento de su aparato cognitivo. *Llegó a conocer sus limitaciones.* Al identificar el mecanismo de la ilusión de competencia, construyó su círculo de competencia. Actualmente, Buffett transporta a los juicios que son necesariamente subjetivos esta parte de su círculo de competencia que abarca el modo en que toma decisiones bajo condiciones de incertidumbre.

De hecho, el negocio de grandes catástrofes ha crecido en importancia en Berkshire, porque Buffett encontró en Ajit Jain, de quien dice que desarrolló este negocio a partir de cero desde que se incorporó a la compañía, en 1986, a la persona que juzgó que *ya* era competente en este campo.

> En Ajit Jain tenemos un asegurador pertrechado con la inteligencia para tasar apropiadamente la mayoría de los riesgos; con el realismo para dejar de lado los que no puede evaluar; con la valentía para suscribir pólizas de enormes sumas cuando la prima es apropiada, y con la disciplina para rechazar incluso el riesgo más pequeño cuando la prima es inapropiada. Es raro encontrar una persona que posea uno cualquiera de esos talentos. Pero que una sola persona los reúna todos es excepcional.

La aportación de Buffett al negocio de las grandes catástrofes fue reconocer en primer lugar que Jain era la persona adecuada; en segundo lugar concederle la libertad que merecía, y en tercero, tener una presencia permanente para asegurarse de que Jait no sucumbirá a las insidiosas trampas que esperan a aquellos que deben emitir juicios subjetivos, no importa lo capaces que sean.

Teniendo en cuenta el estilo de dirección descentralizada de Buffett, él está excepcionalmente involucrado en la gestión de Jait del negocio de las grandes catástrofes, y los dos hablan por teléfono casi cada día. Buffett actúa así para ofrecer a Jait el punto de vista desde fuera que mejore su cognición.

Buffett «se ha involucrado en todos los aspectos de los negocios que he llevado a cabo», dice Jain. «Él me ha disuadido de exponerme demasiado cuando el riesgo es muy elevado.» Refiriéndose indirectamente al proceso de llegar a conocer lo no conocible, prosigue: «De vez en cuando te ves envuelto en ello, y encuentras alguna base lógica de por qué tienes que hacerlo. Son transacciones muy subjetivas y puedes acabar en una pendiente resbaladiza sin darte cuenta de ello».

Los directivos de fuera de Berkshire no suelen tener tanta suerte. Buffett dice lo siguiente de los directivos que velan por los intereses de aquellas compañías en las que Berkshire tiene participaciones importantes:

> *Reconocemos que estamos trabajando con directores generales experimentados que están muy comprometidos en la dirección de sus propias empresas pero que, no obstante, en determinados momentos, valoran la posibilidad de poner a prueba su forma de pensar con alguien sin lazos con su sector o con decisiones tomadas en el pasado.*

Así pues, Buffett facilita a estas personas los beneficios que ofrece su punto de vista. Comparativamente, otros directivos corren el riesgo de ser estrechos de miras. Para poder testar su forma de pensar con alguien que no tiene lazos con su sector o con decisiones del pasado, ellos deben aguzar el oído en dirección a la bolsa de valores.

GESTIÓN DE CAPITAL MIOPE

> *Sin embargo, los inversores se lanzaron al ataque de estas empresas, fascinados por unas acciones en vertiginoso crecimiento e ignorando todo lo demás. Fue como si se hubiera inoculado un virus a los profesionales de la inversión con extrema rapidez… provocaba alucinaciones en las cuales los valores de las acciones de ciertos sectores quedaban desconectados de los valores reales de las empresas que las sustentaban.*
>
> Warren Buffett

> *A lo largo de Silicon Valley, los fabricantes de PCs, chips, servidores, impresoras y otros productos digitales han reconocido haber cometido unos errores de cálculo monstruosos de la demanda final de sus productos. Lucent, Corning, Nortel y JDS Uniphase han sido asoladas por uno de los*

más grandes errores de cálculo del capital a invertir, aparte de las crónicas
de la Comisión Soviética del Plan Estatal.

Grant's Interest Rate Observer

La contribución innovadora y duradera del mundo académico al sector de la inversión fue la formalización de la teoría de cómo los inversores podían sobrevivir fuera de un círculo de competencia. Asumiendo el
riesgo específico de la acción al que Buffett dedica tanto tiempo y esfuerzos tratando de reducir, comunicaba a los inversores que lo diversifi-
caran. Como Buffett atestigua, éste es un consejo lógico allí donde no
puede evitarse la subjetividad. Él aconseja:

> *Si existe un riesgo importante en una transacción única, el riesgo global se*
> *debería reducir a través de la conversión de esa compra en uno de muchos*
> *compromisos independientes entre sí. De ese modo, usted puede hacer a*
> *conciencia una inversión arriesgada —una que ofrezca realmente una*
> *posibilidad importante de provocar pérdidas o daños— si cree que las*
> *ganancias, ponderadas por el cálculo de probabilidades, sobrepasan consi-*
> *derablemente a las pérdidas, ponderadas de forma comparable, y si puede*
> *comprometerse con una serie de oportunidades similares, pero inconexas…*
> *Paradójicamente, cuando el dinero «estúpido» reconoce sus limitaciones,*
> *deja de ser estúpido.*

Sin embargo, el defecto en la práctica cuando se implementa este
consejo, es que la diversificación suele relegar el análisis del riesgo específico a una baja prioridad. Los filtros de Warren Buffett nunca permiten
que esto suceda. Él elimina el riesgo en la ecuación precio/valor. Luego
selecciona unos pocos. Allí donde la cuantificación del riesgo es necesariamente subjetiva, diversifica, pero sólo después de un proceso analítico
en el que él y Jain han establecido las prioridades.

La ventaja que caracteriza el negocio de las grandes catástrofes de
Berkshire es que opera desde una posición de extrema fuerza competitiva.
«Berkshire está idealmente posicionada para suscribir pólizas de grandes
catástrofes», comenta Buffett. En un sector de riesgo que precisa de grandes
sumas de capital, tiene un patrimonio neto «diez o veinte veces mayor» que
el de sus principales competidores. Y «la certeza de que Berkshire será sol-
vente y tendrá liquidez después de una catástrofe de proporciones impen-
sables es una ventaja competitiva importante para nosotros», añade Buffett.

Nunca tiene que apostar en el gran casino de las grandes catástrofes. En el campo de la racionalidad limitada, esto es obligado.

A diferencia de lo anterior, la mayoría de los inversores tienen sus prioridades establecidas a través los valores de referencias que deben superar. La cartera diversificada del típico gestor de fondos de inversión institucionales —compuesta normalmente por unos sesenta valores reemplazables extraídos de una reserva de quinientas acciones— significa que dichos gestores tienen que asumir el tipo de riesgo que Buffett evita y colocar sus apuestas en el casino de la subjetividad. Pero hay un problema con la estrategia de diversificación que esto exige: los filtros del cerebro están abiertos de par en par y aquélla se pone directamente en manos de la racionalidad limitada que Buffett, diligentemente, esquiva. Él observa:

> *Se podría pensar que las instituciones, con sus numerosos y experimentados profesionales de la inversión, serían una fuerza de estabilidad y razón en los mercados financieros. No lo son: las acciones que en mayor medida son poseídas por instituciones y que están permanentemente gestionadas por ellas, a menudo han estado entre las valoradas de forma más inadecuada.*

«Cualquiera que le diga que puede valorar todas las acciones en Value Line[6], debe tener una idea muy exagerada de su capacidad, porque eso no es tan fácil», comenta Buffett. Buffett prosigue:

> *En mi opinión, el éxito de la inversión no será producto de fórmulas, programas de ordenador o señales transmitidas por el comportamiento de las cotizaciones de las acciones o los índices de los mercados. Es más probable que un inversor triunfe emparejando un buen criterio para el negocio con la capacidad de aislar sus pensamientos y su conducta de las emociones supercontagiosas que se arremolinan en el mercado.*

Sin embargo, basar las estimaciones en señales transmitidas por los precios y documentar las decisiones defiriendo a una emoción contagiosa son actitudes naturales cuando los inversores no han fijado límites a sus círculos de competencia. Ambas influencias hablan del papel indebido

---

6. **Value Line:** empresa de Estados Unidos que proporciona información actualizada, detallada y periódica sobre la marcha del mercado de valores y sus títulos.

que la influencia social incluida en la figura 6 puede ejercer sobre el comportamiento humano, un principio que Buffett ilustra con el siguiente chiste:

> *Al morir, un petrolero subió al cielo y en la puerta le recibió San Pedro con malas noticias: «Cumples todos los requisitos para estar aquí, pero, como puedes ver, el recinto reservado para los petroleros está lleno a rebosar. No hay forma de meterte ahí dentro». Después de pensar un momento, el petrolero preguntó si podía dirigir tan sólo cuatro palabras a los ocupantes actuales del recinto. Eso le pareció inofensivo a San Pedro, y el petrolero hizo la bocina con las manos y gritó: «Se ha descubierto petróleo en el infierno». Inmediatamente se abrió la puerta del recinto y todos los ocupantes salieron resueltamente hacia el infierno. Impresionado, San Pedro invitó a entrar al petrolero… pero éste se detuvo.*
>
> *«No», dijo, «creo que iré con el resto de los muchachos. Después de todo, podría haber algo de verdad en el rumor».*

Una escena de ficción. Una parodia de la realidad.

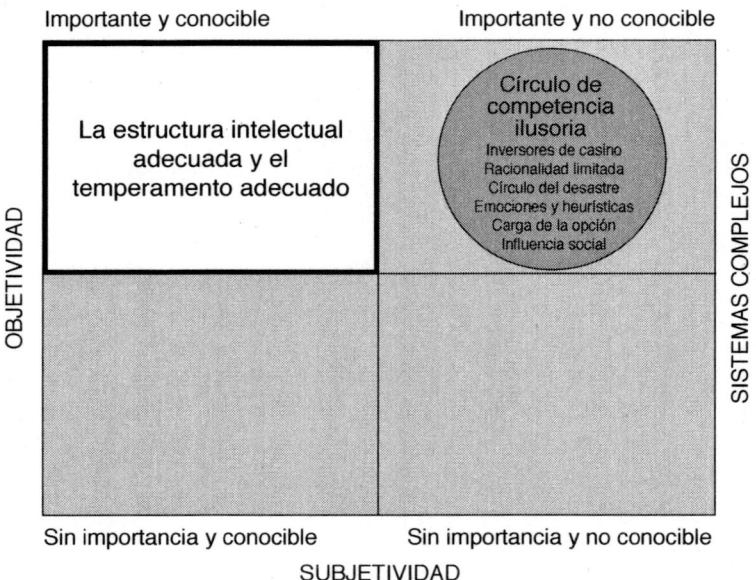

Figura 6. Gestión miope y asignación de capital equivocada

«Por alguna razón, la gente sigue las indicaciones de la marcha de los precios en lugar de seguir las de los valores», comenta Buffett. Los psicólogos están implícitamente de acuerdo y han identificado una serie de factores que obligan a una persona a cambiar su opinión en presencia de otras que parecen sostener un punto de vista diferente. Como Buffett da a entender en su chiste anterior, todos ellos existen en el mercado bursátil:

1. *Al igual que lo estaban en las puertas del cielo, las externalidades informativas están presentes.* Es decir, el comportamiento de los demás inversores se refleja en el comportamiento de las cotizaciones de los valores en los que invierten, y esto contiene una información de la cual el observador toma nota. Además, la hipótesis de mercado eficiente observa que hay una razón de fundamento para todo movimiento de la cotización. Tiene una autoridad basada no sólo en la teoría académica sino también en el empirismo —el mercado es casi imposible de batir— y todos llevamos un heurístico en nuestra cabeza que nos dice que hay que obedecer a la autoridad.

2. *Las reputaciones están en juego.* El bajo rendimiento se mide con facilidad, está disponible al instante y es altamente visible. La facilidad con la que un gestor de fondos de inversión puede imaginarse despedido por este delito le inclina hacia la toma de decisiones que puedan ser defendidas con mayor facilidad a posteriori.

3. *Lo más importante es que los juicios suelen tener que hacerse en presencia de auténtica incertidumbre.* Cuando los inversores emiten juicios relativos a factores intangibles, aumenta sustancialmente su propensión a adaptar su comportamiento al comportamiento de los demás. De hecho, cuanto mayor sea la ambigüedad —como ocurre con los valores tecnológicos, por ejemplo—, mayores serán las probabilidades de que la influencia social imponga la conducta.

Así pues, cuando un grupo de compañías ensarta una serie de informes seguidos con ganancias importantes, los inversores ven orden y pautas incluso en datos que pueden ser al azar y/o insostenibles. El sesgo de representatividad heurística les informa de que estas compañías pertenecen a la muestra de compañías que pueden ser verdaderamente clasificadas como acciones de crecimiento y se valoran en consecuencia. Cuando son también muy visibles y disponibles —en las noticias y en el dominio público, como lo fueron las acciones de la nueva economía de la era de la burbuja, por ejemplo— no sólo para los gestores de fondos de inversión sino también para sus comités de inversión y patrocinadores de planes, y suben, se pierde el equilibrio emocional en la zona de golpeo.

Ahora ya no se trata de probabilidades sino de posibilidades.

Tenemos miedo. Las acciones de dichas compañías podrían estar sobrevaloradas. *Probablemente* revertirán con el tiempo a la media, pero *posiblemente* no —y posiblemente no en el plazo de tiempo en el que se juzgará mi rendimiento—. «En lugar de focalizarse en las empresas que funcionarán bien en los próximos años, muchos gestores de patrimonios se concentran ahora en lo que esperan que hagan otros gestores de inversiones en los próximos días», observa Buffett. Además, el mercado puede realmente tener razón; es eficiente. ¿Tal vez otras personas saben algo que yo no sé?

Y ya padecemos «el sueño del cielo azul[7]» (*blue sky dreaming*[7]). Los psicólogos han descubierto que también pueden persuadir a la gente para deferir a lo posible con preferencia a lo probable. Buffett observa:

> *La propensión al juego se consigue aumentar siempre a través de un premio importante y una cuota de entrada barata, no importa lo pequeñas que sean las probabilidades reales. Éste es el motivo de que los casinos de Las Vegas y las loterías estatales anuncien en grandes titulares los premios gordos.*

Así pues, los inversores «suelen otorgar los ratios más elevados precio/ beneficios a negocios con nombres exóticos que prometen cambios emocionantes. Esa perspectiva permite fantasear a los inversores sobre futuras rentabilidades en lugar de enfrentarse a las realidades del negocio de hoy». Pierden de vista las probabilidades. Se han convertido en los inversores de casino de la figura 6.

---

7. **Blue Sky Dream:** título del libro escrito por David Beers en 1997, donde se describen las familias de clase media alta instaladas en el Valle de Santa Clara, en las décadas de 1950 y 1960. Trabajaban en la industria aeroespacial y creían que la Administración financiaría permanentemente a gigantes corporativos como Lockheed y, por consiguiente, vivirían una época de prosperidad sin fin.

No obstante, su optimismo excesivo, otro sesgo de la competencia ilusoria, les convence de que sólo ellos y nadie más vencerán a las probabilidades que están en su contra. Buffett observaba en 2000:

> *En las compañías que tienen valoraciones gigantescas de la liquidez que es probable que generen en el futuro, la gente odia perder un solo minuto de esta fiesta desenfrenada. Por tanto, todos los participantes piensan marcharse unos segundos antes de medianoche.*

A la luz de los efectos de la influencia social en el comportamiento, el consejo que Buffett da a los inversores y que él mismo sigue a rajatabla es: «el mercado está para servirte, no para guiarte... y será un desastre si caes bajo su influencia». Extiende también el consejo a aquellos directores generales que tienen que testar su forma de pensar respecto a la utilización de capital a través del acceso al *feedback* ofrecido por el mercado bursátil. Cuando los inversores y los directores generales pierden de vista los fundamentos y basan sus decisiones en señales de precios y emociones supercontagiosas, corren el peligro de tener problemas porque las expectativas poco realistas pueden hacer tambalear la trayectoria estratégica de la empresa.

INFLUENCIA CATASTRÓFICA: EL CÍRCULO DEL DESASTRE

> *Durante muchos años he tenido poca confianza en las cifras de beneficios comunicadas por la mayoría de las corporaciones. No estoy hablando de Enron ni de WorldCom —ejemplos de delincuencia rotunda—, más bien me estoy refiriendo a los métodos contables, legales pero inadecuados, utilizados por los directores generales para hinchar las ganancias publicadas.*
>
> Warren Buffett

> *A lo largo de los años, Charlie y yo hemos observado muchos ejemplos en los que los directores generales han participado en maniobras operativas antieconómicas para que se puedan cumplir los objetivos de beneficios que habían anunciado.*
>
> Warren Buffett

El juego de la gestión de acuerdo con las expectativas asociadas a una acción sobrevalorada puede tener éxito a corto plazo. Esta ilusión de competencia anima tanto a directores generales como a accionistas a la ambición a largo plazo y al apoyo mutuo. Y merece la pena. Las compañías que satisfacen sistemáticamente las expectativas del inversor en sus resultados operativos disfrutan de unas valoraciones más elevadas que aquellas que no lo hacen; por tanto, ambos participantes en el juego reciben un *feedback* positivo. Por consiguiente, la gestión de acuerdo con las expectativas se ha convertido en endémica en la comunidad de los directores generales. Muchas más compañías generan corrientes lineales de beneficios que pueden atribuirse a la casualidad.

Sin embargo, cuando las cotizaciones de las acciones descuentan el logro de resultados corporativos que, en las circunstancias del mercado, desafían verdades incontrovertibles, las políticas de asignación de capital diseñadas para cumplir dichas expectativas dejarán de ser dictadas por las exigencias del sentido económico. Las corrientes lineales de ganancias en un mundo no lineal, creciendo a una tasa que ignora la reversión a la media, hacen maravillas en la ecuación de valor. Mejoran tanto la previsión como la aparente certeza asociada a su producción, pero esta ilusión sólo puede mantenerse si la asignación de capital se adapta a la linealidad, en lugar de hacerlo, paradójicamente, a la maximización de valor para el accionista a largo plazo. Cuanto más tiempo dure la degradación de la gestión de capital, mayor será la posibilidad de deterioro del valor intrínseco.

«El problema que se origina a partir de predicciones optimistas no es sólo que propagan un injustificado optimismo», dice Buffett. «Aún más problemático es el hecho de que corroen la conducta del director general.»

James Kilts, recién nombrado director general de Gillette (¿adivina por qué?) es uno de los que ha abandonado este juego. Él identificó correctamente este tipo de conducta corporativa como responsable del historial de mala gestión del capital de Gillette y del bajo rendimiento anterior a su designación y le puso nombre. La llamó *círculo del desastre*, y ocupa su lugar en la figura 6, junto a los factores que le dan vida.

Dentro del círculo del desastre, el comportamiento gerencial es el inverso del de Warren Buffett:

1. A medida que las compañías se ven obligadas a asignar capital de acuerdo con las oportunidades actualmente disponibles, el rendimiento del capital se ve naturalmente perjudicado frente a la alternativa de esperar la mejor oportunidad.

2. A medida que las compañías intentan configurarse a sí mismas para ajustarse a las expectativas en lugar de hacerlo a sus entornos, la solidez evolutiva se reduce y se pone en peligro la supervivencia.

3. Los intentos de organizar/gestionar los resultados operativos cruzan a menudo los límites de la conducta fiduciaria aceptable.

Buffett concluyó en 1968:

> *En los últimos años se ha erosionado la ética. Muchas de las principales corporaciones aún actúan honestamente, pero un número importante y creciente de directivos de primera categoría —directores generales que usted sería feliz de tener como yernos o administradores personales— han llegado a la conclusión de que es correcto manipular los beneficios para satisfacer lo que ellos creen que son los deseos de Wall Street. De hecho, muchos directores generales piensan que este tipo de manipulación no sólo es correcta, sino que realmente es su deber hacerla.*

No es muy raro que esto sea así. «Si se utiliza como test lo que va a hacer el mercado bursátil, yo creo que la gente sabe intrínsecamente que tiene un billete de lotería», dice Buffett, y mantiene que «un sistema que genera recompensas quijotescas no sólo será antieconómico para los propietarios, sino que puede desalentar realmente el comportamiento focalizado que valoramos en los gerentes».

Las opciones sobre acciones premian el comportamiento equivocado. Como ofrecen a los directivos la perspectiva de resultados que no están generalmente a disposición de los propietarios de la firma, su incorporación a sistemas de remuneración anima a los ejecutivos a perder de vista los resultados del cálculo de probabilidades en la asignación de capital y a concentrarse en lo posible. «Se prometería a la gente un billete de la lotería de la próxima semana presuntamente ganador en lugar de la oportunidad de hacerse rico poco a poco», observa Buffett.

Por su parte, Buffett manifiesta:

> *Estaría satisfecho de aceptar un billete de lotería como regalo, pero nunca compraré uno... de hecho, el proyecto empresarial en el que usted desearía tener una opción suele ser un proyecto en el que rehusaría ser propietario.*

Y en efecto, los estudios realizados indican que los directivos que están empapados de opciones sobre acciones adoptan mayores riesgos que los demás en la asignación de capital. La carga de la opción de los directores generales tiene propensión a transformar las compañías que dirigen en proyectos que aceptarían como jugadores emocionalmente desequilibrados, pero que rechazarían como propietarios emocionalmente equilibrados que reciben su sus recompensas de una forma bastante más glacial. Incentivados por las posibilidades, suben la apuesta en este círculo del desastre, aspirando a que se cumplan, o mejor dicho, que se superen las expectativas asociadas a las cotizaciones de sus acciones por los inversores de casino. Por así decirlo, la historia de la gestión estrecha de miras y de la asignación equivocada de capital de la figura 6 —en marcado contraste con la estructura mental adecuada y el temperamento adecuado de Buffett— está completa.

«A largo plazo», concluye Buffett, «las direcciones de las empresas que subrayan la apariencia contable por encima de la sustancia económica suelen ofrecer poco de ambas». La sinceridad e integridad con la que Buffett lleva a cabo su relación con los accionistas constituyen su alternativa preferida. «La franqueza nos beneficia como directivos», dice Buffett. «El director general que engaña públicamente a otros puede, en última instancia, engañarse a sí mismo en privado.»

LO INALCANZABLE FRENTE A LO ALCANZABLE

Lo que un gerente debe hacer es manejar bien lo básico y no desviarse. Ralph Schey establece los objetivos correctos y nunca olvida lo que se propuso hacer.

Warren Buffett

Durante años K & W funcionó bien, pero en 1985-1986 dio un grave traspiés a causa de perseguir lo inalcanzable y desaprovechar lo alcanzable.

Warren Buffett

Los círculos de competencia ilusoria son fenómenos que ocurren de forma natural frente a la incertidumbre. También son perversos.

Cuando las normas de decisión que funcionaron en el pasado dejan de funcionar en la actualidad, desaparece la sensación de control que procura tener un directivo dentro del círculo de competencia ilusoria. La fuente de este error no puede determinarse. Está perdido. Y «cuando un gerente de una empresa se siente impotente en la asignación de un activo... se tiene un problema», explica Buffett. En su vulnerabilidad, dicho directivo puede ser fácilmente llevado por el mercado bursátil, por sus propios sesgos y emociones, o por asesores que tienen sesgos de diferente naturaleza. Éstos son los cantos de sirena de los naufragios corporativos.

El *consejo de* Buffett a un director general que se encuentre en esta situación podría ser dar la bienvenida a la presencia de un consejo de administración fuerte:

> *Los consejeros deberían ser relativamente pocos en número —digamos, diez o menos—, y deberían proceder en su mayoría de fuera. Los miembros del consejo deberían establecer estándares para medir el rendimiento del director general y se deberían reunir periódicamente, sin que él estuviera presente, para evaluar su rendimiento frente a dichos estándares. Los requisitos para formar parte del consejo deberían ser inteligencia para los negocios, interés por el puesto y orientación de propietario.*

El consejo tiene la misión de equilibrar el punto de vista interno de un gerente con uno de fuera. «Estoy convencido de que los consejeros deberían comportarse como si existiera un solo propietario que está ausente, cuyos intereses a largo plazo deberían tratar de promover por todos los medios apropiados», dice Buffett. Al igual que independencia, los consejeros deben tener integridad. «Si carecen de ambas, los consejeros pueden causar un gran perjuicio a los accionistas aunque sigan afirmando que están actuando a favor de sus intereses a largo plazo».

La toma de decisiones de grupo que un consejo adecuadamente estructurado e incentivado realice «puede ser una respuesta de adaptación a la racionalidad limitada», afirma Stephen Bainbridge, de la facultad de Derecho de UCLA, «creando un sistema para agregar las aportaciones de múltiples individuos que poseen diferentes conocimientos, intereses y competencias». Si esto es así, entonces la *preferencia* de Buffett sería que el director general transformara un círculo de competencia ilusoria en un círculo de competencia.

Lleno de sus filtros, el círculo de competencia de Buffett es una respuesta alternativa y adaptativa a la racionalidad limitada. Proporciona el control que los seres humanos ansían y desactiva el fracaso. Permite a

Buffett ser un mercado de capital de un solo hombre, ofreciendo el *fee-dback* de su propia gestión de capital que el mercado de valores se supone que ofrece a los directivos.

Warren Buffett es su propio consejo de administración, poseído de la perenne perspectiva de imparcialidad que este organismo se supone que debe aplicar sobre los directivos.

La racionalidad de Buffett es de tal naturaleza que puede hacer esto sin ayuda. No es de extrañar que llame a esto su «zona de felicidad».

No obstante, ahí reside el desafío del futuro de Berkshire Hathaway. Cuando Warren Buffett se marche, otra persona u organismo tendrá que cumplir las funciones gemelas de supervisión de la gestión de capital y de supervisión del directivo. Para rematar este libro nos ocupamos a continuación de estos temas.

10

Futuro predecible

Para encontrar nuevos consejeros buscaremos en nuestras listas de accionistas a personas que directamente, o en sus familiares, tengan una participación importante en Berkshire... Los individuos que pasen a la final deberían superar automáticamente dos de nuestras pruebas, a saber que están interesados en Berkshire y orientados al accionista. En la tercera prueba, buscaremos inteligencia para los negocios, una competencia que dista de ser normal y corriente. Por último, seguiremos teniendo a miembros de la familia Buffett en el consejo de administración. No están allí para dirigir el negocio después de que yo muera, ni tampoco recibirán remuneración de ningún tipo. Su propósito es garantizar, tanto a nuestros accionistas como a nuestros directivos, que la cultura especial de Berkshire será alimentada cuando yo sea sucedido por otros directores generales.

Warren Buffett

Si los principios tienen fecha es que no son principios.

Warren Buffett

La situación económica normal se reanudó para Berkshire Hathaway en 2002. En el que Buffett describió como «año excepcional», el valor contable de la compañía aumentó en un diez por ciento (superando con diferencia el rendimiento ofrecido por el S&P 500 en más de un treinta y dos por ciento), el grupo asegurador aumentó su reserva de liquidez en un dieciséis por ciento, hasta los 41.200 millones de dólares, una cifra que

se acerca al ocho por ciento del total del sector, y el coste de dichas reservas descendió hasta el uno por ciento. En la reunión anual de Berkshire Buffett se encontraba en su estado de forma habitual. Fustigó las
opciones sobre acciones como un «royalty sobre el paso del tiempo»,
comparó los apaños contables que presentan las empresas bajo una luz
más positiva con la adicción a la heroína («difícil de abandonar»), aconse-
jó a los accionistas que no hicieran caso de las previsiones de los directivos sino que se fijaran en la situación económica real del negocio, y reconoció que había hecho perder a la compañía unos ocho mil millones
de dólares por haber abandonado la adquisición de Wal-Mart cuando el
precio se alejó de su objetivo. Lo más estimulante fue que Buffett fue
capaz de confirmar que General Re «había salido del apuro de forma
espectacular». Por supuesto, los accionistas de Berkshire se sintieron tranquilizados con las noticias que recibieron: la pregunta sin respuesta que
podría depararles el futuro cuando Buffett se adentrara en la década de
los setenta años.

La competencia de Buffett como presidente y director general de
Berkshire Hathaway reside en la combinación de los roles gemelos de
liderazgo y gestión de capital con la integridad de actuar como propietario. Ésa debería ser la encarnación de todo director general. El sentir
general es que dicha encarnación desaparecerá cuando Buffett abandone
la escena. Se cree, por ejemplo, que Lou Simpson, director general de
inversiones de GEICO, que ha supervisado la cartera de participaciones
de dicha compañía desde 1979 y de quien Buffett dice que utiliza «el
mismo planteamiento conservador y concentrado hacia las inversiones
que nosotros tenemos en Berkshire», se hará cargo del rol de gestión de
capital en ausencia de Buffett. Esto dejaría el puesto de director general
para otra persona, de momento anónima.

Este arreglo despierta sospechas. Buffett ha confirmado a Simpson
como uno de los personajes destacados de Berkshire y atestigua que «su
presencia en escena nos garantiza que Berkshire tendría inmediatamente
a su disposición un extraordinario profesional para gestionar sus inversiones si algo nos sucediera a Charlie y a mí». Y aquí es donde se detiene.

A partir de esta deducción no es evidente de forma inmediata que
Lou Simpson será también responsable de la función de asignación de
capital. Como director general, Buffett escoge entre una gama de oportunidades de inversión de capital a su disposición, de las que sólo una de
ellas consiste en comprar una parte minoritaria de otras empresas a través

del mercado bursátil. Buffett no distingue entre esta práctica y la de adquirir empresas en su totalidad, reinvertir en las empresas filiales existentes o devolver el capital a los accionistas. El mejor uso de la liquidez consigue nueva liquidez. Por tanto, parece obligado que, tanto si Simpson gestiona las inversiones de Berkshire en valores de otras empresas como si no, hace falta una persona que integre la perspectiva sobre la evaluación de las acciones en una decisión que incorpore sus méritos relativos frente a otras posibles utilizaciones. Los favoritos actuales para ocupar el puesto son Rich Santulli, de Executive Jet, y Ajit Jain.

Más allá de esto, y por deferencia al modelo expuesto en este libro, voy a limitar mis reflexiones sobre Berkshire Hathaway a lo que considero conocible. Por ello, afirmaré que Warren Buffett permanecerá dentro de su círculo de competencia y luego me ocuparé de los dos elementos de la pregunta indicada más arriba, los cuales ya se indican, de hecho, a través del título de este libro: el desafío del liderazgo y el desafío de la gestión del capital, un subconjunto del cual incluirá algunas reflexiones acerca de las ineficiencias del mercado sobre el cual Buffett ha confiado en el pasado.

DENTRO DEL CÍRCULO DE COMPETENCIA

Charlie y yo no sólo no sabemos hoy lo que nuestras empresas ganarán el año próximo, ni siquiera lo que ganarán el próximo trimestre. Sospechamos de los directores generales que afirman por norma que conocen el futuro.

Warren Buffett

Numerosos observadores de Buffett han designado 2003 como el año en que abandonó los confines de su círculo de competencia, desertando de la asignación de capital por la política y dedicándose a una nueva carrera de previsión de lo imprevisible. Se equivocan en ambos aspectos.

Cuando el 13 de agosto el mundo se despertó, descubrió que Buffett había sido nombrado asesor económico y financiero de la campaña de Arnold Schwarzenegger para ser elegido gobernador de California. Sin embargo, este nuevo rol debería contemplarse como el último acto de una participación continua en la política a lo largo de su carrera profesional, que Buffett ha combinado con su papel de presidente y director general de Berkshire Hathaway. No hay que ir más allá de sus declaraciones públicas sobre impuestos, la guerra de Bosnia y las contribuciones de la Fundación Buffett al aborto y a las medidas de control de natalidad para darse cuenta de que esto es así, o a las cartas dirigidas a los accionistas en las que periódicamente habla largo y tendido de asuntos de carácter político (aunque hay que reconocer que son en su propio interés).

Si se reflexiona sobre el pronóstico realizado por Buffett en octubre de 2003 acerca del curso probable del dólar americano, algunos dirían que ha abandonado su círculo de competencia de una forma más seria. «Hasta la primavera de 2002, yo había vivido cerca de setenta y dos años sin comprar moneda extranjera», proclamaba Buffett. «Desde entonces, Berkshire ha hecho —y hace— inversiones importantes en diversas divisas… y mantener la inversión en otras divisas es estar convencido de que el dólar caerá.» Por decirlo así, parecía que Buffett se había convertido en alguien de quien siempre había desconfiado: un director general que proclama que conoce el futuro. Una observación informal nos indica que la previsión de los cambios de divisas reside con toda seguridad en el cuadrante de lo importante pero no conocible, y como tal no puede considerarse que esté dentro del círculo de competencia de Buffett. Esta observación informal está equivocada. A Buffett le gusta citar a Herb Stein cuando se refiere al tema de las previsiones: «Si algo no puede durar siempre, se detendrá». Del mismo modo que Buffett se siente satisfecho de advertir a sus accionistas que es posible que Berkshire no pueda crecer a un ritmo del veintitrés por ciento o más *ad infinitum*, éste es el alcance de la previsión de Buffett acerca del dólar. Se basa en la verdad matemática y económica que forma parte de su círculo de competencia: «Nos enseñaron en economía básica que los países no podían mantener indefinidamente déficit comerciales importantes siempre crecientes».

El catalizador que ha convertido una previsión en acción es el ritmo al que ha empeorado el déficit comercial de Estados Unidos, «hasta el punto», afirma Buffett, «de que el "capital o patrimonio" de nuestro país, por decirlo así, se está transfiriendo fuera de nuestras fronteras a un ritmo alarmante. La perpetuación de esta transferencia traerá dificultades importantes. Hemos entrado en el mundo de la acumulación negativa de valor». Sin embargo, Buffett observa también atentamente la situación económica de Berkshire. La adquisición de General Re significa que Berkshire tiene un considerable pasivo en moneda extranjera. Un dólar débil ampliaría el coste de un desastre importante fuera de Estados Unidos y éste es un riesgo que Buffett desea compensar. «Charlie y yo creemos que Berkshire debería ser una fortaleza financiera, por el bien de nuestros propietarios, acreedores, asegurados y empleados», comenta Buffett.

Adviértase que el calendario adecuado no es un rasgo distintivo de esta previsión, ni tampoco lo ha sido en el pasado para Buffett. «La trayectoria del mercado bursátil», decía a sus socios en 1966, «determinará, en gran medida, *cuándo* tendremos razón, pero la exactitud de nuestro análisis de la compañía determinará en gran medida si tendremos razón. En otras palabras, nos concentrarnos en lo que debería suceder y no en cuándo debería suceder». Más de treinta y cinco años después, Warren Buffett sigue siendo fiel a estas palabras. Sigue actuando dentro de su círculo de competencia y seguirá allí durante el resto de su carrera.

LIDERAZGO

¿Qué le ocurrirá a esto si a usted le atropella un camión?

Cita anónima y omnipresente,
comunicada por Warren Buffett

Hace diez años, la pregunta más frecuente sobre el futuro de Berkshire Hathaway se centraba en la posibilidad de la muerte por accidente de Warren Buffett. A medida que Buffett avanza sigilosamente por las tablas de mortalidad, dicha pregunta se transforma en otra más delicada, más insistente que, hasta donde yo sé, sigue sin ser contestada: «¿qué sucederá cuando usted muera o pierda sus facultades mentales?».

Desde una perspectiva personal, nadie es más sensible a estos temas que el propio Buffett. Por tanto, desde una perspectiva de gestión, la planificación de la sucesión está bien controlada. «Hablando en general, estamos preparados para "el camión"», afirma Buffett, contemplando la versión tal vez más amable del problema.

Buffett es consciente de que cuando en una empresa la propiedad es independiente del control, es esencial que los miembros del consejo de administración, que representan los intereses de los propietarios, *piensen* como propietarios. Esto sucederá con toda seguridad con el consejo de administración de Berkshire Hathaway que haya después de Buffett. Sus miembros están íntimamente familiarizados con la filosofía de Buffett sobre este tema y la comparten. Estas personas supervisarán la actuación de un director general que no estará menos familiarizado que ellas con los principios de la compañía.

Berkshire Hathaway está en manos seguras desde una perspectiva de buen gobierno corporativo. Buffett ya ha identificado a sus sucesores en el rol gerencial. Sus nombres figuran dentro de un sobre precintado, que debería ser abierto en el momento apropiado, junto a una carta que empieza así: «Ayer morí. Sin duda es una mala noticia para mí, pero no lo es para nuestro negocio». (Bromea también cuando lo primero que dice es: «Comprueben mi pulso otra vez».) Cuando se lean los nombres que figuran dentro del sobre, nada cambiará en Berkshire Hathaway. Warren Buffett ha abanderado una cultura corporativa única en su género que le sobrevivirá. Los directivos que actuaron como propietarios en el pasado seguirán actuando como propietarios en el futuro. Esto forma parte del carácter de Los Comprometidos.

Sin embargo, habrá importantes retos por delante. Tal vez la debilidad mayor de los planes de sucesión de Buffett resida en el secretismo, a falta de otra palabra mejor, que los rodea. La esencia del estatus de Buffett como director general reside en su personalidad como líder: en sus notorias convicciones, integridad, estándares e intachable honradez. Como es Buffett quien está seleccionando a su sucesor, dicha persona poseerá cualidades similares. Aunque su identidad permanezca en secreto, no puede tener el mismo perfil.

El proceso de la sucesión de Jack Welch en General Electric fue público y se caracterizó por tratarse de una competición entre tres directivos que habían sido evaluados a lo largo de varios años. Esto dio tiempo a los accionistas y empleados de GE a identificarse con el sucesor. Jeff Immelt ya era una persona familiar y aceptada cuando sustituyó a Jack Welch. Las partes interesadas ya habían asimilado lo que representaba.

En Berkshire Hathaway, tanto Rich Santulli como Ajit Jain, si es que el elegido es uno de los dos, tienen una excelente reputación. Uno u otro se beneficiará enormemente del aval de Warren Buffett. Sin embargo, ¿cuántos accionistas o empleados de Berkshire Hathaway conocen realmente a estos hombres de la misma forma que conocen a Warren Buffett? Algunos de los directivos de Berkshire ni siquiera se conocen entre ellos. Sin duda alguna, no se han comunicado con los accionistas.

Una parte importante del compromiso que Buffett ha obtenido de sus accionistas es de tipo personal; es un compromiso con Warren Buffett. Es él en quien confían los accionistas de Berkshire. Es a Buffett a quien los directivos de Berkshire están ansiosos de agradar. Nadie es capaz de sustituir esto de un día para otro. La pátina tiene que irse formando a base de años de ejemplos y costumbre.

El peligro inmediato para Buffett es que esto reduzca su capacidad para atraer a la organización a la gente apropiada. La estrategia de adquisiciones de Buffett está basada en proporcionar el hogar ideal a directivos que ya actúan como propietarios o que tienen la capacidad necesaria para actuar así. Si el atractivo de Berkshire Hathaway como tal muere con Buffett, entonces también lo hará una de sus ventajas competitivas. Un requisito indispensable mínimo del próximo director general es que también sea capaz de soltar las riendas y dar libertad a sus directivos.

Un peligro menos inmediato lo plantea otro reto sucesorio, que se presenta tanto si Buffett es director general como si no lo es. Muchas de las compañías filiales de Berkshire son básicamente negocios familiares de segunda generación. El riesgo de fracaso de tales empresas aumenta con el paso de una generación a otra. Es indudable que en la tercera generación, si no hay miembros de la familia con las competencias directivas necesarias, suele haber desaparecido la motivación intrínseca que ha impulsado a la primera y segunda generación.

Buffett ha solicitado a sus directivos que piensen largo y tendido sobre este tema. Periódicamente pide a cada uno de ellos que le comunique por escrito los nombres de aquellos que le sucederán, sus puntos fuertes y sus puntos débiles, y los nombres de los candidatos alternativos. Buffett afirma: «Necesito saber lo que opinan por escrito y no tener que cargarlo en mi memoria». Tengo serias dudas de que ésta sea la verdadera razón.

Los compromisos por escrito, apoyados por argumentos razonados, incorporan mucha mayor deliberación que sus equivalentes mentales. Hay un carácter definitivo e irreversible en ellos, que insinúa una dificultad de modificación. Sabiendo que no tienen la cláusula de excepción para cambiar con facilidad sus opiniones, los directivos de Berkshire serán tan diligentes en sus planes de sucesión como Buffett lo es en el suyo, y así se verá significativamente reducido el riesgo generacional asociado a la organización.

GESTIÓN DE CAPITAL

Hemos descubierto que no hacer nada es la tarea más difícil de todas.

Warren Buffett

Si hay algo que sea conocible del futuro de Berkshire Hathaway es que hay un límite matemático del ritmo al cual puede crecer una vez ha alcanzado un determinado tamaño. En el capítulo 1 hice la observación de que si Berkshire Hathaway seguía creciendo a su ritmo histórico, llegaría a ser tan grande que absorbería la totalidad de la economía de Estados Unidos. Algo ciertamente imposible. En algún momento entre hoy y 2032, la tasa de crecimiento de la compañía tiene que revertir a una más parecida a la de la economía general y a la del promedio de las empresas que forman parte de ella.

Ésta es una realidad inevitable que tiene que descontarse en cualquier evaluación de la compañía que se haga desde una perspectiva de accionista.

Teniendo en cuenta la competencia de Buffett como gestor de capital, es probable que siga creciendo por encima del promedio durante más tiempo del que sería posible para las empresas más cuestionadas matemáticamente. De hecho, la madre de todas las imposibilidades matemáticas amenaza con manifestarse a causa del talento gerencial de Buffett en este aspecto.

Si Warren Buffett sigue aún al mando cuando esto suceda, no habrá ningún problema. Él es el primero en reconocer dicha realidad:

> Carl Sagan ha descrito de forma amena este fenómeno, reflexionando sobre el destino de la bacteria que se reproduce en otras dos cada quince minutos. Eso significa ocho en una hora y 192 al cabo del día. Aunque una bacteria pesa tan sólo alrededor de una trillonésima de gramo, sus descendientes, después de un día de salvaje abandono asexual, pesarán en conjunto tanto como una montaña... al cabo de dos días, más que el sol, y muy poco después todo el universo estará compuesto por bacterias. No hay que preocuparse, dice Sagan: siempre hay algún obstáculo que impide este tipo de crecimiento exponencial. Los gérmenes se quedan sin comida, se envenenan unos a otros o se vuelven tímidos para reproducirse en público.

Buffett no intentará superar el potencial de crecimiento de Berkshire si ha alcanzado este potencial, ya que sería una tentativa que sólo destruiría valor. Si ha hecho su plan de sucesión de la forma apropiada, el próximo director general de Berkshire Hathaway aceptará la realidad de modo similar. Dará un paso atrás cuando se alcance el límite de la capacidad de Berkshire para reinvertir su exceso de liquidez a tasas que puedan mantener unos rendimientos por encima de la media. Las compuertas se abrirán y la liquidez que normalmente sabe llegar sin ayuda hasta Omaha se distribuirá en grandes proporciones por todos los puntos cardinales.

El reto en el ínterin para el sucesor de Buffett tal vez sea más difícil de superar. La esencia del círculo de competencia de Buffett reside en la capacidad de no hacer nada cuando no hay nada que deba hacerse. Si algo hay en el corazón de la competencia ilusoria es nuestra compulsión a tomar las riendas, a hacer algo.

En la era moderna, los errores que proceden de hacer algo no suelen ser fatales. Podían haberlo sido en la Edad de Piedra. Como no salimos muy mal de las diversas situaciones, muchos de nosotros hemos perdido el instinto de supervivencia más básico, la intolerancia al riesgo. Warren Buffett no ha perdido nunca este elemento del sistema de conexiones cerebral. Él no arriesgará el capital de de Berkshire a menos que esté prácticamente seguro del resultado a obtener. Trata todos los riesgos no cuantificables como si fueran potencialmente fatales. Para poder emular la calidad de su labor como gestor de capital, el sucesor de Buffett tendrá que hacer lo mismo.

EFICIENCIA DEL MERCADO

Sería un pordiosero si el mercado fuera eficiente.

Warren Buffett

El capitalismo es un joven imberbe. Los medios intelectuales a través de los cuales se trastoca incertidumbre por ganancia —la esencia del capitalismo— han estado disponibles para la humanidad desde el Renacimiento. Nos hemos pasados unos 450 años perfeccionando esta capacidad, de los que sólo los setenta últimos han incorporado conocimientos acerca de la valoración de las empresas que se han convertido en la expresión del capitalismo.

Lo que comenzó como el patio de recreo de Warren Buffett se ha convertido en un entorno más difícil en el que desplegar sus competencias. Con todo nuevo avance intelectual, los mercados son cada vez más eficientes. Si yo puedo hacer alguna afirmación para este libro, es que cuando el círculo de la competencia disipe el círculo de la competencia ilusoria y la racionalidad filtrada disipe la racionalidad limitada, los errores de gestión de capital serán cada vez más escasos. Los lanzamientos perfectos serán más infrecuentes y los golpes que les esperan con el bate más numerosos. Del mismo modo que Berkshire agotará la oportunidad matemática de crecimiento, parece probable que, a menos que la condición humana permanezca igual, también se vea privada de las oportunidades naturales —y utilizo esta palabra deliberadamente— de las que depende.

A partir de la observación de que el juego precedió al conocimiento de la probabilidad durante siglos, Ian Hacking, un experto en este campo, ha conjeturado que «alguien que retrocediera en el tiempo varios siglos con tan sólo unas pocas nociones de cálculo de probabilidades, podría haber ganado el solo la totalidad de la Galia en una semana».

Algo similar podría decirse de Warren Buffett. En esta era capitalista en la que hemos superado las barreras intelectuales que se oponen al progreso pero en la que aún no hemos derribado los muros de la psicología y la emoción, Buffett destacará como el hombre que sí lo hizo. Afirma:

> *Nací en el momento oportuno y en el lugar adecuado, donde la capacidad para asignar capital realmente cuenta. Estoy adaptado a este tipo de sociedad. Resulté ganador de la lotería. Saqué la bola que decía: «responsable de asignar capital – Estados Unidos».*

Posiblemente nunca veamos de nuevo a alguien como Warren E. Buffett. Aprendamos de él ahora.